[완역]

大學章句 · 中庸章句

김창환 역주

明文堂

【머리말】

　　오래 전부터 기획하였던 '사서집주(四書集註) 완역'의 첫 단계로 2017년 2월에 [완역 ≪논어집주(論語集註)≫]를 내었고, 이제 그 후속 작업으로 [완역 ≪대학장구(大學章句)≫]와 [완역 ≪중용장구(中庸章句)≫]를 합본으로 내게 되었다. 주지하듯이 ≪대학≫과 ≪중용≫은 ≪예기(禮記)≫ 49편 가운데 각각 한 편으로 전해지던 유학(儒學) 관련 글들이다.

　　당송(唐宋) 시기에 걸쳐, 학자들이 불교와 도교를 비판하고 유학의 철학적 체계를 세우기 위하여 ≪예기≫ 중의 ≪대학≫과 ≪중용≫을 특별히 중시하기 시작하였다. 북송(北宋) 사마광(司馬光)이 처음으로 ≪예기≫에서 추출하여 ≪대학광의(大學廣義)≫를 지었고, 정이(程頤)는 ≪대학≫을 '처음 배우는 자들이 덕에 들어가는 문(初學入德之門)'이라고 하면서 중시하였다. ≪중용≫에 대해서도 정이는 이미 <중용해(中庸解)>를 지어 그 가치를 제고하였다.

　　이러한 바탕 위에서 남송(南宋) 주희(朱熹)가 장(章)과 구(句)를 나누고 주를 달아 ≪대학장구≫와 ≪중용장구≫를 지어 독립시키고 각각 사서(四書)의 하나로 확정하였다.

　　주자는 ≪대학≫을 경(經)1장과 전(傳)10장으로 재편하고 설명하기를, 경1장은 삼강령(三綱領), 팔조목(八條目)을 제시하였는데 공자의 말씀을 증자(曾子)가 전한 것이고, 전10장은 삼강령, 팔조목을 해설하였는데 증자의 말씀을 증자의 제자가 기록한 것이라고 하였다. 나아가 ≪대학장구≫ 전10장의 구성에 대해 다음과 같이 설명하였다.

앞의 4개 장[제1장-제4장]은 삼강령의 뜻을 전체적으로 논의하였고, 뒤의 6개 장[제5장-제10장]은 팔조목의 공부를 세밀하게 논의하였다. 그 중의 제5장은 선(善)을 밝히는 요체(要體)이고 제6장은 자신을 참되게 하는 근본이니, 처음 배우는 자에게 있어 특히 힘써야 할 급선무이다.(前四章, 統論綱領指趣, 後六章, 細論條目工夫. 其第五章, 乃明善之要, 第六章, 乃誠身之本, 在初學, 尤爲當務之急.) ≪대학·전10장≫ 주자 주

다음으로 주자가 ≪중용장구≫를 편집하고 주석한 내력에 관해 살펴보겠다.

주자는 사마천(司馬遷)이 ≪사기(史記)·공자세가(孔子世家)≫에서, "[공자(孔子)의 아들인] 백어(伯魚)가 급(伋)을 낳았는데 자가 자사(子思)이다. 향년이 62세였고 송나라에서 곤란을 겪은 적이 있다. 자사가 ≪중용≫을 지었다.(伯魚生伋, 字子思. 年六十二, 嘗困於宋. 子思作中庸.)"라고 한 기록에 따라 ≪중용≫을 자사의 저술로 확정하였다. 주자는 ≪중용≫을 전체 33개 장으로 나누어 주석을 가한 뒤에 여섯 개의 큰 단락으로 나누어 이해하도록 하였다.

첫 장[제1장]이 한 단락이니 '중화(中和)'를 말하였다. '군자중용(君子中庸)' 이하의 10개 장[제2장-제11장]이 한 단락이니 '중용(中庸)'을 말하였다. '군자지도비이은(君子之道費而隱)' 이하의 8개 장[제12장-제19장]이 한 단락이니 '비(費)와 은(隱)'을 말하였다. '애공문정(哀公問政)' 이하의 7개 장[제20장-제26장]이 한 단락이니 '성(誠)'을 말하였다. '대재성인지도(大哉聖人之道)' 이하의 6개 장[제27장-제32장]이 한 단락이니 '대덕(大德)'과 '소덕(小德)'을 말하였다. 마지막 장[제33장]이 한 단락이니 첫 장의 뜻을 다시 폈다.(首章, 是一節, 說中和. 自君子中庸以下十章, 是一節, 說中庸. 君子之道費而隱以下八章, 是一節, 說費隱. 哀公問政以下七章, 是一

節, 說誠. 大哉聖人之道以下六章, 是一節, 說大德小德. 末章, 是一節, 復申首章之義.) ≪중용장구(中庸章句)·독중용법(讀中庸法)≫

≪대학≫과 ≪중용≫은, 주자가 위에서 제시한 체계를 염두에 두고 본문을 읽어가면서 해석과 각주를 참고한다면 어렵지 않게 이해할 수 있다. 이를 위해 본 역주에서는 원문과 주자 주에 대해 연관 원전을 연계하여 제시하고 해설하는 데에 힘을 썼다.

그 과정은 다음의 세 가지 방면에서 진행되었다. 첫째, 한 장절(章節)의 이해를 위해 다른 연관 장절을 연계하여 소개한 점이다. 둘째, ≪대학≫과 ≪중용≫ 이외의 다른 경전이나 기록에서 연관되는 내용을 제시한 점이다. 셋째, 주자 주에 대해서도, 인용된 구절의 원전을 찾아 제시하고 번역하였으며 필요한 부분에서는 보충 설명을 가하였다.

고전은 우리와 시대가 다르고 지역도 다를 뿐 아니라 학문적 깊이가 달라 여러 모로 어렵다. 정확한 해석과 입체적 연결을 통해 경전의 본질에 가까이 접근하고자 하는 바람, 그리고 더욱 중요한 목표인 적절한 우리말 표현의 번역서를 만들고자 하는 바람에서 사서집주의 완역을 진행하게 되었다. 필자의 부족함과 학설의 다양함 등으로 인해 바라는 바에 이르렀다고 할 수는 없겠지만, 그 목표에 한 걸음 더 다가가는 계기가 되리라는 점에서 위안을 삼고자 한다.

우리나라에서 동양고전에 관한 한 최고의 출판사인 명문당에서 [완역 ≪논어집주(論語集注)≫]에 이어 [완역 ≪대학장구≫]와 [완역 ≪중용장구≫]를 내게 되어 큰 영광으로 생각한다. 이 책의 출판을 흔쾌히 승낙해 주신 김동구 사장님께 이 자리를 빌어 깊이 감사드린다. 경기대의 문성재 선생님은 고대 백화로 되어 있는 <독대학법(讀大學法)>과 <독중용법(讀中庸法)>의 번역에 많은 조언을 주셨다. 또 원고를 면밀히 검토하고 많은 오류를 수정하였으며, 보기에 좋은 번역서로, 강의하기에 편리한 교재로 꾸며주신 이은주 선생님께 감사를 표한다.

2018년 7월 **김 창 환**

목 차

[완역] 중용장구(中庸章句)

【일러두기】

01. 〔완역 ≪대학장구(大學章句)≫〕와 〔완역 ≪중용장구(中庸章句)≫〕의 번역은 조선(朝鮮) 정조(正祖) 시기에 간행된 정유자본(丁酉字本) 〔일명 내각본(內閣本)으로 서울 보경문화사(保景文化社) 1984년 영인본〕을 저본으로 하였다.

02. 본문의 번역은 최대한 주자 ≪장구(章句)≫의 해설에 입각하여 진행하였다. 번역이 주자의 관점과 다를 경우에는 그 근거를 제시하였다.

03. 내각본의 세주〔주자 주 아래에 추가한 송원(宋元) 유학자들의 주석〕 가운데에서 ≪대학≫과 ≪중용≫의 본문이나 주자 주를 이해하는 데 참고할 만한 것들을 간간이 인용하였다.

04. 문장 번역이나 용어 풀이는 간단명료한 표현을 쓰고자 노력하였다. 단국대학교 동양학연구소에서 편찬한 ≪한한대사전(漢韓大辭典)≫의 풀이가 이 취지에 부합하여 표준으로 삼았다. 번역 과정에서 이 사전에 힘입은 바가 크다.

05. 한자 풀이는 대표적인 뜻만 제시하는 것을 원칙으로 하였으나 원문에 쓰인 한자의 의미가 대표적인 뜻이 아닐 경우에는 추가하고 굵은 글씨로 표시하였다. 한자의 뜻과 음도 위 사전에서 제시한 것을 표준으로 삼았다.

06. 시대가 바뀌었으니 한문 이해를 위해 사용된 현토도 구식에서 벗어나야 한다는 취지에서 현대적인 국어 표현에 맞게 하고자 하였다. 인물에 대한 기술도 극존칭을 피하여 역사 인물을 서술하는 객관적인 방식을 취하였다.

07. 장구(章句) 표시인 〔①-②-③〕에서 ①은 각 장의 순서이고, ②는 해당 장의 구절수이며, ③은 구절의 순서이다. 예를 들어 〔전01장-4-3〕은 전01장이 4개 구절이고 그 가운데 3번째 구절이라는 뜻이다.

08. ≪중용장구≫ 용어 풀이

중(中) : 중정, 중도	성(性) : 본성
용(庸) : 일상, 한결같음	정(情) : 감정
중용(中庸) : 중정하고 한결같음	체(體) : 본체, 본질
화(和) : 조화, 화합	용(用) : 적용, 작용

[완역] 대학장구(大學章句)

대학장구 서문 [대학장구서(大學章句序)]

大學之書는 古之大學에 所以敎人之法也라. 蓋自天降生民[1]
으로 則旣莫不與之以仁義禮智之性矣나 然其氣質之稟이 或
不能齊라. 是以로 不能皆有以知其性之所有而全之也라. 一有
聰明睿智가 能盡其性者가 出於其間이면 則天必命之하여
以爲億兆之君師[2]하여 使之治而敎之하여 以復其性이라. 此
가 伏義神農黃帝堯舜이 所以繼天立極이요 而司徒[3]之職과
典樂[4]之官이 所由設也라.

한 자 稟 줄 품·받을 품·곳집 름, 睿 밝을 예·슬기로울 예, 義 사람
이름 희·숨 희, 極 용마루 극·다할 극·표준 극

《대학》이라는 책은 옛날에 태학(大學)에서 사람을 가르치던 규

---

1) 생민(生民) : ①**사람, 인류**, ②백성, 인민, ③인류가 생기다.
2) 군사(君師) : 군주[군(君)]는 백성의 모범[사(師)]이라는 의미에서 군주를 가리킨
   다.["하늘이 백성들을 도와 그들에게 군주를 세워 주고 그들에게 스승을 세워 주
   었다.(天佑下民, 作之君, 作之師.)" 《서경(書經)·주서(周書)·태서상(泰誓上)》]
3) 사도(司徒) : 백성의 교화를 담당하는 직책으로, 주(周)나라에 이르러 육경(六卿)
   인 총재(冢宰), 사도(司徒), 종백(宗伯), 사마(司馬), 사구(司寇), 사공(司空) 가운
   데 하나로 확정되었다.
4) 전악(典樂) : 순(舜)임금 때 기(夔)에게 임명한 관직으로, 음악을 담당하였다.["순
   임금이 말씀하기를, '기(夔)야, 너에게 명하여 음악을 담당하게 하니, 주자(胄子:
   천자 및 공경대부의 장자)들을 가르쳐라.(帝曰, 夔, 命汝**典樂**, 敎胄子.)" 《서경
   (書經)·우서(虞書)·순전(舜典)》]

범이었다. 하늘이 사람을 내면서부터 즉시 이미 그들에게 인의예지(仁義禮智)라는 본성을 부여하지 않은 경우가 없지만 그 기질을 받은 것이 간혹 똑같을 수는 없다. 이 때문에 모두가 자신의 본성으로 지니고 있는 것[인의예지]을 알아서 온전하게 할 수 있는 것은 아니다. 만일 총명과 지혜가 자신의 본성을 지극하게 할 수 있는 자가 그 사이[기질이 차이 나는 사람들 사이]에서 나오면 하늘은 반드시 그를 임명하여 만백성의 군주이자 스승으로 삼아 그로 하여금 그들을 다스리고 가르쳐 그 본성을 회복시키게 하였다. 이것이 복희·신농·황제·요임금·순임금이 하늘의 뜻을 이어 표준을 세웠던 까닭이고 사도(司徒)라는 직책과 전악(典樂)이라는 관직이 설치된 연유이다.

三代5)之隆에 其法寖備하고 然後에 王宮6)國都7)로 以及閭巷하여 莫不有學이라. 人生八歲어든 則自王公以下로 至於庶人之子弟가 皆入小學하고 而敎之以灑掃應對進退之節과 禮樂射御書數8)之文9)이라. 及其十有五年이면 則自天子之元子10)衆子로 以至公卿大夫元士11)之適子12)와 與凡民之俊秀하여 皆入大學하고 而敎之以窮理正心하고 修己治人13)

---

5) 삼대(三代) : 하(夏)·은(殷)·주(周)의 세 왕조를 가리킨다.
6) 왕궁(王宮) : 천자의 수도이다.
7) 국도(國都) : 제후의 도읍이다.
8) 예악사어서수(禮樂射御書數) : 소학에서 학생을 가르치던 여섯 가지 과목으로 예의, 음악, 활쏘기, 말타기, 글씨쓰기, 셈법이다. ≪주례(周禮)·지관(地官)·대사도(大司徒)≫에 '육예(六藝)'로 제시되어 있다.
9) 문(文) : 밖으로 드러나는 예절이나 절차를 가리킨다.
10) 원자(元子) : 천자와 제후의 적장자(嫡長子)를 가리킨다.
11) 원사(元士) : 제후의 사(士)와 구분하여 천자의 사(士)를 가리킨다.
12) 적자(適子) : 정부인이 낳은 아들을 가리킨다.
13) 수기치인(修己治人) : 자신을 수양하고 남을 다스리는, 유가의 교육 이념이다.

之道하니 此는 又學校之敎에 大小之節이 所以分也라.

隆 성할 륭·높을 륭·두터울 륭, 浸 잠길 침·**점차 침**, 閭 이문
(里門) 려·**마을 려**, 灑 뿌릴 쇄·**청소할 쇄**·깨끗할 쇄, 掃 쓸 소·
버릴 소, 御 **말(수레) 몰 어**·다스릴 어·모실 어, 適 갈 적·맞
을 적·**맏아들 적(嫡과 통용)**

삼대가 융성했을 때 그 규범이 점차 갖추어졌고 그런 뒤에 천자의
궁성과 제후의 도성으로부터 마을에 이르기까지 학교가 있지 않
은 곳이 없었다. 사람이 태어나 여덟 살이 되면 천자와 공경으로
부터 아래로 서민에 이르기까지의 자제들이 모두 소학에 입학하
였고 그들에게 청소하고 응대하며 나아가고 물러가는 절차와 예·
악·사·어·서·수의 예절을 가르쳤다. 그들이 15세에 이르면 천
자의 장자와 여러 아들로부터 공경·대부·원사의 장자와 모든 백
성 가운데 뛰어난 자에 이르기까지 모두가 태학에 입학하였고 그
들에게 이치를 추구하고 마음을 바르게 하며 자신을 닦고 남을 다
스리는 도리를 가르쳤으니, 이것이 또한 학교의 가르침에 크고 작
은 절차가 나누어진 까닭이다.

夫以14)學校之設이 其廣이 如此하고 敎之之術이 其次第節
目之詳이 又如此하며 而其所以爲敎는 則又皆本之人君躬行
心得之餘하며 不待求之民生15) 日用彝倫16)之外라. 是以로 當
世之人이 無不學하고 其學焉者는 無不有以知其性分之所固

---

14) 이(以) : 인과 관계를 나타내는 접속사로, 앞의 내용을 근거로 뒤의 내용을 이어
주는 용법이다.
15) 민생(民生) : ①백성, 민중, ②백성의 생계, ③사람의 천성.
16) 이륜(彝倫) : 사람들이 지켜야 할 도리를 가리킨다.

有와 職分之所當爲하여 而各俛焉하여 以盡其力이라. 此가
古昔盛時에 所以治隆於上하고 俗美於下니 而非後世之所
能及也라.

한 자 詳 자세할 상 · 갖춰질 상, 躬 몸 궁 · **몸소 궁**, 彛(彝의 俗字) 술
그릇(제기) 이 · **떳떳할 이** · 법 이, 俛 힘쓸 면 · 숙일 부

그래서 학교의 설립이 그 넓기가 이와 같았고 가르치던 방법이 그
차례와 조목의 상세함이 또 이와 같았으며, 그것이 가르침이 되었
던 것은 또 모두 군주가 몸소 실천하고 마음으로 터득한 결과에
근본을 두었으며 백성들의 일상적인 윤리의 밖에서 구할 필요가
없었다.17) 이 때문에 당시 사람들이 배우지 않은 이가 없었고 거
기에서 공부하는 자들은 자신의 본성으로 본래 지니고 있는 것[인
의예지]과 직분으로 해야 할 바18)를 알아서 각기 노력하여 그 힘
을 다하지 않은 경우가 없었다. 이것이 옛날 번성했던 시절에 다
스림은 위에서 융성하였고 풍속은 아래에서 아름다웠던 까닭이었
으니 후대가 미칠 수 있는 것이 아니었다.

及周之衰하여 賢聖之君이 不作하고 學校之政이 不修하여
教化陵夷19)하고 風俗頹敗라. 時則有若孔子之聖이나 而不
得君師之位하여 以行其政教라. 於是에 獨取先王之法하여
誦而傳之하여 而詔後世라. 若曲禮少儀內則20) 弟子職21)諸篇

---

17) 그 가르침은 군주의 실천과 백성들의 일상에 바탕을 두었다는 설명이다.
18) 자식으로서의 효(孝), 신하로서의 충(忠), 아우로서의 제(弟) 등이 그것이다.
19) 능이(陵夷) : 높은 언덕이 점차 무너져 평지가 되듯이 처음에 번성하다 나중에
    쇠퇴하는 것을 가리킨다.
20) <곡례(曲禮)> · <소의(少儀)> · <내칙(內則)> : ≪예기(禮記)≫의 편명이다.

은 固小學之支流餘裔이나 而此篇者는 則因22)小學之成功
하여 以著大學之明法하니 外有以極其規模之大하고 而內
有以盡其節目之詳者也라. 三千之徒가 蓋莫不聞其說이나 而
曾氏之傳이 獨得其宗이라. 於是에 作爲傳義23)하여 以發其
意한대 及孟子沒而其傳泯焉하니 則其書雖存이나 而知者鮮
矣라.

한자 衰 쇠할 쇠 · 줄어들 쇠 · 차이 둘 최, 陵 언덕 릉 · **쇠락할 릉**, 夷
오랑캐 이 · **평평할 이**, 頹 회오리바람 퇴 · 무너질 퇴 · **쇠퇴할 퇴**,
敗 패할 패 · **무너질 패**, 誦 읽을 송 · 욀 송 · **말할 송**, 詔 조서(詔
書) 조 · 알릴 조 · **가르칠 조**, 儀 거동 의 · **예 의**, 裔 옷자락 예 ·
끝 예 · 변경 예 · 후예 예, 沒 빠질 몰 · **죽을 몰** · 없을 몰, 泯 멸할
민 · **없어질 민**

주나라가 쇠약해지면서 훌륭하고 성스러운 군주가 나오지 않았고
학교의 일이 잘 시행되지 않아 교화가 가라앉고 풍속이 무너졌다.
당시에 바로 공자 같은 성인이 있었지만 군주이자 스승의 지위를
얻어 다스림과 가르침을 시행하지 못하였다. 그래서 다만 선왕의
법을 가져다가 말씀하고 전술하여 후세를 가르쳤다. 예를 들어
<곡례(曲禮)> · <소의(少儀)> · <내칙(內則)> · <제자직(弟子職)>
등의 여러 편은 진실로 소학의 지류와 말단이지만, 이 편[≪대
학≫]의 경우는 소학에서의 이룬 업적을 바탕으로 하여 태학의 분
명한 규범을 드러내었으니, 외적으로는 그 규모의 크기를 지극하
게 한 것이 있고 내적으로는 그 조목의 상세함을 극진하게 한 것

---

21) <제자직(弟子職)> : ≪관자(管子)≫의 편명이다.
22) 인(因) : 개사(介詞)로 '-에 따라', '-에 근거하여'의 뜻이다.
23) 전의(傳義) : ≪대학≫ 경1장을 풀이한 전문(傳文) 10개 장을 가리킨다.

이 있다. (공자의) 3천 명의 제자들이 그 내용을 듣지 않은 이가 없었지만 증자가 전수 받은 것이 유독 그 종지를 얻었다. 그래서 <전의(傳義)>를 지어 그 뜻을 드러내었는데, 맹자가 죽은 뒤로 그 전승이 사라졌으니 그 책은 비록 남아 있으나 아는 자가 드물게 되었다.

自是以來로 俗儒記誦詞章之習이 其功은 倍於小學而無用하고 異端虛無24)寂滅25)之教가 其高는 過於大學而無實이라. 其他權謀術數로 一切以26)就功名之說과 與夫百家衆技之流로 所以27)惑世誣民하여 充塞仁義者가 又紛然雜出乎其間하여 使其君子로 不幸而不得聞大道之要하고 其小人으로 不幸而不得蒙至治之澤이라. 晦盲否塞하고 反覆沈痼러니 以及五季28)之衰하여 而壞亂極矣라.

한 자 寂 고요할 적, 誣 꾸밀 무·**속일 무**, 紛 **어지러울 분**·섞일 분, 蒙 새삼 몽·덮을 몽·**입을 몽**, 晦 그믐 회·**어두울 회**, 盲 소경 맹·**어두울 맹**, 否 아닐 부·악할 비·막힐 비, 覆 뒤집을 복·넘어질 복·덮을 부, 痼 고질병 고

이때부터 이후로는 속된 선비들의 외우고 글 짓는 공부가 그 노력

---

24) 허무(虛無) : 노장(老莊)에서 추구하는 이상(理想), 즉 도(道)의 본질을 가리킨다.

25) 적멸(寂滅) : 불가(佛家)에서 말하는 해탈(解脫)의 경지로, nirvāna[열반(涅槃)]의 의역어(意譯語)이다.

26) 이(以) : 앞의 '權謀術數'를 받는 전치사이다.

27) 주 26)과 마찬가지 용법으로 앞의 '중지지류(衆技之流)'를 받는 전치사이다.

28) 오계(五季) : 당(唐) 멸망 이후의 다섯 왕조인 오대[五代 : 양(梁), 당(唐), 진(晉), 한(漢), 주(周)]의 말기를 가리킨다.

은 소학보다 두 배나 되지만 쓸모가 없었고, 이단인 [도가(道家)의] 허무(虛無)와 [불가(佛家)의] 적멸(寂滅)에 대한 가르침이 그 고원함은 ≪대학≫보다 심했으나 실체가 없었다. 그 외의 권모술수로 공적과 명성을 이루는 일체의 학설과 제자백가의 여러 가지 기예의 유파로 세상을 미혹시키고 백성을 속여 인의를 막는 것들이 또 어지러이 그 사이에 잡다하게 나와, 그 위정자로 하여금 불행하게도 큰 도의 요체를 들을 수 없게 하였고 그 백성들로 하여금 불행하게도 지극한 다스림의 혜택을 입을 수 없게 하였다. 어둡고 막혔으며 뒤집히고 깊이 병들었는데, 오대 말기의 쇠퇴함에 이르러서는 파괴와 혼란이 극에 달하게 되었다.

天運循環하여 無往不復하니 宋德隆盛하여 治敎休明이라. 於是에 河南程氏兩夫子[29]가 出하여 而有以接乎孟氏之傳하니 實始尊信此篇而表章之하고 旣又爲之次其簡編하여 發其歸趣라. 然後에 古者에 大學敎人之法과 聖經賢傳[30]之指가 粲然復明於世하니 雖以熹之不敏으로도 亦幸私淑而與有聞焉이라. 顧其爲書가 猶頗放失하여 是以로 忘其固陋하고 采而輯之하며 間亦竊附己意하고 補其闕略[31]하여 以俟後之君子라. 極知僭踰가 無所逃罪나 然이나 於國家化民成俗之意와 學者修己治人之方에 則未必無小補云이라.

淳熙[32]己酉[33]二月甲子에 新安朱熹가 序하노라.

---

29) 정씨(程氏) 양부자(兩夫子) : 명도(明道) 선생 정호(程顥, 1032-1085)와 이천(伊川) 선생 정이(程頤, 1033-1107)를 가리킨다.

30) 성경현전(聖經賢傳) : ≪대학≫의 경1장을 공자의 말씀으로 보아 '성경(聖經)'이라 하고, 전문 10개 장을 증자의 저술로 보아 '현전(賢傳)'이라고 한 것이다.

31) 없어진 전5장[<격물치지(格物致知)>장]을 지어서 보충한 것을 가리킨다.

하늘의 운수는 순환하여 가고서 돌아오지 않는 것이 없으니, 송나라의 덕이 융성하여 다스림과 가르침이 아름다워지고 밝아졌다. 이때에 하남 정씨 두 선생이 나와 맹자의 전승을 이을 수 있었으니, 사실상 처음으로 이 <대학>편을 높이고 믿어서 드러내어 밝혔으며 이윽고 또 이 책에 대해서 그 편목을 차례 매겨 그 귀결되는 뜻을 밝혔다. 그런 뒤에 옛날에 태학에서 사람들을 가르치던 규범과 경1장·전문 10개 장의 뜻이 분명하게 다시 세상에 밝아졌으니, 비록 나의 명민하지 못함으로도 또한 다행히 사숙해서 참여하여 그것을 듣게 되었다. 다만 이 책의 상태가 아직도 없어진 부분이 상당히 많아 이 때문에 나의 고루함을 망각한 채 수집하여 모았으며 사이에 또한 개인적으로 나의 의견을 첨부하고 그중의 빠진 것을 보충하여 후세의 군자를 기다린다. 분수를 넘은 것이 죄를 피할 곳이 없음을 매우 잘 알지만, 국가가 백성을 교화하고 풍속을 이루려는 뜻과 배우는 자들이 자신을 닦고 남을 다스리는 방법에 있어 반드시 작은 도움도 없지는 않을 것이다.

순희 기유년[1189년] 2월 갑자일에 신안 주희가 서문을 쓴다.

---

32) 순희(淳熙) : 남송(南宋) 효종(孝宗)의 연호(1174-1189)이다.
33) 기유(己酉) : 1189년으로, 주희(朱熹)의 나이 60세의 해이다.

영조대왕 어제[영종대왕어제(英宗[1]大王御製)]

夫三代[2]盛時에 設庠序學校而敎人이라.[3] 此가 正禮記所云
家有塾하고 黨有庠하며 州有序하며 國有學者也라.[4] 故로
人生八歲어든 皆入小學하고 於大學則天子之元子衆子로 以
至公卿大夫元士之適子와 凡民之俊秀者이 及其成童하여는
皆入焉하니 可[5]不重歟아.

한 자 庠 학교 상[은주(殷周) 시대의 지방 관립 학교], 序 담 서·차례
서·**학교 이름 서**, 塾 문 옆의 방 숙·**글방 숙**

삼대가 번성했을 때 상(庠)과 서(序)와 학(學)과 교(校)를 세워 사
람을 가르쳤다. 이것이 바로 ≪예기≫에서 일컬은 바, 집안에는
'숙(塾)'이 있고 마을에는 '상(庠)'이 있으며 고을에는 '서(序)'가

---

1) 영종(英宗) : 영조(英祖)의 원래 묘호(廟號)였는데, 고종(高宗) 26년(1889)에 추
   존하여 영조(英祖)로 바꾸었다.
2) 삼대(三代) : 하(夏)·은(殷)·주(周)의 세 왕조를 가리킨다.
3) ≪맹자(孟子)·등문공상(滕文公上)≫, "상(庠), 서(序), 학(學), 교(校)를 설치하여
   백성들을 가르쳤으니, '상(庠)'은 '봉양하다'이고 '교(校)'는 '가르치다'이며 '서
   (序)'는 '활쏘기를 익히다'입니다. 하나라에서는 '교(校)'라 하였고 은나라에서는
   '서(序)'라 하였으며, 주나라에서는 '상(庠)'이라 하였고 '학(學)'은 삼대가 공통으
   로 하였으니, 모두가 인륜을 밝히는 것이었습니다.(設爲庠序學校, 以敎之, 庠者養
   也, 校者敎也, 序者射也. 夏曰校, 殷曰序, 周曰庠, 學則三代共之, 皆所以明人倫也.)"
4) ≪예기(禮記)·학기(學記)≫에는, "古之敎者, 家有塾, 黨有庠, 術有序, 國有學."으로
   되어 있다. '術'은 '遂'와 통하여 행정구역의 명칭이다.
5) 가(可) : 강조의 부사이다.

있고 도성에는 '학(學)'이 있었다는 것이다. 그러므로 사람이 태어나 여덟 살이 되면 모두 소학에 들어갔고 태학에서는 천자의 장자와 여러 아들로부터 공경·대부·원사의 장자와 모든 백성 가운데 뛰어난 자에 이르기까지 그들이 성장한 아동[15세]이 되면 모두 입학하였으니 참으로 중요하지 않은가.

大學之書에 有三綱焉하니 曰明明德·曰新民·曰止於至善也오 有八條焉하니 曰格物·曰致知·曰誠意·曰正心·曰修身·曰齊家·曰治國·曰平天下也라. 次序井井하고 條理方方한대 其學問之道는 紫陽[6]朱夫子序文에 詳備하니 以予蔑學으로 何敢加一辭리오. 然이나 是書가 與中庸으로 相爲表裏하여 次序條理가 若是瞭然이어늘 而學者가 其猶書自書我自我면 可勝歎哉아.

한 자	井 우물 정·정전(井田) 정·**가지런할 정**, 方 나란할 방·**네모질 방**·방향 방, 紫 자줏빛 자, 蔑 **작을 멸**·업신여길 멸·없을 멸, 瞭 눈동자 맑을 료·밝을 료·**분명할 료**

≪대학≫이라는 책에 세 가지 강령이 있으니, '밝은 덕을 밝히는 것', '백성들을 새롭게 하는 것', '최선의 경지에 그치는 것'이고, 여덟 가지 조목이 있으니, '사물의 이치를 추구하는 것', '앎을 지극하게 하는 것', '뜻을 참되게 하는 것', '마음을 바르게 하는 것', '자신을 수양하는 것', '집안을 가지런하게 하는 것', '나라를 다스리는 것', '천하를 태평하게 하는 것'이다. 차례가 정연하고 조리가 반듯한데, 그 학문하는 방법은 자양 주선생의 서문에 자세히 갖추

---

6) 자양(紫陽) : 주희(朱熹)의 별호이다.

어져 있으니 나의 미천한 학문으로 어찌 감히 한 마디를 덧붙이겠는가. 그러나 이 책이 ≪중용≫과 더불어 서로 표리가 되어 차례와 조리가 이같이 분명한데, 배우는 자가 오히려 책은 그대로 책일 뿐이고 나는 그대로 나일 뿐이라면 참으로 탄식을 이겨낼 수 있겠는가.

噫라! 明德이 在何오? 卽在我一心이라. 明明德之工이 在何오? 亦在我一心이라. 若能實下工夫면 正若顏子所云舜何人이며 予何人者也[7]어늘 而三代以後로 師道在下하고 學校不興하여 莫能行灑掃之敎라. 故로 筋骸已强이나 利欲交中하여 在我之明德을 不能自明이라. 旣不能格致니 又何以誠意며 旣不能正心이니 又何以修身이리오. 不能格致요 不能誠正이면 家齊國治를 其何望哉리오. 其何望哉리오.

한자 灑 뿌릴 쇄 · **청소할 쇄** · 깨끗할 쇄, 筋 **힘줄 근** · 힘 근 · 체력 근, 骸 **뼈 해** · 해골 해, 其 키 기(箕와 같은 자) · 그 기 · **장차 기** · 어찌 기

아! 밝은 덕이 어디에 있는가? 바로 나의 마음 하나에 있다. 밝은 덕을 밝히는 공부가 어디에 있는가? 또한 나의 마음 하나에 있다. 만약 착실하게 노력해 나갈 수 있다면 바로 안자가 일컬은 바, "순임금은 어떤 분이고 나는 어떤 사람인가."의 경지와 같아질 텐데, 삼대 이후로 스승의 도가 아래로 떨어졌고 학교가 흥성하지

---

7) ≪맹자(孟子)·등문공상(滕文公上)≫, "안연이 말하기를, '순임금은 어떤 분이고 나는 어떤 사람인가. 이룸이 있는 자는 역시 저분과 같다.'라고 하였습니다.(顏淵曰, **舜何人也, 予何人也.** 有爲者, 亦若是.)"

않아 청소하는 가르침을 행할 수 없었다. 그러므로 힘줄과 뼈는 이미 강해졌으나 이익에 대한 욕심이 마음속에 교차하여 나에게 있는 밝은 덕을 스스로 밝힐 수 없었다. 이미 (사물의 이치를) 추구하여 (앎을) 지극하게 할 수 없으니 또 어떻게 뜻을 참되게 하겠으며, 이미 마음을 바르게 할 수 없으니 또 어떻게 자신을 수양하겠는가. (사물의 이치를) 추구하여 (앎을) 지극하게 할 수 없고 (뜻을) 참되게 하여 (마음을) 바르게 할 수 없으면 집안이 가지런해지고 나라가 다스려지기를 장차 어떻게 바라겠는가. 장차 어떻게 바라겠는가.

予於十九歲에 始讀大學하고 二十九歲에 入學하여 又講此書而自顧其行컨대 其亦書自我自하여 心常惡焉이라. 六十三에 視學[8]明倫堂也할새 先讀序文하고 仍令侍講官及儒生으로 次第以講하니 其日이 則甲子也라. 與朱夫子作序文之日로 偶然相符한대 日雖相符나 功效愈邈하여 又切觀然이라. 望七之年이나 因追慕하여 行三講하고 欲取反約[9]하여 以中庸으로 循環以講하고 因經筵官之請하여 繼講此書라. 自此以後로 庸學을 將輪回以講이라. 少時講此에 未見其效어든 暮年重講하니 其何望效리오.

---

8) 시학(視學) : 군주가 국학(國學)에 친히 왕림하여 제전(祭奠)을 행하거나 시험을 실시하는 것을 가리킨다.

9) 반약(反約) : "널리 배우고 상세히 말하는 것은 장차 돌이켜서 요점을 말하고자 함이다.(博學而詳說之, 將以反說約也.)"[≪맹자(孟子)·이루하(離婁下)≫]

내가 열아홉 살에 처음으로 ≪대학≫을 읽고 스물아홉 살에 태학[성균관]에 들어가서 또 이 글을 강론하면서 스스로 나의 행실을 돌아보건대 그 또한 책은 그대로 책일 뿐이고 나는 그대로 나일 뿐이라서 마음에 항상 부끄러웠다. 예순세 살에 명륜당에서 배움을 시찰하는데 먼저 서문을 읽고 이어서 시강관과 유생들로 하여금 차례대로 강론하게 하니 그날이 바로 갑자일이었다. 주자가 서문을 지은 날과 우연히 일치하였는데 날짜는 비록 일치하였으나 성과는 더욱 거리가 멀어 또 심하게 부끄러웠다. 칠십을 바라보는 나이이지만 추모함으로 말미암아 세 번의 강론을 행하였고, 돌이켜서 요점을 얻고자 하여 ≪중용≫을 되풀이하여 강론하고 경연관의 청에 따라 이 책을 이어서 강론하였다. 이후로는 ≪중용≫과 ≪대학≫을 장차 돌아가며 강론할 것이다. 젊어서 이 책을 강론할 때 그 효과를 보지 못하였는데, 늙은 나이에 다시 강론하니 장차 어찌 효과를 바라겠는가.

尤爲慨然者는 紫陽序文에 豈不云乎아. 一有能盡其性者면 天必命之하사 以爲億兆之君師라 하니 以予晩學凉德으로 旣無誠正之工하고 亦無修齊之效하여 而白首衰耗에 三講此書하니 豈不自恧乎아. 然이나 孔聖이 云溫故而知新하시니 若能因此而知新이면 於予에 豈不大有益也哉리오. 仍作序文하여 自勉靈臺하노라.

歲戊寅十月甲寅에 序하노라

한 자 慨 분개할 개·**개탄할 개**·슬퍼할 개, 凉(涼의 속자) 박주(薄酒)
량·**적을 량**·찰 량, 耗 줄어들 모·**쇠잔할 모**

더욱 개탄스러운 것은 주자의 서문에 어찌 말하지 않았던가. "만일 자신의 본성을 지극하게 할 수 있는 자가 있으면 하늘은 반드시 그를 임명하여 만백성의 군주이자 스승으로 삼는다."라고 했으니, 나의 늦은 공부와 적은 덕으로 이미 성의정심의 공부도 없고 또한 수신제가의 효과도 없어서 흰머리로 늙었는데 세 번씩이나 이 글을 강론하니 어찌 스스로 부끄럽지 않겠는가. 그러나 공자 성인께서 옛것을 익혀서 새로운 것을 안다고 말씀하셨으니, 만약 이로 말미암아 새로운 것을 알게 된다면 나에게 어찌 크게 유익함이 있지 않겠는가. 그래서 서문을 지어 스스로 마음을 힘쓰고자 한다.

해로는 무인년[1758, 영조 34년] 시월 갑인일에 서문을 쓴다.

≪대학≫을 읽는 방법 [독대학법(讀大學法)]

朱子曰이라. 語孟은 隨事問答하니 難見要領이라. 惟大學
은 是曾子述孔子說古人爲學之大方이오 而門人이 又傳述
以明其旨니 前後相因하고 體統都具라. 翫味此書면 知得[1]
古人爲學所向하고 却讀語孟이면 便易入이라. 後面工夫가
雖多나 而大體已立矣라.

한 자 翫 익숙해질 완·익힐 완·감상할 완, 却(卻의 속자) 물러날 각·
도리어 각·**다시 각**·본디 각, 便 편할 편·**곧 변**·바로 변

주자가 말하였다. ≪논어≫와 ≪맹자≫는 사안(事案)에 따라서 묻
고 대답하였기 때문에 요점을 알기가 어렵다. 오직 ≪대학≫만은
공자가 옛사람들이 학문을 했던 큰 방향을 말씀한 것을, 증자가
기술하였고 (증자의) 제자들이 다시 전술하여 그 뜻을 밝힌 것이
라서 앞뒤가 서로 이어지고 체제가 모두 갖춰져 있다. 이 책을 자
세히 음미하면 옛사람들이 학문을 했던 방향을 알게 되고, 다시
≪논어≫와 ≪맹자≫를 읽으면 곧 들어가기가 쉽다. 뒷부분의 공
부가 비록 많기는 하지만 큰 틀은 이미 확립되게 된다.

看這一書는 又自與看語孟으로 不同이라. 語孟中엔 只一
項事가 是一箇道理니 如孟子說仁義處엔 只就[2]仁義上說

---

1) 득(得) : 동사의 뒤에 붙어 동작의 결과나 완결을 나타내는 조사이다.

道理요 孔子答顏淵以克己復禮엔 只就克己復禮上說道理라.3)
若大學은 却只統說하니 論其功用之極인댄 至於平天下라.
然이나 天下所以平은 却先須治國이오 國之所以治는 却先
須齊家라. 家之所以齊는 却先須修身이오 身之所以修는 却
先須正心이라. 心之所以正은 却先須誠意요 意之所以誠은
却先須致知라. 知之所以至는 却先須格物이라.

한 자   這 이 저 · 이렇게 저, 箇 댓개비 개 · **낱개 개**

이 책을 보는 것은 또 본디 《논어》, 《맹자》를 보는 것과는 같
지 않다. 《논어》, 《맹자》 중에서는 다만 한 가지 사안이 한 가
지 도리일 뿐이니, 예를 들어 맹자가 '인의(仁義)'를 말한 곳에서
는 다만 인의의 면에서 도리를 말했을 뿐이고, 공자가 안연에게
'극기복례(克己復禮)'로 대답한 곳에서는 다만 극기복례의 면에서
도리를 말씀했을 뿐이다. 《대학》의 경우는 도리어 단지 종합적
으로 말했으니 그 효용의 지극함을 논하자면 천하를 태평하게 하
는 데에까지 이른다. 그러나 천하가 태평해지는 방법은 도리어 먼
저 나라를 다스려야 하는 것이고, 나라가 다스려지는 방법은 도리
어 먼저 집안을 가지런히 해야 하는 것이다. 집안이 가지런해지는
방법은 도리어 먼저 자신을 수양해야 하는 것이고, 자신이 수양되
는 방법은 도리어 먼저 마음을 바르게 해야 하는 것이다. 마음이
바르게 되는 방법은 도리어 먼저 뜻을 참되게 해야 하는 것이고,

2) 취(就) : '仁義上'의 '上'과 호응하여 장소를 나타내는 개사로, '-에서'의 뜻이다.
3) 《논어(論語) · 안연(顏淵)》, "안연이 인에 대하여 묻자 공자가 말씀하였다. '사욕
   을 이겨 예로 돌아가는 것이 인을 실천하는 것이다. 하루라도 사욕을 이겨 예로
   돌아간다면 천하 사람들이 그에게 인을 돌릴[인정할] 것이다.'(顏淵問仁, 子曰.
   克己復禮爲仁. 一日克己復禮, 天下歸仁焉.)"

뜻이 참되어지는 방법은 도리어 먼저 앎을 지극하게 해야 하는 것이다. 앎이 지극해지는 방법은 도리어 먼저 사물의 이치를 추구해야 하는 것이다.

大學은 是爲學綱目이니 先讀大學하여 立定綱領이면 他書는 皆雜說在裏許라. 通得⁴⁾大學了하고 去⁵⁾看他經이면 方見得此是格物致知事요 此是誠意正心事며 此是修身事요 此是齊家治國平天下事라.

한 자 目 눈 목 · **조목 목**, 裏 속 리, 許 허락할 허 · 쯤 허 · **곳 허**

≪대학≫은 학문을 하는 벼리이자 조목이니, 먼저 ≪대학≫을 읽어 벼리를 똑바로 세우면 다른 책들은 모두 여러 학설이 그 안에 있다. ≪대학≫을 통달하고 나서 다른 경전을 보게 되면, 비로소 이것이 격물치지의 일이고 이것이 성의정심의 일이며 이것이 수신의 일이고 이것이 제가·치국·평천하의 일이라는 것을 알게 된다.

今且熟讀大學하여 作間架면 却以他書로 塡補去⁶⁾라.
大學은 是通言學之初終이오 中庸은 是指本原極致處라.
問이라. 欲專看一書인댄 以何爲先이니잇고? 曰이라. 先讀大學하면 可見古人爲學首末次第니 不比他書라. 他書는 非一時所言이오 非一人所記일새니라.

---

4) 득(得) : 동사의 뒤에 붙어 동작의 결과나 완결을 나타내는 조사이다.
5) 거(去) : 동사의 앞에 붙어 상대방 쪽의 동작을 표시하는 용법으로 쓰인다. 자신 쪽의 동작을 표시하는 경우는 '내(來)'를 쓴다.
6) 거(去) : 술어 '塡補'의 방향보어로 진행 방향을 나타낸다.

이제 우선 ≪대학≫을 숙독하여 틀[구조]을 만들었으면 다시 다른 책으로 채워 나갈 것이다.

≪대학≫은 학문의 처음과 끝을 전체적으로 말한 것이고, ≪중용≫은 근원의 지극한 곳을 가리킨 것이다.

누가 물었다. "오로지 한 책만을 보려고 한다면 무엇을 우선으로 할까요?" 답변이다. "먼저 ≪대학≫을 읽으면 옛사람들이 학문을 했던 시작과 끝의 차례를 알 수 있으니 다른 책과 비교되지 않는다. 다른 책은 한 시기에 말한 것이 아니고 한 사람이 기록한 것이 아니기 때문이다."

又曰이라. 看大學은 固是着7)逐句看去8)라. 也須先統讀傳文하여 敎9)熟하고 方好從頭仔細看이라. 若專不識傳文大意면 便看前頭도 亦難이라.

또 말하였다. ≪대학≫을 볼 때에는 진실로 구절을 따라가면서 보아나가야 한다. 또한 모름지기 먼저 전문(10개 장)을 전체적으로 읽어 익숙하게 하고서, 처음부터 자세히 보아야 좋다. 만약 전문(10개 장)의 대의를 전혀 알지 못한다면 곧 앞부분을 보는 것조차 역시 어렵다.

又曰이라. 嘗欲作一說하여 敎人只將10)大學을 一日에 去11)

---

7) 착(着) : '…해야 한다(須着)'의 뜻이다.

8) 거(去) : 술어 '看'의 방향보어로 진행 방향을 나타낸다.

9) 교(敎) : 사역동사로 '사(使)'와 같은 용법이다.

讀一遍하여　看他如何是大人之學이고　如何是小學이며　如何是明明德이고　如何是新民이며　如何是止於至善이라. 日日如是讀이면　月來日去에　自見所謂溫故而知新이라. 須是知新하여　日日看得12)新이라야　方得하리니　却不是道理解新이오　但自家這箇意思가　長長地13)新이라.

한 자　嘗 일찍이 상, 溫 따뜻할 온 · **익힐 온**

또 말하였다. 일찍이 바라기를, 글 하나를 지어서 사람들로 하여금 다만 ≪대학≫을 하루에 한 번씩 읽게 하여, 그것이 어떠해야 '어른의 공부'이고 어떠해야 '어린이의 공부'이며, 어떠해야 '명명덕'이고 어떠해야 '신민'이며, 어떠해야 '지어지선'인가를 알게 하려고 하였다. 날마다 이와 같이 읽어나가면, 세월이 가면서 이른바 '옛것을 익혀서 새로운 것을 알게 됨'을 스스로 깨닫게 될 것이다. 모름지기 새로운 것을 알아 날마다 새로워짐을 알게 되어야 비로소 제대로 되리니, 본래 도리가 새롭게 해석되는 것이 아니고 다만 자신의 이러한 의식이 내내 새로워지는 것이다.

讀大學에　初間14)에도　也只如此讀하고　後來에도　也只如此讀이라. 只是初間讀得엔　似不與自家相關이라도　後來看熟15)이면　見許多說話가　須着16)如此做요　不如此做면　自不

---

10) 장(將) : 목적어를 동사의 앞으로 도치시키는 개사로, 현대중국어 '把'의 용법이다.

11) 거(去) : 동사의 앞에 붙어 상대방 쪽의 동작을 표시하는 용법으로 쓰인다.

12) 득(得) : 동사의 뒤에 붙어 동작의 결과나 완결을 나타내는 조사이다.

13) 지(地) : 형용사 뒤에 쓰여 부사구를 만드는 접미사이다.

14) 초간(初間) : 처음, 최초.

15) 숙(熟) : 술어 '看'의 결과보어이다.

得이라.

讀書는 不可貪多라. 當且以大學으로 爲先하여 逐段熟讀
精思하여 須令了了分明에 方可改讀後段이라. 看第二段에
却思量前段하여 令文意連續이 却不妨이라.

≪대학≫을 읽을 때 처음에도 단지 이와 같이 읽고 뒤에도 단지
이와 같이 읽을 것이다. 다만 처음 읽을 때에는 자신과 서로 관련
되어 있지 않은 것 같아도 뒤에 익숙하게 읽고 나면 많은 말들이
모름지기 이와 같이 해야 하고 이와 같이 하지 않으면 본래 안 됨
을 알게 된다.

독서는 많이 하기를 욕심내서는 안 된다. 마땅히 먼저 ≪대학≫을
우선으로 하여 단락에 따라 자세히 읽고 정밀하게 생각하여 명료
하고 분명하게 되었을 때, 비로소 뒤의 단락을 다시 읽는 것이 좋
다. 두 번째 단락을 볼 때에도 다시 앞 단락을 생각하여 글 뜻이
연속되게 하는 것이 괜찮다[좋다].

問이라. 大學稍通이면 方要讀論語잇가? 曰이라. 且未可
라. 大學稍通에 正好着心精讀이라. 前日讀時엔 見得17)前
이나 未見得後面하고 見得後나 未見得前面이라가 今識
得18)大綱體統이니 正好熟看이라. 讀此書하여 功深이면 則
用博이라. 昔에 尹和靖19)은 見伊川半年에 方得大學西銘20)

---

16) 수착(須着) : 모름지기(마땅히) … 해야 한다.
17) 득(得) : 동사의 뒤에 쓰여 가능을 나타내는 조사이다.
18) 득(得) : 동사의 뒤에 쓰여 동작의 결과나 완결을 나타내는 조사이다.

看이러니 今人은 半年에 要讀多少書로다. 某且要人讀此
는 是如何오? 緣此書却不多而規模周備일새라. 凡讀書는
初一項에 須看十分工夫[21]了면 第二項은 只費得八九分工
夫요 第三項은 便只費得六七分工夫라. 少間에 讀漸多하
면 自通貫이니 他書는 自著不得多工夫라.

누가 물었다. "≪대학≫이 조금 통해졌으면 곧바로 ≪논어≫를 읽
어야 합니까?" 답변이다. "아직 안 된다. ≪대학≫이 조금 통해졌
을 때 마음을 기울여 정독하는 것이 가장 좋다. 전날에 읽을 때에
는 앞의 것을 알 수 있었으나 뒷부분을 알 수 없었고 뒤의 것을
알 수 있었으나 앞부분을 알 수 없다가, 이제 큰 벼리와 체제를 알
게 되었으니 숙독하는 것이 가장 좋다. 이 책을 읽어서 공력이 깊
어지면 적용이 넓어진다. 옛날에 윤화정은 이천 선생을 뵌 지 반
년 만에야 비로소 ≪대학≫과 <서명>을 받아서 보았는데 지금 사
람들은 반년 만에 많은 책을 읽으려고 한다. 내가 우선 사람들에
게 이 책을 읽으라고 하는 것은 어째서인가? 이 책은 양은 많지
않으면서도 규모가 두루 갖추어져 있기 때문이다. 무릇 책을 읽는

---

19) 윤화정(尹和靖) : 송(宋) 낙양(洛陽) 출신의 윤돈(尹焞)으로 자가 언명(彦明)이다.
    정이(程頤)를 사사하였고 흠종(欽宗) 시기에 부름을 받아 화정처사(和靖處士)라는
    호를 하사받았다. 숭정전설서(崇政殿說書), 예부시랑겸시강(禮部侍郎兼侍講) 등을
    역임하였다.

20) <서명(西銘)> : 송(宋) 장재(張載)가 자신이 지은 ≪정몽(正蒙)≫의 <건칭(乾稱)>
    편에서 발췌하여 <정완(訂頑)>으로 제목을 정하고 서재의 서쪽 벽에 써놓은 글
    이다. 뒤에 정이(程頤)가 <서명(西銘)>으로 이름을 바꾸었다.

21) 공부(工夫) : '시간', '노력', '조예' 등의 뜻이 있는데, 여기서는 '시간'의 뜻으로
    보는 것이 좋겠다.

것은 처음 한 항목에 십분지십의 시간을 보아야 한다면 둘째 항목
은 다만 십분지팔·구의 시간을 소비하게 되고 셋째 항목은 곧 단
지 십분지육·칠의 시간만 소비하게 된다. 잠시 사이에 읽는 것이
점점 많아지면 저절로 관통하게 되니, 다른 책은 자연 많은 시간
을 들일 필요가 없다.

看大學에 俟見大指하고 乃及他書라. 但看時에 須是更將[22]
大段을 分作小段하고 字字句句를 不可容易放過라. 常時
暗誦默思하며 反覆研究에 未上口時엔 須敎[23]上口하고 未
通透時엔 須敎通透라. 已通透後엔 便要純熟하여 直待不
思索時에도 此意常在心胸之間하여 驅遣不去[24]니 方是此
一段了면 又換一段看이라. 令如此면 數段之後엔 心安理
熟하여 覺工夫省力時에도 便漸得力也리라.

한 자 透 통할 투, 省 덜 생

≪대학≫을 볼 때에 대의를 알고 난 후 비로소 다른 책으로 나아
갈 것이다. 다만 (≪대학≫을) 볼 때에도 모름지기 다시 큰 단락을
작은 단락으로 나누고, 글자마다 구절마다 쉽게 지나쳐서는 안 된
다. 항상 암송하고 묵묵히 생각하며 반복해서 연구하되, 아직 입
에 익지 않았을 때에는 모름지기 입에 익도록 해야 하고, 아직 통
달하지 못했을 때에는 모름지기 통달하도록 해야 한다. 다 통달한
뒤에는 곧 온전하게 익도록 하여, 오직 사색하지 않을 때에도 이

---

22) 장(將) : 목적어를 동사의 앞으로 도치시키는 개사로, 현대중국어 '把'의 용법이다.
23) 교(敎) : 사역동사로 '사(使)'와 같은 용법이다.
24) 驅遣不去 : '술어 + 구조조사 + 가능보어'의 구조인 '驅遣得去'의 부정형으로, 가능
    보어인 '去'가 부정되어 '…할 수 없다'의 의미가 된다.

뜻이 항상 마음속에 있어서 쫓아낼 수 없기를 기다릴 것이니, (이렇듯이) 이 한 단락이 끝나게 되면 다시 다른 단락으로 바꾸어 볼 것이다. 가령 이와 같이 해 나가면 몇 단락 뒤에는 마음이 편안해지고 이치가 익숙해져, 공부에서 힘을 줄일 때에도 곧 점차 힘을 얻게 됨을 느낄 것이다.

又曰이라. 大學은 是一箇腔子²⁵⁾니 而今에 却要塡敎²⁶⁾他 實이라. 如他說格物이면 自家須是去²⁷⁾格物後에 塡敎他實이오 著誠意도 亦然이라. 若只讀得²⁸⁾ 空殼子면 亦無益也라. 讀大學이 豈在看他言語리오. 正欲驗之於心이 如何니 如好好色과 惡惡臭²⁹⁾를 試驗之吾心하여 果能好善惡惡이 如此乎아하며 閒居에 爲不善³⁰⁾이 是果有此乎아 하여 一有不至어든 則勇猛奮躍不已라야 必有長進이라. 今不知如此하면 則書自書我自我리니 何益之有리오.

---

25) 강자(腔子) : 몸이나 물체의 속이 빈 곳을 가리킨다.
26) 교(敎) : 사역동사로 '사(使)'와 같은 용법이다.
27) 거(去) : 동사의 앞에 붙어 상대방 쪽의 동작을 표시하는 용법으로 쓰인다.
28) 득(得) : 동사의 뒤에 쓰여 동작의 결과나 완결을 나타내는 조사이다.
29) ≪대학·전6장≫, "이른바 '그 뜻을 참되게 한다.'라는 것은 자신을 속이지 말라는 것이다. (악을 미워하기를) 나쁜 냄새를 싫어하는 것과 같이 하고 (선을 좋아하기를) 아름다운 얼굴을 좋아하는 것과 같이 함이니, 이것을 일러 '자겸(自謙)'이라고 한다. 그러므로 군자는 반드시 자기 혼자만이 아는 경지를 삼간다.(所謂誠其意者, 毋自欺也. **如惡惡臭, 如好好色,** 此之謂自謙. 故君子, 必愼其獨也.)"
30) ≪대학·전6장≫, "소인배는 혼자 머물 때에 불선을 행하면서 이르지 않는 곳이 없다가, 군자를 본 뒤에 몰래 그 불선을 가리고 선[위선]을 드러낸다. 남들이 자기를 보는 것이 그의 허파와 간을 보는 것과 같으니 그렇다면 무엇이 유익하겠는가. 이것을 일러, '마음속에서 참되면 밖으로 드러난다.'라고 하는 것이다. 그러므로 군자는 반드시 자기 혼자만이 아는 경지를 삼간다.(小人, **閒居爲不善,** 無所不至, 見君子而后, 厭然揜其不善, 而著其善. 人之視己, 如見其肺肝然, 則何益矣. 此謂誠於中, 形於外. 故君子, 必愼其獨也.)"

腔 빈속 강·곡조 강, 著 붙을 착, 殼 껍질 각, 惡 미워할 오·나
쁠 악

또 말하였다. ≪대학≫은 하나의 빈 공간이니 이제는 바로 채워서
그것[빈 공간]이 가득하게 해야 한다. 예를 들어 그것[≪대학≫]
이 '격물(格物)'을 말했다면 자신이 모름지기 '격물'해 나간 뒤에
채워서 그것[빈 공간]을 가득하게 해야 하고 '성의(誠意)'해 나감
도 역시 그러하다. 만약 그저 빈껍데기만 읽게 되면 역시 유익함
이 없다.

≪대학≫을 읽는 것이 어찌 그 글자를 보는 데에 달려 있겠는가.
바로 (나의) 마음에 징험하고자 함이 어떠한가이니, '아름다운 얼
굴을 좋아하고 나쁜 냄새를 싫어함'과 같이 하기를 내 마음에 시
험해서 과연 " '제대로 선을 좋아하고 악을 미워할 수 있음'이 이
와 같은가?"라고 하며 " '혼자 머물 때에 불선을 행함'이 과연 이
런 것이 있는가?"라고 하여, 조금이라도 지극하지 못함이 있으면
용감하고 맹렬하게 분발하여 그치지 않아야 반드시 발전이 있을
것이다. 지금 이와 같이 할 줄을 모르면 책은 그대로 책일 뿐이고
나는 그대로 나일 뿐이니 무슨 유익함이 있겠는가.

又曰이라. 某一生에 只看得這文字透[31]하고 見得[32]前賢所
未到處라. 溫公[33]이 作通鑑하고 言平生精力이 盡在此書

---

31) 투(透) : '看得'의 정도보어이다.
32) 득(得) : 동사의 뒤에 쓰여 동작의 결과나 완결을 나타내는 조사이다.
33) 온공(溫公) : 북송(北宋)의 사마광(司馬光:1019-1086)으로 자가 군실(君實)이다.
사후에 온국공(溫國公)을 증직(贈職)받아 온공(溫公)이라고 칭해진다. 왕안석(王
安石)의 신법을 반대하다가 실각하였고 복권된 뒤에 ≪자치통감(資治通鑑)≫을
편찬하였다.

러니 某於大學에 亦然이라. 先須通此라야 方可讀他書라.

又曰이라. 伊川이 舊日에 敎人先看大學이나 那時에 未解說이라. 而今에 有註解[34]하여 覺大段分曉了리니 只在仔細看이니라.

又曰이라. 看大學에 且逐章理會라. 先將[35]本文念得하고 次將章句來解本文하며 又將或問來參章句하여 須逐一[36]令記得[37]이라. 反覆尋究하여 待他浹洽[38]하고 旣逐段曉得이면 却統看溫尋[39]過라.

또 말하였다. 내가 일생 동안 오직 이 글[≪대학≫]을 철저하게 보고서 이전의 현자들이 도달하지 못한 곳을 알게 되었다. 사마온 공이 ≪자치통감(資治通鑑)≫을 짓고서 평생의 정력이 모두 이 책에 들어있다고 말했는데, 나도 ≪대학≫에 대해서 역시 그러하다. 먼저 이 책을 통달해야만 비로소 다른 책을 읽을 수 있다.

또 말하였다. 이천(伊川) 선생이 전날에 사람들에게 먼저 ≪대학≫을 보도록 하였지만 그 당시에 풀어서 설명하지 않았다. 이제 주해가 있어 큰 줄거리가 분명해졌음을 깨달을 것이니 다만 자세히

---

34) 주해(註解) : 주자(朱子) 자신이 풀이한 ≪대학장구≫를 가리킨다.

35) 장(將) : 목적어를 동사의 앞으로 도치시키는 개사로, 현대중국어 '把'의 용법이다.

36) 축일(逐一) : 하나하나, 하나씩.

37) 득(得) : 동사의 뒤에 쓰여 동작의 결과나 완결을 나타내는 조사이다.

38) 협흡(浹洽) : 꿰뚫어 통달하다, 관통하다

39) 온심(溫尋) : 배운 것을 익히다. '온습(溫習)'과 같다.

보는 데에 달려 있을 뿐이다.

또 말하였다. ≪대학≫을 볼 때에 우선 장구(章句)를 따라가며 이해할 것이다. 먼저 본문을 숙고하고서 다음에 장구를 가지고 본문을 해석할 것이며, 다시 혹문을 가지고 장구를 따져 보면서 모름지기 하나씩 기억하도록 해야 한다. 반복적으로 추구하여 그것이 관통해지기를 기다릴 것이고 이미 단락마다 깨닫게 되었으면 다시 전체적으로 보면서 익혀 나갈 것이다.

又曰이라. 大學一書에 有正經하고 有章句하고 有或文한대 看來看去40)면 不用或問하고 只看章句便了라. 久之면 又只看正經便了요 又久之면 自有一部大學이 在我胸中하여 而正經도 亦不用矣리라. 然이나 不用某許多工夫면 亦看某底41)不出42)이오 不用聖賢許多工夫면 亦看聖賢底不出이라.

> **한 자** 胸 가슴 흉·마음 흉, 底 밑 저·속 저·것 저(지시대명사의 뒤에 쓰여 소유나 처소를 나타낸다.)

또 말하였다. ≪대학≫ 한 책에 경전 본문이 있고 장구가 있고 혹문이 있는데, 보고 또 보다 보면 혹문이 필요 없이 오로지 장구만 보면 된다. 오래 되면 다시 경전 본문만 보면 되고, 또 오래 되면 저절로 한 권의 ≪대학≫이 내 가슴 속에 있어 경전 본문도 역시

---

40) ~來~去 : 동작의 반복을 나타낸다.

41) 저(底) : 명사구를 만드는 결구조사(結構助詞)로 백화의 '的'과 같은 용법이다.

42) 看~不出 : '술어 ~구조조사＋가능보어'의 구조인 '看~得出'의 부정형으로, 가능보어인 '出'이 부정되어 '…할 수 없다'의 의미가 된다.

필요하지 않게 될 것이다. 그러나 나와 같은 허다한 노력을 들이지 않으면 또한 나의 것[내가 깨달은 것]을 보아낼 수 없고, 성현과 같은 허다한 노력을 들이지 않으면 역시 성현의 것[성현이 깨달은 것]을 보아낼 수 없다.

又曰이라. 大學解本文에 未詳者를 於或問中에 詳之하니 且從頭逐句理會라가 到不通處어든 却看하라. 或問은 乃註脚之註脚이라.
某解書에 不合太多하여 又先准備學者하여 爲他設疑說了하니[43] 所以致得學者看得容易[44]了라.
人只說某說大學等에 不略說하여 使人自致思한대 此事는 大不然이라. 人之爲學은 只爭箇肯與不肯耳라. 他若不肯向這裏면 略이라도 亦不解致思요 他若肯向此一邊이면 自然有味리니 愈詳愈有味리라.

한 자 肯 수긍할 긍·**바랄 긍**, 愈 나을 유·**더욱 유**

또 말하였다. 《대학》에서 본문을 해석하는데 상세하지 못했던 것을 혹문 안에서 상세하게 해놓았으니, 우선 처음부터 구절에 따라 이해해 나가다가 통하지 않는 곳에 이르거든 바로 볼 것이다. 혹문은 바로 주석의 주석이다.
내가 책을 해설하면서 너무 번다하게 하는 것이 합당하지 않아,

---

43) 《대학혹문(大學或問)》을 지은 것을 가리킨다.
44) 看得容易 : '술어+구조조사+정도보어'의 구조이다. 정도보어인 '容易'는 술어인 '看'의 정도를 나타내 주는 보어이고 '得'은 술어와 보어를 연결해 주는 조사이다.

다시 우선적으로 배우는 자들을 위해 마련하여 그들에게 의문의 내용을 설정해 놓았으니, 배우는 자들이 쉽게 볼 수 있도록 한 것이다.

남들은 그저 말하기를, 내가 ≪대학≫ 등을 설명함에 있어 간략하게 설명하지 않아 사람들로 하여금 스스로 생각을 지극하게 하지 않도록 했다고 하는데45), 이 일은 전혀 그렇지 않다. 사람이 학문을 하는 것은 다만 하려고 함과 하려고 하지 않음을 따질 뿐이다. 그가 만약 이곳으로 향하려고 하지 않는다면 간략하더라도 역시 생각을 지극하게 할 줄 모를 것이고, 그가 만약 이쪽으로 향하려고 한다면 자연스럽게 재미를 가질 것이니, 더욱 상세할수록 더욱 재미를 가질 것이다.

---

45) 너무 자세히 설명하여 사람들이 스스로 생각할 기회를 주지 않았다는 세간의 비판이다. "不略說, 使人自致思."는 "不略說, 而不使人自致思."의 의미이다.

대학장구(大學章句)

子[1]程子曰이라. 大學은 孔氏[2]之遺書而初學入德之門也라.
於今에 可見古人爲學次第者는 獨賴此篇之存이요 而論孟
次之라. 學者가 必由是而學焉이면 則庶乎其不差矣리라.

> **한 자** 遺 잃을 유 · 남을 유 · **남길 유** · 줄 유, 賴 **힘입을 뢰** · 의뢰할 뢰,
> 差 어긋날 차 · **그릇될 차**

정자 선생께서 말씀하였다. "《대학》은 공자 집안에서 남긴
저작으로, 처음 배우는 자들이 덕에 들어가는 문이다. 지금 시
대에 옛사람들이 학문을 했던 차례를 알 수 있는 것은 오직 이
글이 남아 있는 덕택이고, 《논어》와 《맹자》가 그 다음이
된다. 배우는 자들이 반드시 이것[《대학》]으로부터 배워나간
다면 아마도 장차 잘못되지 않을 것이다."

---

1) 자(子) : 성씨 앞에 붙여 사표가 될 만한 스승이나 학자에 대한 존칭으로 쓰인다.
2) 공자를 위시하여 손자인 공급(孔伋)까지 포함하는 의미이다.

�֎ 대학 경1장3)

경1장-7-1 ◉大學之道는 在明明德하고 在親民하며 在止於
至善이라.

◉程子曰이라. 親은 當作新이라.
◉大學者는 大人之學也라. 明은 明之也라. 明德者는 人之所得乎天而虛
靈不昧하여 以具衆理하고 而應萬事者也라. 但爲氣稟所拘하고 人欲所
蔽하면 則有時而昏이라. 然이나 其本體之明은 則有未嘗息者라. 故로
學者는 當因其所發而遂明之하여 以復其初4)也라. 新者는 革其舊之謂
也라. 言旣自明其明德하고 又當推以及人하여 使之亦有以去其舊染之
汚5)也라. 止者는 必至於是而不遷之意요 至善은 則事理當然之極也니
言明明德과 新民이 皆當止於至善之地而不遷이라. 蓋必其有以盡夫天
理之極하여 而無一毫人欲之私也라.
◉此三者는 大學之綱領也라.

한자	止 발 지(趾와 같은 자)·그칠 지·머물 지, 蔽 덮을 폐·가릴 폐, 息 숨 쉴 식·쉴 식·없어질 식, 推 밀 추·확충할 추·옮길 추· 천거할 추, 染 물들일 염·적실 염·더럽힐 염, 綱 벼리 강, 領 옷깃 령

---

3) 경1장은 공자의 말씀인데 증자가 전한 것이다.
4) 기초(其初) : 사람이 태어날 때 부여받은 '밝고 순수한 상태의 본성, 즉 명덕(明
德)'을 가리킨다.
5) ≪서경(書經)·하서(夏書)·윤정(胤征)≫, "그 우두머리를 죽이고 위협에 따른 자들
은 다스리지 않아, 전에 물들었던 더러운 풍습을 모두 함께 새롭게 하겠다.(殲厥
渠魁, 脅從罔治, 舊染汙俗, 咸與惟新.)"

≪대학≫의 도리는, 밝은 덕을 밝히는 데에 있고 백성을 새롭게 하는 데에 있으며 최선의 경지에 머무는 데에 있다.[6]

○정자가 말씀하였다. "'친(親)'은 '신(新)'으로 해야 한다."
○'대학(大學)'이라는 것은 성인(成人:15세 이상)의 학문이다. '명(明)'은 '밝히다'이다. '명덕(明德)'이라는 것은 사람이 하늘에서 받아서 고요하고 영묘하며 어둡지 않아 모든 이치가 갖춰져 있고 온갖 일에 대응하는 것이다. 다만 타고난 기질에 의해 얽매이고 사람의 욕심에 의해 가려지면 때에 따라 어두워진다. 그러나 그 본질의 밝음은 일찍이 사라지지 않는 것이 있다. 그러므로 배우는 자들은 마땅히 그것[본질의 밝음]이 발동하는 것에 근거하여 마침내 밝혀서 그 처음의 상태를 회복해야 한다. '신(新)'이라는 것은 옛 것을 바꾸는 것을 일컫는다. 이미 스스로 자신의 밝은 덕을 밝히고서 다시 확충하여 남에게까지 미쳐서 그로 하여금 역시 전에 물들었던 더러움을 제거할 수 있게 해야 한다고 말씀한 것이다. '지(止)'라는 것은 '반드시 여기에 이르러 옮겨가지 않는다'는 뜻이고, '지선(至善)'은 사리의 마땅한 지극함이니, '밝은 덕을 밝힘[명명덕(明明德)]'과 '백성을 새롭게 함[신민(新民)]'이 모두 최선의 경지에 머물러 옮겨가지 않아야 한다고 말씀한 것이다. 이것은 반드시 그가 천리의 표준을 극진히 할 수 있어서 한 터럭의 사사로운 욕심도 없게 해야 한다는 것이다.
○이 세 가지는 ≪대학≫의 (큰) 강령이다.

경1장-7-2 ●知止而后에 有定이니, 定而后에 能靜[7]하고 靜

---

6) 지(止) : 주자가 '반드시 여기에 이르러 옮겨가지 않는다는 뜻(必至於是而不遷之意)'이라고 설명하였는데, '멈추다', '그치다'로는 '옮겨가지 않는다(不遷)'는 말을 해석하기에 부족하여 '머물다'로 번역하였다.
7) 정(靜) : '동(動)'의 반대이다. 즉 '부동(不動)', '부동심(不動心)'의 상태인 '안정'이다.

而后에 能安[8]하며 安而后에 能慮하고 慮而后에 能得이라.

●止者는 所當止之地니 即至善之所在也라. 知之면 則志有定向이라. 靜은 謂心不妄動이요 安은 謂所處而安이며, 慮는 謂處事精詳이요 得은 謂得其所止라.

> **한 자** 慮 생각할 려·근심할 려, 詳 세밀할 상·자세할 상

머물 곳[목표]을 안 뒤에 (뜻이) 정해짐이 있으니, (뜻이) 정해진 뒤에 안정될 수 있고 안정된 뒤에 자연스러울 수 있으며 자연스러운 뒤에 제대로 생각[판단]할 수 있고 제대로 생각한 뒤에 (목표를) 얻을 수 있다.

○'지(止)'라는 것은 '머물러야 할 곳'이니, 바로 최선이 존재하는 곳이다. 그 곳을 알면 뜻이 정해진 방향이 있다. '정(靜)'은 마음이 함부로 움직이지 않는 것을 일컫고 '안(安)'은 있는 곳에서 편안한 것을 일컬으며, '여(慮)'는 일을 처리하는 것이 정밀하고 세밀한 것을 일컫고 '득(得)'은 자신이 머물 곳[목표]을 얻음을 일컫는다.

경1장-7-3 ●物有本末하고 事有終始하니 知所先後면 則近道矣리라.

---

8) ≪논어(論語)·이인(里仁)≫에서, "인한 자는 인을 편안히 여기고 지혜로운 자는 인을 이롭게 여긴다.(仁者安仁, 知者利仁.)"라고 하였듯이, 인을 편안히 여겨 일상에서 자연스럽게 행하는 경지를 말할 때의 '안(安)'이다.

●明德爲本이고 新民爲末이며 知止爲始이고 能得爲終이라. 本始는 所先이고 末終은 所後라.
●此는 結上文兩節之意라.

물건에는 근본과 말단이 있고 일에는 시작과 끝이 있으니, 먼저 할 것과 뒤에 할 것을 알면 도에 가깝게 될 것이다.

○'덕을 밝히는 것'이 근본이고 '백성을 새롭게 하는 것'이 말단이며, '머물 곳을 아는 것'이 시작이고 '(목표를) 얻을 수 있는 것'이 끝이다. 근본과 시작은 먼저 할 것이고 말단과 끝은 뒤에 할 것이다.
○이것은 윗글 두 구절9)의 뜻을 결론지은 것이다.

경1장-7-4 ●古之欲明明德於天下者는 先治其國하고 欲治其國者는 先齊其家라. 欲齊其家者는 先修其身하고 欲修其身者는 先正其心이라. 欲正其心者는 先誠其意하고 欲誠其意者는 先致其知하니 致知는 在格物이라.

●明明德於天下者는 使天下之人으로 皆有以明其明德也라. 心者는 身之所主也라. 誠은 實也요 意者는 心之所發也라. 實其心之所發하여 欲其必自慊而無自欺也라. 致는 推極也요 知는 猶識也니 推極吾之知識하여 欲其所知가 無不盡也라. 格은 至也요 物은 猶事也니 窮至事物之理하여 欲其極處無不到也라.
●此八者는 大學之條目也라.

---

9) '大學之道'의 구절과 '知止而后'의 두 구절이다.

齊 가지런할 제·제(齊)나라 제·재계할 재(齋와 통용)·상복 자,
誠 성실할 성·**진실할 성**·실정 성, 致 이를 치·보낼 치·**다할
치**, 格 이를 격·바로잡을 격·**궁구할 격**, 慊 유감스러울 겸·부
족할 겸·**만족할 겸**·혐의 혐(嫌과 같은 자), 欺 속일 기

옛날에 천하 사람들에게 밝은 덕을 밝혀 주고자 했던 이들은
먼저 그 나라를 다스렸고, 그 나라를 다스리고자 했던 이들은
먼저 그 집안을 가지런하게 하였다. 그 집안을 가지런하게 하
고자 했던 이들은 먼저 그 자신을 수양하였고, 그 자신을 수양
하고자 했던 이들은 먼저 그 마음을 바르게 하였다. 그 마음을
바르게 하고자 했던 이들은 먼저 그 뜻을 참되게 하였고, 그 뜻
을 참되게 하고자 했던 이들은 먼저 그 앎을 지극하게 했으니,
앎을 지극하게 하는 것은 사물의 이치를 추구하는 데에 달려
있다.

○ "명명덕어천하(明明德於天下)"라는 것은 천하 사람들로 하여금 모두
   자신의 밝은 덕을 밝힐 수 있게 하는 것이다. '심(心)'이라는 것은 몸
   을 주관하는 것이다. '성(誠)'은 '참되게 하다'이고 '의(意)'라는 것은
   마음이 발동하는 것이다. 자신의 마음이 발동하는 것을 참되게 하여
   자신이 반드시 스스로 만족하고 스스로를 속임이 없기를 바라는 것
   이다. '치(致)'는 확충하여 지극하게 하는 것이고 '지(知)'는 '식(識)'
   과 같으니, 나의 지식을 확충하여 지극하게 함으로써 자신이 아는 것
   이 극진하지 않은 점이 없기를 바라는 것이다. '격(格)'은 '이르다'이
   고 '물(物)'은 '사(事)'와 같으니,10) 사물의 이치에 끝까지 이르러 그

---

10) '격물(格物)'의 '물(物:구체물)'은 '사(事:현상)'를 포괄하는 개념으로, '사물(事物)'
    이라고 말한 것과 같다는 뜻이다.

지극한 곳에 도달되지 않음이 없기를 바라는 것이다.

○이 여덟 가지는 ≪대학≫의 (세부) 조목이다.

경1장-7-5 ◉物格而后에 知至하고 知至而后에 意誠이라. 意誠而后에 心正하고 心正而后에 身修라. 身修而后에 家齊하고 家齊而后에 國治하며 國治而后에 天下平이라.

●物格者는 物理之極處에 無不到也요 知至者는 吾心之所知가 無不盡也라. 知既盡이면 則意可得而實矣요 意既實이면 則心可得而正矣라. 修身以上은 明明德之事也요 齊家以下는 新民之事也라. 物格知至는 則知所止矣요 意誠以下는 則皆得所止之序也라.

사물의 이치가 추구된 뒤에 앎이 지극해지고 앎이 지극해진 뒤에 뜻이 참되어진다. 뜻이 참되어진 뒤에 마음이 바르게 되고 마음이 바르게 된 뒤에 자신이 수양된다. 자신이 수양된 뒤에 집안이 가지런해지고 집안이 가지런해진 뒤에 나라가 다스려지며, 나라가 다스려진 뒤에 천하가 태평해진다.

○'물격(物格)'이라는 것은 사물의 이치가 지극한 곳까지 도달되지 않음이 없는 것이고, '지지(知至)'라는 것은 내 마음이 아는 바가 극진하지 않음이 없는 것이다. 앎이 이미 극진해지면 뜻이 참되어질 수 있고, 뜻이 이미 참되어지면 마음이 바르게 될 수 있다. '수신(修身)' 이상은 밝은 덕을 밝히는 일이고, '제가(齊家)' 이하는 백성을 새롭게 하는 일이다. '물격(物格)'과 '지지(知至)'는 머물 곳을 아는 것이고, '의성(意誠)' 이하는 모두 머물 곳을 얻는 차례이다.

경1장-7-6 ◉自天子로 以至於庶人에 壹是皆以修身爲本이라.

●壹是는 一切也라. 正心以上은 皆所以修身也요 齊家以下는 則擧此而
措之耳라.

한 자 壹 전일할 일·한 일·**모두 일**

천자로부터 일반 백성에 이르기까지 모두가 다 '자신을 수양하
는 것'을 근본으로 삼는다.

○'일시(壹是)'는 '모두'이다. '정심(正心)' 이상은 모두 자신을 수양하는
방법이고, '제가(齊家)' 이하는 이것[수신]을 가져다 거기에 적용하는
것일 뿐이다.

경1장-7-7 ◉其本이 亂而末治者는 否矣며 其所厚者에 薄
이요 而其所薄者에 厚는 未之有也니라.

●本은 謂身也요 所厚는 謂家也라.
●此兩節은 結上文兩節之意니라.

한 자 否 아닐 부·**없을 부**·악할 비·막힐 비, 薄 얇을 박·엷을 박·
박하게 할 박·**소홀히 할 박**

그 근본이 어지러우면서 말단이 다스려지는 경우는 없으며, 후

하게 할 것에 소홀히 하면서 소홀히 할 것11)에 후하게 하는 경우는 있지 않다.

○본(本)은 [수신(修身)의] ‘신(身)’을 이르고, 후하게 할 것은 [제가(齊家)의] ‘가(家)’를 이른다.
○이 두 구절12)은 윗글 두 구절13)의 뜻을 결론지은 것이다.

●右는 經一章이니 蓋孔子之言而曾子述之요 其傳十章은 則曾子之意而門人記之也라. 舊本에 頗有錯簡하여 今因程子所定하고 而更考經文하여 別爲序次如左라.
●凡傳文이 雜引經傳하여 若無統紀라. 然이나 文理接續하고 血脈貫通하여 深淺始終이 至爲精密이라. 熟讀詳味하면 久當見之니 今不盡釋也라.

> **한 자** 頗 치우칠 파·**자못 파**, 錯 숫돌 착·갈 착·꾸밀 착·**섞일 착**·어긋날 착·둘 착, 統 실마리 통·거느릴 통·법 통·**줄기 통**, 紀 **벼리 기**·실마리 기, 脈 **맥 맥**·연달을 맥, 釋 풀 석·**풀이할 석**

○이상은 경1장으로 공자의 말씀인데 증자가 전한 것이고, 그 (다음의) 전문 10개의 장은 증자의 뜻인데 (증자의) 제자가 기록한 것이다. 옛 책에 뒤섞인 죽간이 많이 있어, 지금 정자(程子)가 정한 것을 따르고 다시 경문을 고찰하여 별도로 차례를 만든 것이 다음과 같다.
○모든 전문(傳文)이 경전(經傳)을 잡다하게 인용하여 계통이 없는 듯하다. 그러나 문맥이 이어지고 맥락이 관통하여 깊고 얕음과 시작과

---

11) 소홀히 할 것 : ‘집안(家)’에 비해 다음 단계가 되는, ‘나라(國)’와 ‘천하(天下)’를 가리킨다.
12) “自天子”의 구절과 “其本”의 구절을 가리킨다.
13) “古之欲明明德於天下者”의 구절과 “物格而后”의 구절을 가리킨다.

끝이 지극히 정밀하다. 익숙하게 읽고 자세하게 음미하면 오랜 뒤에
는 장차 알게 될 것이니 지금 모두 풀이하지는 않겠다.

✻ 대학 전01장14)

전01장-4-1 ◉康誥15)曰이라. 克明德이라.16)

●康誥는 周書라. 克은 能也라.

한 자 　康 편안할 강·즐거울 강, 誥 고할 고·**훈계할 고**

<강고>에서 말하였다. "덕을 잘 밝히셨다."

○<강고>는 (≪서경(書經)≫) <주서>이다. '극(克)'은 '잘, 제대로[능
(能)]'이다.

전01장-4-2 ◉太甲17)曰이라. 顧諟天之明命이라.18)

---

14) '명명덕(明明德)'을 풀이하였다.
15) 강고(康誥) : ≪서경(書經)·주서(周書)≫의 편명으로, 주(周)나라 무왕(武王)이
　　자신의 아우인 강숙(康叔)을 위(衛)나라에 봉하면서 훈계한 내용이다.
16) ≪서경(書經)·주서(周書)·강고(康誥)≫, "너[강숙(康叔)]의 크게 드러나신 아버
　　지 문왕께서 덕을 잘 밝히시고 형벌을 삼가셨다.(惟乃丕顯考文王, **克明德**, 愼罰)."
17) 태갑(太甲) : 상(商)나라 탕임금의 손자인 태종(太宗)의 이름이다. 이윤(伊尹)이
　　태갑의 부덕(不德)을 깨우친 과정과 그 내용을 담은 ≪서경(書經)·상서(商書)≫의
　　편명이기도 하다.
18) ≪서경(書經)·상서(商書)·태갑상(太甲上)≫, "선왕[탕임금]께서 하늘이 밝게 명해
　　준 이것[성(性)]을 돌아보시어, 천지신명을 받드시고 사직과 종묘에 공경하고 엄
　　숙하지 않음이 없었습니다.(先王**顧諟天之明命**, 以承上下神祇, 社稷宗廟, 罔不祇肅)."

●太甲은 商書라. 顧는 謂常目在之也라. 諟는 猶此也라. 或曰審也라. 天之明命은 卽天之所以與我而我之所以爲德者也라. 常目在之면 則無時不明矣라.

한 자　諟(是와 통용) 바로잡을 시 · **이 시**, 審 **살필 심** · 자세할 심

<태갑>에서 말하였다. "하늘이 밝게 명해 준 이것[성(性)]을 돌아보셨습니다."

○<태갑>은 (≪서경≫) <상서>이다. '고(顧)'는 항상 눈을 거기에 둠을 일컫는다. '시(諟)'는 '이것[차(此)]'과 같다. 어떤 사람은 이르기를, '살피다'라고 하였다. 하늘이 밝게 명해 준 것은, 바로 하늘이 나에게 준 것이고 내가 덕으로 삼은 것이다. 항상 눈을 거기에 두면 밝지 않을 때가 없게 된다.

전01장-4-3　●帝典[19]曰이라. 克明峻德이라.[20]

●帝典은 堯典이니 虞書라. 峻은 大也라.

한 자　峻 높을 준 · **클 준**, 虞 짐승 이름 우 · 헤아릴 우 · 근심할 우 · **순 임금 씨 우**[유우씨(有虞氏)]

---

19) 제전(帝典) : 요임금의 일을 기록한 ≪서경(書經)·우서(虞書)≫의 <요전(堯典)>이다. 순임금 시기[우(虞)나라] 사관(史官)이 지은 것이라서 우서(虞書)에 소속시켰다.

20) ≪서경(書經)·우서(虞書)·요전(堯典)≫, "(요임금께서는) 큰 덕을 잘 밝히시어 아홉 친족들을 화목하게 하셨다.(**克明俊德**, 以親九族.)"

<요전(堯典)>에서 말하였다. "큰 덕을 잘 밝히셨다."

○<제전>은 <요전>이니 (≪서경≫) <우서>이다. '준(峻)'은 '크다'이다.

전01장-4-4 ◉皆自明也니라.

●結所引書가 皆言自明己德之意라.

모두가 스스로 (자신의 덕을) 밝힌 것이다.

○인용한 글이 모두가 스스로 자신의 덕을 밝힌 뜻을 말한 것이라고 결
  론지었다.

●右는 傳之首章이니 釋明明德이라.
●此는 通下三章至止於信하여 舊本에 誤在沒世不忘之下라.

> **한 자** 釋 풀이할 석 · 풀 석, 通 통할 통 · 열 통 · **이를 통**, 誤 **잘못 오** ·
> 미혹될 오

○이상은 전문(傳文)의 첫 장으로, '명명덕(明明德)'을 풀이하였다.
○이 부분은 아래의 전03장 "지어신(止於信)"에 이르기까지, 옛 책에는
  '몰세불망(沒世不忘)'의 아래에 잘못 놓여 있었다.

전02장-4-1 ●湯之盤銘曰이라. 苟日新이어든 日日新하고
又日新이라.

●盤은 沐浴之盤也요 銘은 名²²⁾其器以自警之辭也라. 苟는 誠也라. 湯
은 以人之洗濯其心以去惡이 如沐浴其身以去垢라. 故로 銘其盤하니
言誠能一日에 有以滌其舊染之汚而自新이면 則當因其已新者하여 而
日日新之하고 又日新之하니 不可略有間斷也라.

> **한 자** 湯 끓는 물 탕·국 탕·**상(商)나라 시조 이름 탕**, 盤 소반 반·**욕
> 조 반**·즐길 반, 銘 새길 명·**새긴 글 명**, 警 경계할 경·방비할
> 경·놀랄 경, 濯 씻을 탁, 垢 **때 구**·더러울 구, 滌 **씻을 척**·청소
> 할 척, 略 국경 략·다스릴 략·대략 략·**조금 략**

탕임금의 욕조에 새긴 글에 다음과 같이 쓰여 있었다. "진실로
어느 날 새로워졌으면, 나날이 새롭게 하고 또 날로 새롭게 하라."

○'반(盤)'은 목욕하는 욕조이고 '명(銘)'은 그 그릇에 문자를 새겨 스스
로를 경계한 글이다. '구(苟)'는 '진실로'이다. 탕임금은, 사람이 그 마
음을 닦아 악을 제거하는 것이 마치 그 몸을 씻어 때를 제거하는 것
과 같다고 여겼다. 그래서 자신의 욕조에 글을 새겼으니, "진실로 어
느 날 자신이 옛날에 물들었던 더러움을 씻어 내어 스스로를 새롭게

---

21) '신민(新民)'을 풀이하였다.
22) 명(名) : 문자(文字)의 뜻이다. 여기서는 동사로 쓰여 '문자를 쓰다', '문자를 새
기다'로 활용되었다.

할 수 있었다면, 마땅히 이미 새로워진 것을 근거로 하여 나날이 새롭게 하고 또 날로 새롭게 해야 하니, 조금이라도 중간에 끊김이 있어서는 안 된다."라고 한 것이다.

전02장-4-2 ●康誥23) 曰이라. 作新民이라.24)

●鼓之舞之之謂作이니 言振起其自新之民也라.

> **한자** 鼓 북 고 · 북 칠 고 · **부추길 고**, 舞 춤 무 · 춤추게 할 무 · **고무할 무**, 振 구제할 진 · **떨칠 진** · 털 진

<강고>에서 말하였다. "(스스로를) 새롭게 하는 백성들을 고무할 것이다."

○북을 쳐서 춤추게 하는 것을 '작(作)'이라 이르니, 스스로를 새롭게 하는 백성들을 진작시킨다는 말이다.

---

23) 강고(康誥) : ≪서경(書經)·주서(周書)≫의 편명으로, 주(周)나라 무왕(武王)이 자신의 아우인 강숙(康叔)을 위(衛)나라에 봉하면서 훈계한 내용이다.

24) ≪서경(書經)·주서(周書)·강고(康誥)≫, "너의 일은 오직 왕의 덕을 넓혀 은나라 백성들을 화합시키고 보호하며, 또한 왕을 도와서 천명을 안정시키고 백성들을 진작하여 새롭게 하는 것이다.(乃服, 惟弘王, 應保殷民, 亦惟助王, 宅天命, **作新民.**)" 채침(蔡沈)은 ≪서경·주서·강고≫의 주에서, "작신민(作新民)"에 대해 풀기를, "이 백성들을 진작하여 새롭게 한다.(作新斯民也.)"라고 하여 주자가 여기에서 주를 단, "스스로를 새롭게 하는 백성들을 진작시킨다.(振起其自新之民.)"라고 한 풀이와 관점을 달리하였다. 삼강령의 '신민(新民)'에 대한 풀이로서는 채침의 관점이 ≪대학≫의 본의에 가깝지만, 우선은 주자의 풀이대로 번역한다.

전02장-4-3 ◉詩曰이라. 周雖舊邦이나 其命維新이라.25)

●詩는 大雅文王之篇이라. 言周國雖舊나 至於文王하여 能新其德以及於
民하여 而始受天命也라.

≪시경≫에서 말하였다. "주나라가 비록 오래된 나라이지만 그
천명이 새로워졌다."26)

○시는 ≪시경·대아·문왕>≫편이다. 주나라가 비록 오래되었으나 문
왕에 이르러 그 덕을 새롭게 하여 백성에게까지 이르게 할 수 있어서
비로소 천명을 받았다고 말한 것이다.

전02장-4-4 ◉是故로 君子는 無所不用其極이라.

●自新과 新民을 皆欲止於至善也라.

이 때문에 군자는 그 지극함을 적용시키지 않는 곳이 없다.

○"스스로를 새롭게 함[자신(自新)]"과 "백성을 새롭게 함[신민(新
民)]"을 모두 최선의 경지에 머물게 하고자 함이다.

---

25) ≪시경(詩經)·대아(大雅)·문왕(文王)≫, "문왕이 위에 계시어, 아! 하늘에서 밝게
빛나신다. 주나라가 비록 오래된 나라이지만 그 천명이 새로워졌다.(文王在上,
於昭于天. 周雖舊邦, 其命維新.)"
26) 천명이 새롭게 내려 천자국(天子國)이 되게 하였다는 말이다.

●右는 傳之二章이니 釋新民이라.

○이상은 전02장으로, '신민(新民)'을 풀이하였다.

전03장[27]

전03장-5-1 ◉詩云이라. 邦畿千里여 惟民所止라.[28]

●詩는 商頌玄鳥之篇이라. 邦畿는 王者之都也요 止는 居也라. 言物各有所當止之處也라.

한 자 畿 **경기 기** · 지경 기 · 서울 기, 玄 **검을 현** · 오묘할 현

≪시경≫에서 말하였다. "나라의 기내(畿內) 천 리여, 백성들이 머무는 곳이다."

○시는 ≪시경 · 상송 · 현조≫편이다. '방기(邦畿)'는 천자의 도읍이고 '지(止)'는 '머물다'이다. 만물은 각자 머물러야 할 곳이 있음을 말한 것이다.

전03장-5-2 ◉詩云이라. 緡蠻[29]黃鳥여 止于丘隅라.[30] 子

27) '지어지선(止於至善)'을 풀이하였다.

28) ≪시경(詩經)·상송(商頌)·현조(玄鳥)≫, "나라의 기내(畿內) 천 리여, 백성들이 머무는 곳이다. 강역을 저 사해까지 열었도다.(**邦畿千里, 維民所止.** 肇域彼四海.)"

29) 면만(緡蠻) : 새의 울음소리를 형용한 의성어이다.

30) ≪시경(詩經)·소아(小雅)·면만(綿蠻)≫, "꾀꼴꾀꼴 우는 꾀꼬리가 산언덕에 머문

曰이라. 於止에 知其所止로소니 可以人而不如鳥乎아.

●詩는 小雅緡蠻之篇이라. 緡蠻은 鳥聲이라. 丘隅는 岑蔚之處라. 子曰
以下는 孔子說詩之辭니 言人當知所當止之處也라.

> **한자** 緡 낚싯줄 민 · **새 울음소리 면**(綿과 통용), 蠻 오랑캐 만 · 거칠
> 만, 隅 모퉁이 우 · **언덕 우**, 岑 산봉우리 잠 · **높을 잠**, 蔚 제비쑥
> 위 · **우거질 울**(鬱과 통용)

《시경》에서 말하였다. "꾀꼴꾀꼴 우는 꾀꼬리가 산언덕에 머
문다." 공자가 말씀하였다. "머묾에 있어 자신이 머물 곳을 아
니, 사람이면서 새만도 못해서야 되겠는가."

○시는 《시경·소아·면만》편이다. '면만(緡蠻)'은 새의 울음소리이다.
'구우(丘隅)'는 높고 나무가 우거진 곳이다. '자왈(子曰)' 이하는 공자
가 《시경》을 설명한 글이니, 사람은 머물러야 할 곳을 알아야 함을
말씀한 것이다.

전03장-5-3　●詩云이라. 穆穆文王이여　於緝熙敬止라.[31]

다. 어찌 길을 가는 것을 꺼리겠는가, 달려가지 못할까 두려워하네.(**綿蠻黃鳥, 止
于丘隅. 豈敢憚行, 畏不能趨.**)" '지(止)'자의 의미를 설명하기 위해 단장취의한
것이다.

[31] 《시경(詩經)·대아(大雅)·문왕(文王)》, "거룩하신 문왕이여, 아! 공경을 계속하
여 밝히셨다. 위대한 천명은 상나라의 자손들에게 있었고 상나라의 자손들이 그
수가 억 뿐만이 아니었건만, 상제가 이미 명하였으니 주나라에 복종한다.(**穆穆文
王, 於緝熙敬止. 假哉天命, 有商孫子, 商之孫子, 其麗不億, 上帝旣命, 侯於周
服.**)" '지(止)'자는 《시경》에서는 어조사로 쓰였는데, 《대학》에서는 그 의
미를 살려 단장취의하였다. 따라서 《시경》과는 달리 번역하였다. '후(侯)'자

爲人君엔 止於仁하시고 爲人臣엔 止於敬하시며 爲人子엔 止於孝하시고 爲人父엔 止於慈하시며 與國人交엔 止於信하시니라.

●詩는 文王之篇이라. 穆穆은 深遠之意라. 於는 歎美辭라. 緝은 繼續也요 熙는 光明也라. 敬止는 言其無不敬而安所止也라. 引此而言聖人之止가 無非至善하니 五者는 乃其目之大者也라. 學者가 於此에 究其精微之蘊[32]하고 而又推類以盡其餘하면 則於天下之事에 皆有以知其所止而無疑矣리라.

한자 穆 공경할 목 · **거룩할 목** · 화목할 목, 緝 길쌈할 집 · **이을 집**, 熙 빛날 희 · 기쁠 희, 慈 사랑할 자, 微 **작을 미** · 희미할 미, 蘊 쌓을 온 · **심오한 뜻 온**

≪시경≫에서 말하였다. "거룩하신 문왕이여, 아! 계속하여 밝게 하시어 공경스러워지고 (최선에) 머무르셨다." (문왕은) 군주로서는 인(仁)에 머무르셨고 신하로서는 공경에 머무르셨으며, 자식으로서는 효도에 머무르셨고 부모로서는 자애에 머무르셨으며, 나라 사람들과 교류하는 데에는 신의에 머무르셨다.

○시는 ≪시경 · 대아 · 문왕≫편이다. '목목(穆穆)'은 깊고 원대하다는 뜻이다. '오(於)'는 감탄하고 찬미하는 말이다. '집(緝)'은 '계속하다'이고 '희(熙)'는 '빛내고 밝히다'이다. '경지(敬止)'는 그가 공경하지 않음이 없어서 머무는 곳에 편안하였음을 말한 것이다. 이것을 인용하여 성인의 머묾이 최선의 경지가 아닌 것이 없었음을 말하였으니,

---

역시 어조사로, '유(維)'와 같다.
32) 온(蘊) : 깊고 오묘한 뜻을 가리킨다.

다섯 가지는 바로 그 조목 중의 큰 것이다. 배우는 자가 여기에서 그 정미한 깊은 뜻을 추구하고 또 유추하여 그 나머지를 극진하게 한다 면, 천하의 일에 대해 모두 자신이 머물 곳을 알아 의심이 없게 될 것이다.

전03장-5-4 ●詩云이라. 瞻彼淇澳한대 菉竹猗猗로다. 有斐 君子여 如切如磋하며 如琢如磨로다. 瑟兮僩兮며 赫兮喧 兮니 有斐君子여 終不可諠兮라. 如切如磋者는 道學也요 如琢如磨者는 自修也며 瑟兮僩兮者는 恂慄也요 赫兮喧兮 者는 威儀也며 有斐君子終不可諠兮者는 道盛德至善을 民 之不能忘也라.

●詩는 衛風淇澳之篇이라. 淇는 水名이요 澳은 隈也라. 猗猗는 美盛貌 라. 興也라. 斐는 文貌라. 切以刀鋸하고 琢以椎鑿하니 皆裁物使成形 質[33]也요 磋以鑢錫하고 磨以沙石하니 皆治物使其滑澤也라. 治骨角 者는 旣切而復磋之하고 治玉石者는 旣琢而復磨之하니 皆言其治之有 緒而益致其精也라. 瑟은 嚴密之貌요 僩은 武毅之貌라. 赫喧은 宣著盛 大之貌라. 諠은 忘也요 道는 言也라. 學은 謂講習討論之事요 自修者 는 省察克治之功이라. 恂慄은 戰懼也라. 威는 可畏也요 儀는 可象也 라.[34] 引詩而釋之하여 以明明明德者之止於至善이라. 道學·自修는 言 其所以得之之由요 恂慄·威儀는 言其德容表裏之盛이니 卒乃指其實而 歎美之也라.

---

33) 형질(形質) : 외형, 외모, 모양을 가리킨다.

34) ≪춘추좌전(春秋左傳)·양공(襄公)·31년≫, "위엄이 있어서 두려워할 만한 것을 위 (威)라 이르고, 법도가 있어서 본받을 만한 것을 의(儀)라 이릅니다.(有威而**可畏 謂之威**, 有儀而**可象謂之儀**.)"

한 자 瞻 볼 첨·우러러볼 첨, 淇 강 이름 기[하남성(河南省)에 있는 하 천으로, 황하(黃河)로 흘러든다.], 澳 깊을 오·**굽이 욱**, 菉 조개 풀 록·**푸를 록**(綠과 통용), 猗 불깐 개 의·**무성할 의**, 斐 문채 날 비·**찬란할 비**, 磋 갈 차, 琢 쫄 탁, 瑟 큰 거문고 슬·**엄밀할 슬**, 僩 굳셀 한·관대할 한, 赫 붉을 혁·**빛날 혁**, 喧 시끄러울 훤·**성대할 훤**, 諠 시끄러울 훤·**잊을 훤**(諼과 통용), 恂 성실할 순·**두려워할 순**·갑자기 준, 慄 두려워할 률·**떨 률**, 鋸 톱 거, 椎 몽치 추·칠 추, 鑿 뚫을 착·**끌 착**, 裁 마를 재·**자를 재**, 鑢 줄 려·갈 려, 錫 대패 탕, 滑 미끄러울 활·부드러울 활, 澤 못 택·윤 택, 緒 실마리 서·**차례 서**

≪시경≫에서 말하였다. "저 기수의 물굽이를 보니, 푸른 대나 무가 무성하구나! 찬란한 군자여, 자른 듯하고 간 듯하며 쫀 듯하고 간 듯하다. 엄하고 굳세며 빛나고 성대하니, 찬란한 군 자여 끝내 잊을 수 없다." (≪시경≫에서 말한) '여절여차(如切 如磋)'라는 것은 학문을 말한 것이고, '여탁여마(如琢如磨)'라 는 것은 자신을 수양하는 것이며, '슬혜한혜(瑟兮僩兮)'라는 것 은 두려워하는 것이고, '혁혜훤혜(赫兮喧兮)'라는 것은 위엄스 럽고 본보기가 되는 것이며, '유비군자종불가훤혜(有斐君子終 不可諠兮)'라는 것은 성대한 덕과 최선의 경지를 백성들이 잊 을 수 없음을 말한 것이다.

○시는 ≪시경·위풍·기욱≫편이다. '기(淇)'는 강 이름이고 '욱(澳)'은 물굽이이다. '의의(猗猗)'는 아름답고 무성한 모습이다. (이상의 두 구절은) 흥(興)이다.[35] '비(斐)'는 문채 나는 모습이다. '자르기[절

---

35) 흥(興) : 부(賦), 비(比)와 함께 ≪시경(詩經)≫의 작시법의 하나이다. 현대의 수

(切)]'는 칼과 톱을 쓰고 '쪼기[탁(琢)]'는 몽치와 끌을 쓰니 모두가
물건을 잘라 모양을 이루게 하는 것이고, '갈기[차(磋)]'는 줄과 대패
를 쓰고 '갈기[마(磨)]'는 모래와 돌을 쓰니 모두가 물건을 다듬어 매
끄럽고 윤택하게 하는 것이다. 뼈와 뿔을 다루는 자는 자른 뒤에 다
시 그것을 갈고, 옥과 돌을 다루는 자는 쫀 뒤에 다시 그것을 가니,
모두가 그것을 다루는 것이 차례가 있어 더욱 그 정밀함을 지극하게
함을 말한 것이다. '슬(瑟)'은 엄하고 치밀한 모습이고 '한(僩)'은 굳
센 모습이다. '혁(赫)'과 '훤(喧)'은 드러나 성대한 모습이다. '훤(諠)'
은 '잊다'이고 '도(道)'는 '말하다'이다. '학(學)'은 강습하고 토론하는
일을 이르고, '자수(自修)'라는 것은 성찰하고 [사욕(私慾)을] 이겨서
다스리는 공부이다. '순율(恂慄)'은 두려워 떠는 모습이다. '위(威)'는
'두려워할 만하다'이고 '의(儀)'는 '본받을 만하다'이다. ≪시경≫을
인용하고 그것을 풀어서, '명명덕(明明德)'한 자가 최선에 머문 것을
밝힌 것이다. '도학(道學)'과 '자수(自修)'는 그것을 얻게 된 연유를
말한 것이고 '순율(恂慄)'과 '위의(威儀)'는 덕의 모습이 안과 밖으로
성대함을 말한 것이니, 마침내 그 실상을 가리키며 감탄하고 찬미한
것이다.

전03장-5-5 ◉詩云이라. 於戲[36]라! 前王不忘이라.[37] *君子*

사법으로 설명하면 부(賦)는 직서법(直敍法), 비(比)는 비유법(比喩法)에 해당하고
흥은 작가의 주관적 연상을 나타내는 연상법(聯想法)이라고 할 수 있다. 기수(淇
水) 물굽이의 대나무가 무성한 것을 보고 '명명덕(明明德)'이 최선에 이른 군자를
연상한 것이다.

36) 오호(於戲) : 감탄사로 '오호(嗚呼)'와 같다. ≪시경(詩經)·주송(周頌)·열문(烈文)≫
에는 '오호(於乎)'로 되어 있다.

37) ≪시경(詩經)·주송(周頌)·열문(烈文)≫, "더 드러날 수 없는 덕을 여러 제후들이
그렇게 본보기로 삼으니, 아아! 선왕을 잊지 못하겠다.(不顯維德, 百辟其刑之, **於
乎! 前王不忘.**)"

는 賢其賢而親其親하고 小人은 樂其樂而利其利니 此以沒世不忘也니라.

●詩는 周頌烈文篇이라. 於戲는 歎辭라. 前王은 謂文武也라. 君子는 謂其後賢後王이요 小人은 謂後民也라. 此는 言前王所以新民者가 止於至善하여 能使天下後世로 無一物不得其所하니 所以旣沒世而人思慕之하여 愈久而不忘也라.

●此兩節은 詠歎하고 淫泆38)하여 其味深長하니 當熟玩之라.

> **한 자** 戲(戲의 속자) 놀 희·희롱할 희·**부르짖을 호**(呼와 같은 자), 詠 **(길게) 읊을 영**·칭송할 영·시가 영, 淫 스밀 음·지나칠 음·**오래 갈 음**, 泆 **넘칠 일**·방자할 일, 熟 익을 숙·**익히 숙**

≪시경≫에서 말하였다. "아아! 선왕을 잊지 못하겠다." (이는 후대의) 군자[위정자]들은 그분[선왕]들이 훌륭하게 여겼던 이들39)을 훌륭하게 여겼고 그분[선왕]들이 친하게 여겼던 이들40)을 친하게 여겼으며, 백성들은 그분들이 즐겁게 해 준 것을 즐겁게 여겼고 그분들이 이롭게 해 준 것41)을 이롭게 여긴 것이니, 이 때문에 세상을 떠났어도 잊지 못한 것이다.

○시는 ≪시경·주송·열문≫편이다. '오호(於戲)'는 감탄사이다. '전왕(前王)'은 문왕과 무왕을 일컫는다. '군자'는 후대의 훌륭한 이들과

---

38) 음일(淫泆) : '음일(淫佚)'과 통하여, 소리가 끊이지 않고 이어지는 모습이다.
39) 예를 들면 문왕·무왕이 훌륭하게 여겼던 요임금·순임금 같은 분들이다.[세주 주자설]
40) 예를 들면 문왕·무왕의 선대 조상인 후직(后稷) 등의 친족이다.[세주 주자설]
41) 즐겁게 해 준 것과 이롭게 해 준 것은 선왕이 베풀어 준 은택을 가리킨다.

후대의 군주를 일컫고 '소인'은 후대의 백성들을 일컫는다. 이는 선왕이 백성들을 새롭게 한 것이 최선에 머물러 천하의 후세 사람들로 하여금 한 사람도 제자리를 얻지 못하는 이가 없게 할 수 있었던 것이니, 그래서 이미 세상을 떠났는데도 사람들이 그들을 사모하여 더욱 오래될수록 잊지 못한다는 말이다.

○이 두 구절[이 장의 5-4와 5-5]은 길게 읊으며 감탄하고 계속 이어져[42] 그 뜻이 깊고도 원대하니, 익숙하게 음미해야 할 것이다.

●右는 傳之三章이니 釋止於至善이라.
●此章內에 自引淇澳詩以下는 舊本에 誤在誠意章下라.

○이상은 전03장으로, '지어지선(止於至善)'을 풀이하였다.
○이 장 안에서 <기욱> 시를 인용한 곳부터 아래로는 옛 책에는 성의장(誠意章) 아래에 잘못 놓여 있었다.

✖ 전04장[43]

전04장-1-1 ●子曰이라. 聽訟이 吾猶人也나 必也使無訟乎인저.[44] 無情者가 不得盡其辭는 大畏民志니 此謂知本이라.

●猶人은 不異於人也라. 情은 實也라. 引夫子之言하여 而言聖人은 能使無實之人으로 不敢盡其虛誕之辭니 蓋我之明德이 旣明하여 自然有以

---

42) ≪시경(詩經)≫의 여러 구절을 인용하여 '지어지선(止於至善)'의 경지를 설명한 것을 가리킨다.
43) '본말(本末)'을 풀이하였다.
44) ≪논어(論語)·안연(顔淵)≫

畏服民之心志故로 訟不待聽而自無也라. 觀於此言하면 可以知本末之
先後矣리라.

訟 논쟁할 송 · **소송할 송**, 誕 **거짓 탄** · 속일 탄 · 방종할 탄 · 날 탄

공자가 말씀하였다. "송사를 다스리는 것이 나도 남만은 하지
만 반드시 송사가 없게 해야 한다." 진실이 없는 자가 자신의
말을 다하지 못하는 것은 [성인(聖人)이] 백성의 마음을 크게
두렵게 한 때문이니 이것을 일러, "근본을 안다."라고 하는 것
이다.

○'유인(猶人)'은 '남과 다르지 않다'이다. '정(情)'은 '진실'이다. 공자의
말씀을 인용하여 말하기를, 성인은 진실이 없는 사람으로 하여금 감
히 그 거짓된 말을 다하지 못하게 할 수 있으니, 자신의 명덕(明德)이
이미 밝아져서 자연히 백성들의 마음을 두렵게 하여 따르게 할 수 있
었기 때문에 송사는 다스릴 필요도 없이 저절로 없게 된다고 한 것이
다. 이 말을 살펴보면 근본과 말단의 선후를 알 수 있게 될 것이다.

● 右는 傳之四章이니 釋本末이라.
● 此章은 舊本에 誤在止於信下라.

○이상은 전04장으로, '본말(本末)'을 풀이하였다.
○이 장은 옛 책에는 지어신(止於信)의 아래에 잘못 놓여 있었다.

※ 전05장[45]

전05장-2-1 ◉(此謂知本)

●程子曰이라. 衍文也라.

○정자가 말씀하였다. "군더더기 글이다."

전05장-2-2 ◉此謂知之至也니라.

이것을 일러, "앎이 지극해졌다."라고 하는 것이다.

●此句之上에 別有闕文이요 此特其結語耳라.

○이 구절의 위에 별도로 빠진 글이 있고 이것은 단지 그것의 맺음말일 뿐이다.

●右는 傳之五章이니 蓋釋格物致知之義而今亡矣라.
●此章은 舊本에 通下章하여 誤在經文之下라.

○이상은 전05장으로, '격물치지(格物致知)'의 뜻을 풀었는데 지금은 없어졌다.
○이 장은 옛 책에는 아래 장까지 통틀어 경문(經文)의 아래에 잘못 놓

45) '격물치지(格物致知)'의 뜻을 풀이하였다.

여 있었다.

●間嘗竊取程子之意하여 以補之曰이라. 所謂致知가 在格物者는 言欲致
吾之知인댄 在卽物而窮其理也라. 蓋人心之靈은 莫不有知요 而天下之
物은 莫不有理나 惟於理에 有未窮故로 其知有不盡也라. 是以로 大學
始敎에 必使學者로 卽凡天下之物하여 莫不因其已知之理而益窮之하
여 以求至乎其極이라. 至於用力之久하여 而一旦豁然貫通焉이면 則衆
物之表裏精粗46)에 無不到하고 而吾心之全體大用이 無不明矣리라. 此
謂物格이요 此謂知之至也니라.

> **한 자** 補 기울 보 · 고칠 보 · **보충할 보**, 卽 곧 즉 · 나아갈 즉 · **다가갈
> 즉**, 豁 골짜기 활 · 넓을 활 · **탁 트일 활**, 粗 현미 조 · 거칠 조 · 클
> 조 · **대강 조**

○근래에 시험 삼아 개인적으로 정자의 뜻을 취하여 그것[전05장]을
보충했으니 다음과 같다. 이른바 "앎을 지극하게 하는 것이 사물의
이치를 추구하는 데에 달려 있다."라는 것은, 나의 앎을 지극하게 하
고자 하면 사물에 직면하여 그 이치를 끝까지 규명하는 데에 달려 있
음을 말씀한 것이다. 사람의 마음의 영묘함은 앎이 있지 않은 이가
없고 천하의 사물은 이치가 있지 않은 것이 없지만, 다만 이치에 대
하여 끝까지 규명하지 않음이 있기 때문에 그 앎에 극진하지 못함이
있다. 이 때문에 대학에서 처음 가르칠 때에 반드시 배우는 자들로
하여금 모든 천하의 사물에 직면하여 그가 이미 알고 있는 이치를 바
탕으로 하여 더욱 그것을 끝까지 규명함으로써 그 극치에 이르기를
구하지 않는 이가 없도록 한 것이다. 힘쓰는 것이 오래됨에 이르러
하루아침에 훤하게 관통하게 되면, 온갖 사물의 안과 밖, 정밀한 이

---

46) 정조(精粗) : 만물의 작고 세밀한 이치와 크고 대략적인 이치를 가리킨다.

치와 대략적인 이치에 도달되지 않음이 없고, 내 마음의 온전한 본질과 큰 작용이 밝아지지 않음이 없게 될 것이다. 이것을 일러 "사물의 이치가 추구되었다."라 하고, 이것을 일러 "앎이 지극해졌다."라고 하는 것이다.

전06장[47]

전06장-4-1 ◉所謂誠其意者는 毋自欺也라. 如惡惡臭하며 如好好色이니 此之謂自謙[48]이라. 故로 君子는 必愼其獨也니라.

●誠其意者가 自修之首也라. 毋者는 禁止之辭라. 自欺云者는 知爲善以去惡이로되 而心之所發이 有未實也라. 謙은 快也요 足也라. 獨者는 人所不知而己所獨知之地也라. 言欲自修者가 知爲善以去其惡이면 則當實用其力하여 而禁止其自欺하여 使其惡惡則如惡惡臭하고 好善則如好好色이라. 皆務決去而求必得之하여 以自快足於己요 不可徒苟且以徇外而爲人也라. 然이나 其實與不實은 蓋有他人所不及知而己獨知之者라. 故로 必謹之於此하여 以審其幾焉이라.

한 자 欺 **속일 기**·거짓 기, 謙 겸손할 겸·**만족할 겸**(慊과 통용), 苟 **구차할 구**·진실로 구, 徇 순행할 순·**따를 순**, 謹 삼갈 근, 幾 **기미 기**·거의 기

---

47) '성의(誠意)'를 풀이하였다.

48) 겸(謙) : '만족하다'는 뜻으로 쓰일 때의 독음으로, '겸'·'겹'·'협'·'겁' 등 여러 설이 있다. 여기에서는 ≪한한대사전(漢韓大辭典)≫의 설명에 따라 '겸'으로 한다.

이른바 "그 뜻을 참되게 한다."라는 것은 자신을 속이지 말라는 것이다. (악을 미워하기를) 나쁜 냄새를 싫어하는 것과 같이 하고 (선을 좋아하기를) 아름다운 얼굴을 좋아하는 것과 같이 함이니, 이것을 일러 '자겸(自謙)'이라고 한다. 그러므로 군자는 반드시 자기 혼자만이 아는 경지를 삼간다.

○그 뜻을 참되게 하는 것이 자신을 수양하는 으뜸이다. '무(毋)'라는 것은 금지하는 말이다. '자신을 속인다(自欺)'라고 하는 것은, 선을 행하고 악을 없애는 것에 대해 알지만 마음이 드러나는 것[의(意)]이 아직 진실하지 못함이 있는 것이다. '겸(謙)'은 '유쾌하다'이고 '만족하다'이다. '독(獨)'이라는 것은 남들은 알지 못하고 자기만이 홀로 아는 경지이다. 말하자면, 자신을 수양하고자 하는 자가 선을 행하고 악을 없애는 것에 대해 알았으면 마땅히 실제로 그 힘을 써서 자신을 속이는 것을 제지하여, 가령 악을 미워한다면 나쁜 냄새를 싫어하는 것과 같이 하고 선을 좋아한다면 아름다운 얼굴을 좋아하는 것과 같이 해야 한다. 모두가 (악은) 결연히 없앨 것을 힘쓰고 (선은) 반드시 얻기를 구하여 스스로 자기에게 유쾌하고 만족하게 할 것이요, 그저 구차하게 외적인 것을 따르고 남을 의식해서는 안 된다. 그러나 그 진실함과 진실하지 못함은 다른 사람들은 미처 알지 못하고 자기만이 혼자 아는 것이 있다. 그러므로 반드시 여기에서 삼가서 그 기미를 살펴야 한다.

전06장-4-2 ◉小人이 閒居에 爲不善하되 無所不至하다가 見君子而后에 厭然[49]揜其不善하고 而著其善이라. 人之視

---

49) 암연(厭然) : 감추는 모습이다.

己가 如見其肺肝이니 然則何益矣리오. 此謂誠於中이면 形
於外라. 故로 君子는 必慎其獨也니라.

●閒居는 獨處也라. 厭然은 消沮閉藏之貌라. 此는 言小人陰爲不善하고
而陽欲揜之하니 則是非不知善之當爲요 與惡之當去也라. 但不能實用
其力以至此耳라. 然이나 欲揜其惡而卒不可揜하고 欲詐爲善而卒不可
詐하니 則亦何益之有哉리오. 此君子所以重以爲戒而必謹其獨也니라.

> **한 자** 厭 누를 엽·싫어할 염·물릴 염·**숨길 암**, 揜 잡을 엄·가릴 엄
> (掩과 같은 자), 著 나타날 저·**나타낼 저**·지을 저·붙을 착·입
> 을 착, 肺 허파 폐, 沮 그칠 저·막을 저·**기 꺾일 저**, 藏 감출
> **장**·숨을 장·곳집 장

소인배는 혼자 머물 때에 불선을 행하면서 이르지 않는 곳이
없다가, 군자를 본 뒤에 몰래 그 불선을 가리고 선[위선]을 드
러낸다. 남들이 자기를 보는 것이 그의 허파와 간을 보는 것과
같으니 그렇다면 무엇이 유익하겠는가. 이것을 일러, "마음속
에서 참되면 밖으로 드러난다."라고 하는 것이다. 그러므로 군
자는 반드시 자기 혼자만이 아는 경지를 삼간다.

○'한거(閒居)'는 '혼자 머물다'이다. '암연(厭然)'은 기가 꺾인 채 감추
는 모습이다. 이것은 말하기를, 소인배는 몰래 불선을 행하고 겉으로
그것을 감추려고 하니, 이는 선은 마땅히 해야 할 것이고 악은 마땅
히 없애야 할 것임을 모르는 것이 아니다. 다만 실제로 그 힘을 쓰지
못하여 여기에 이르렀을 뿐이다. 그러나 자신의 악을 가리려고 해도
끝내 가릴 수 없고 속여서 선으로 삼으려고 해도 끝내 속일 수 없으
니, 또한 무슨 유익함이 있겠는가. 이것이 군자가 거듭 경계로 삼아

반드시 자기 혼자만이 아는 경지를 삼가야 하는 까닭이다.

전06장-4-3 ●曾子曰이라. 十目所視며 十手所指니 其50)嚴
乎인저.

●引此以明上文之意라. 言雖幽獨之中이라도 而其善惡之不可揜이 如此
하니 可畏之甚也라.

한 자 幽 숨을 유 · 깊을 유 · 어두울 유

증자가 말씀하였다. "열 명의 눈이 보는 것이고 열 명의 손가
락이 가리키는 것이니, 그렇게도 무서우니라."

○이것을 인용하여 윗글의 뜻을 밝힌 것이다. 비록 깊고 혼자인 가운데
라도 자신의 선악을 가릴 수 없음이 이와 같으니 두려워할 만함이 심
하다는 말씀이다.

전06장-4-4 ●富潤屋이요 德潤身51)이니 心廣體胖52)이라.

---

50) 기(其) : 형용사의 앞에 쓰여 그 상태를 강조하는 용법이다.[예:≪시경(詩經)·패
풍(邶風)·북풍(北風)≫, "북풍이 그렇게도 싸늘하고, 내리는 눈이 그렇게도 많구
나.(北風其涼, 雨雪其雰.)"]
51) ≪맹자(孟子)·진심상(盡心上)≫에서 말한 '수면앙배(睟面盎背)'의 경지이다.["군자
가 본성으로 한 것은 인의예지가 마음속에 뿌리가 된다. 그것이 안색에 나타나는
것은 윤택하게 얼굴에 드러나고 등에 넘치며 사지에 베풀어져서 사지는 (내가)
말하지 않아도 안다.(君子所性, 仁義禮智, 根於心. 其生色也, **睟然見於面, 盎於背,**
施於四體, 四體不言而喩.)"] "사지는 (내가) 말하지 않아도 안다."는 것은 몸가짐

故로 君子는 必誠其意니라.

●胖은 安舒也라. 言富則能潤屋矣요 德則能潤身矣라. 故로 心無愧怍이
면 則廣大寬平하여 而體常舒泰하니 德之潤身者가 然也라. 蓋善之實
於中而形於外者가 如此故로 又言此以結之라.

胖 희생의 반쪽 반·**편안할 반**·살찔 반, 舒 **펼 서**·느릴 서·느
긋할 서, 愧 부끄러워할 괴

부유함은 집을 윤택하게 하고[하듯이] 덕은 몸을 윤택하게 하
니, (덕이 있으면) 마음이 평안하여 몸이 펴진다. 그러므로 군
자는 반드시 그 뜻을 참되게 하는 것이다.

○'반(胖)'은 '편안하게 펴지다'이다. 말하기를, 부유하면 집을 윤택하게
할 수 있고 덕이 있으면 몸을 윤택하게 할 수 있다. 그러므로 마음에
부끄러움이 없으면 넓고 크며 넉넉하고 평안하여 몸이 항상 펴지고
태평하니, 덕이 몸을 윤택하게 하는 것이 그렇다는 것이다. 선이 마
음속에서 참되어 밖으로 드러나는 것이 이와 같기 때문에 다시 이것
을 말씀하여 결론지은 것이다.

●右는 傳之六章이니 釋誠意라.
●經曰欲誠其意인댄 先致其知53)라하고 又曰知至而后에 意誠54)이라.
蓋心體之明에 有所未盡이면 則其所發이 必有不能實用其力하여 而苟

___

과 움직임이 저절로 그렇게 됨을 이른다.
52) 본 장 제2구에서, "마음속에서 참되면 밖으로 드러난다.(誠於中, 形於外.)"고 한
예이다.
53) <경1장> 제4구이다.
54) <경1장> 제5구이다.

焉以自欺者라. 然或已明而不謹乎此하면 則其所明이 又非己有하여 而
無以爲進德之基라. 故로 此章之指는 必承上章而通考之然後에 有以見
其用力之始終이니 其序不可亂而功不可闕이 如此云이라.

○이상은 전06장으로, '성의(誠意)'를 풀이하였다.
○경문(經文)에서 이르기를, "그 뜻을 참되게 하고자 하면 먼저 그 앎
을 지극하게 한다."라 하였고, 또 이르기를, "앎이 지극해진 뒤에 뜻
이 참되어진다."라고 하였다. 마음의 본질[성(性)]을 밝히는 데에 미
진한 바가 있으면 그것이 드러나는 것[의(意)]이 실제로 그 힘을 쓰
지 못하여 구차하게 자신을 속이는 경우가 틀림없이 있다. 그러나 간
혹 이미 밝아졌더라도 이것[혼자만이 아는 경지(獨)]을 삼가지 않으
면 그 밝아진 것이 또 자기의 소유가 아니어서 덕을 향상시키는 기본
으로 삼을 수 없다. 그러므로 이 장의 뜻은 반드시 윗장을 받아 함께
고찰한 뒤에야 힘을 쓰는 처음과 끝을 알 수 있으니, 그 순서를 어지
럽힐 수 없고 공부를 빠뜨릴 수 없음이 이와 같다.

✖ 전07장[55)]

전07장-3-1 ◉所謂修身이 在正其心者는 身有所忿懥면 則
不得其正하고 有所恐懼면 則不得其正하며 有所好樂면 則
不得其正하고 有所憂患이면 則不得其正이라.

◉程子曰이라. 身有之身은 當作心이라.
◉忿懥는 怒也라. 蓋是四者는 皆心之用而人所不能無者라. 然이나 一有
之而不能察하면 則欲動情勝하여 而其用之所行이 或不能不失其正矣

─────────────
55) '정심(正心)'과 '수신(修身)'을 풀이하였다.

리라.

한 자　忿 **성낼 분**·원망할 분, 懥 성낼 치

이른바 "자신을 수양하는 것이 그 마음을 바르게 함에 있다."
라는 것은, 마음에 성내는 것이 있으면 그 바름을 얻지 못하고,
두려워하는 것이 있으면 그 바름을 얻지 못하며, 좋아하는 것
이 있으면 그 바름을 얻지 못하고, 걱정하는 것이 있으면 그 바
름을 얻지 못하기 때문이다.

○정자가 말씀하였다. "'신유(身有)'의 '신(身)'은 '심(心)'으로 해야 한
　다."
○'분치(忿懥)'는 '성내다'이다. 이 네 가지[성냄·두려워함·좋아함·걱
　정함]는 모두 마음의 작용이니 사람이 없을 수 없는 것이다. 그러나
　일단 이것들이 있는데도 살피지 못한다면, 욕심이 움직이고 감정이
　지나쳐 그 작용이 행해지는 것이 간혹 올바름을 잃지 않을 수 없게
　될 것이다.

전07장-3-2　◉心不在焉이면　視而不見하고　聽而不聞하며
食而不知其味니라.

●心有不存이면 則無以檢其身이라. 是以로 君子必察乎此하여 而敬以直
　之56)라. 然後에 此心常存하여 而身無不修也라.

---

56)　《주역(周易)·곤괘(坤卦)·문언전(文言傳)》, "군자는 경건함으로 안을 곧게 하고
　의로움으로 밖을 바르게 한다. 경건함과 의로움이 수립되니 덕이 외롭지 않다.

마음이 거기에 있지 않으면 보아도 보이지 않고, 들어도 들리지 않으며, 먹어도 그 맛을 알지 못한다.

○마음이 보존되지 않게 되면 그 몸을 단속할 수 없다. 이 때문에 군자는 반드시 이것을 살펴서 경건함으로 마음을 곧게 한다. 그런 뒤에야 이 마음이 항상 보존되어 자신이 수양되지 않음이 없다.

전07장-3-3 ●此謂修身이 在正其心이라.

이것을 일러, "자신을 수양하는 것이 그 마음을 바르게 함에 있다."라고 하는 것이다.

●右는 傳之七章이니 釋正心修身이라.
●此亦承上章하여 以起下章이라. 蓋意誠이면 則眞無惡而實有善矣니 所以能存是心以檢其身이라. 然이나 或但知誠意하고 而不能密察此心之存否면 則又無以直內而修身也라.

○이상은 전07장으로, '정심(正心)'과 '수신(修身)'을 풀이하였다.
○이것 또한 윗장을 받아 아랫장을 일으킨 것이다. 뜻이 참되어지면 정말로 악이 없고 실제로 선이 있게 되니, 그래서 이 마음을 보존하여 그 자신을 단속할 수 있다. 그러나 혹시라도 단지 '뜻을 참되게 하는 것[성의(誠意)]'만을 알고 이 마음의 보존 여부를 면밀하게 살피지

(君子, **敬以直內**, 義以方外. 敬義立而德不孤.)"

못하면, 더 이상 마음을 곧게 하여 자신을 닦을 수가 없다.

�֎ 전08장⁵⁷⁾

전08장-3-1 ◉所謂齊其家가 在修其身者는 人이 之其所親
愛而辟焉하고 之其所賤惡而辟焉하며 之其所畏敬而辟焉하
고 之其所哀矜而辟焉하며 之其所敖惰而辟焉이라. 故로 好
而知其惡하며 惡而知其美者가 天下에 鮮矣니라.

●人은 謂衆人이라. 之는 猶於也요 辟은 猶偏也라. 五者는 在人에 本有
當然之則이라. 然이나 常人之情은 惟其所向이요 而不加⁵⁸⁾察焉하니
則必陷於一偏하여 而身不修矣라.

> **한 자** 辟 법 벽·임금 벽·**치우칠 벽**(僻과 같은 자)·피할 피(避와 통용)·
> 비유할 비(譬와 통용), 賤 천할 천·**천히 여길 천**, 矜 자만할 긍·
> **불쌍히 여길 긍**·삼갈 긍·공경할 긍·창자루 근, 敖 **거만할 오**
> (傲와 같은 자)·놀 오, 惰 **업신여길 타**·게으를 타, 陷 **빠질 함**·
> 함정 함

이른바 "그 집안을 가지런하게 하는 것이 그 자신을 수양하는
데에 있다."라는 것은, 사람들이 친애하는 대상에 치우치고, 천
시하고 미워하는 대상에 치우치며, 두려워하고 존경하는 대상

---

57) '수신(修身)'과 '제가(齊家)'를 풀이하였다.
58) 가(加) : '더욱', '심히'의 뜻으로 쓰인 부사이다. '심히'의 뜻을 확대하여 '자세히'
　　로 번역하였다.

에 치우치고, 불쌍히 여기는 대상에 치우치며, 업신여기는 대상에 치우치기 때문이다. 그러므로 좋아하면서도 그의 나쁜 점을 알고 미워하면서도 그의 좋은 점을 아는 자가 천하에 드물다.

○'인(人)'은 일반 사람을 이른다. '지(之)'는 '~에[어(於)]'와 같고 '벽(辟)'은 '치우치다'와 같다. 다섯 가지는 사람에게 있어서, 본디 당연히 그러한 원칙이 있다.59) 그러나 보통 사람의 감정은 오직 그것이 향하는 대로이고 자세히 살피지 않으니, 반드시 한쪽으로 치우치는 데에 빠져 자신이 수양되지 않게 된다.

전08장-3-2 ●故로 諺有之曰이라. 人莫知其子之惡하며 莫知其苗之碩이라.

●諺은 俗語也라. 溺愛者는 不明하고 貪得者는 無厭하니 是則偏之爲害而家之所以不齊也라.

> 한 자 　諺 속담 언·거칠 언·조문할 언, 碩 클 석, 溺 빠질 닉·잠길 닉, 貪 탐할 탐·찾을 탐

그러므로 속담에 이런 말이 있다. "사람들은 자기의 자식이 악한 것을 알지 못하고, 자기의 모종이 큰 것을 알지 못한다."

---

59) 사람들은 상대에 따라 당연히 감정의 치우침이 있다는 말이다. 따라서 그 치우침을 살펴서 중정(中正)하게 하고자 하는 것이 '수신(修身)'이고, 그것을 통해야 '제가(齊家)'가 가능하다.

○'언(諺)'은 속담이다. 사랑에 빠진 자는 명철하지 못하고 이득을 탐하
는 자는 만족함이 없으니, 이것이 바로 치우침이 해가 되어 집안이
가지런해지지 않는 이유이다.

전08장-3-3 ⊙此謂身不修면 不可以齊其家니라.

이것을 일러, "자신이 수양되지 않으면 그 집안을 가지런하게
할 수 없다."라고 하는 것이다.

●右는 傳之八章이니 釋修身齊家라.

○이상은 전08장으로, '수신(修身)'과 '제가(齊家)'를 풀이하였다.

※ 전09장60)

전09장-9-1 ⊙所謂治國이 必先齊其家者는 其家를 不可敎
요 而能敎人者는 無之라. 故로 君子는 不出家而成敎於國
하나니 孝者는 所以事君也요 弟者는 所以事長也요 慈者
는 所以使衆也니라.

●身修則家可敎矣니 孝弟慈는 所以修身而敎於家者也라. 然而國之所以
事君事長使衆之道가 不外乎此라. 此所以家齊於上而敎成於下也라.

---

60) '제가(齊家)'와 '치국(治國)'을 풀이하였다.

이른바 "나라를 다스리는 것이 반드시 먼저 자신의 집안을 가지런하게 해야 하는 것이다."라는 것은, 자신의 집안을 가르치지 못하고 남을 가르칠 수 있는 자는 없기 때문이다. 그러므로 군자는 집안을 나서지 않고도 나라에 가르침을 이루니, (집안에서의) 효도라는 것은 군주를 섬기는 방법이고, (집안에서의) 공손이라는 것은 윗사람을 섬기는 방법이며, (집안에서의) 자애라는 것은 대중을 부리는 방법이다.

○자신이 수양되면 집안을 가르칠 수 있게 되니, 효도·공손·자애는 자신을 수양하여 집안을 가르치는 방법이다. 그러나 나라에서 군주를 섬기고 윗사람을 섬기며 대중을 부리는 방법이 여기에서 벗어나지 않는다. 이것이 집안이 위에서 가지런해지면 가르침이 아래에서 이루어지는 까닭이다.61)

전09장-9-2 ●康誥曰이라. 如保赤子라.62) 心誠求之면 雖不中이나 不遠矣라. 未有學養子而后에 嫁者也니라.

●此는 引書而釋之니 又明立敎之本은 不假强爲요 在識其端而推廣之耳니라.

> **한 자** 赤 붉을 적·**발가숭이 적**·빌 적, 嫁 시집갈 가

---

61) 위정자를 기준으로 한 말이다.
62) 《서경(書經)·주서(周書)·강고(康誥)》, "갓난아이를 보호하듯이 하면 백성들은 아마도 편안하게 다스려질 것이다.(若保赤子, 惟民其康乂.)"

〈강고〉에서 말하였다. "갓난아이를 보호하듯이 한다." 마음에서 참되게 구하면 비록 적중하지는 않더라도 멀리 벗어나지 않게 된다. 자식 기르는 것을 배운 뒤에 시집가는 자는 아직까지 있지 않았다.[63)

○이것은 ≪서경≫을 인용하고 그것을 풀이한 것이니, 가르침을 세우는 근본은 억지로 하기를 빌릴 필요가 없고 그 단서를 알아 그것을 확충하여 넓히는 데에 있을 뿐임을 다시 밝힌 것이다.

전09장-9-3 ◉一家가 仁이면 一國이 興仁하고 一家가 讓이면 一國이 興讓하며 一人이 貪戾하면 一國이 作亂이라. 其機如此하니 此謂一言이 僨事하고 一人이 定國이니라.

●一人은 謂君也라. 機는 發動所由也라. 僨은 覆敗也라. 此는 言敎成於國之效라.

> **한 자** 戾 굽을 려·어긋날 려·**포학할 려**, 機 **격발 장치 기**·기계 기·관건 기, 僨 넘어질 분·**그르칠 분**, 覆 엎어질 복·**뒤집을 복**·덮을 부

한 집안이 인하면 온 나라가 인을 일으키고 한 집안이 겸양하면 온 나라가 겸양을 일으키며, 한 사람이 탐욕스럽고 포악하면 온 나라가 난리를 일으킨다. 그 발단이 이와 같으니 이것을

---

63) 시집가기 전에 자식 기르는 것을 배운다면 있지도 않은 자식을 상대로 억지로 배우는 것이다. 시집가서 자식을 낳으면 사랑하게 되어 저절로 잘 기르게 되듯이 처한 상황에 맞게 행동하면 된다는 설명이다.

일러, "한 마디 말이 일을 그르치고, 한 사람이 나라를 안정시
킨다."라고 하는 것이다.

○'일인(一人)'은 군주를 일컫는다. '기(機)'는 발동이 비롯되는 곳이다.
'분(僨)'은 '뒤엎어 망치다'이다. 이것은 가르침이 나라에 이루어지는
효과를 말한 것이다.

전09장-9-4 ●堯舜이 帥天下以仁하신대 而民從之하고 桀
紂가 帥天下以暴한대 而民從之라. 其所令이 反其所好면
而⁶⁴⁾民不從이라. 是故로 君子는 有諸己而後에 求諸人하
고 無諸己而後에 非諸人이라. 所藏乎身이 不恕⁶⁵⁾요 而能
喩諸人者는 未之有也니라.

●此는 又承上文一人定國而言이라. 有善於己然後에 可以責人之善이요
無惡於己然後에 可以正人之惡이라. 皆推己以及人이니 所謂恕也라.
不如是면 則所令이 反其所好하여 而民不從矣라. 喩는 曉也라.

> **한 자** 桀 홰 걸 · 사나울 걸 · 뛰어날 걸(傑과 같은 자), 紂 껑거리끈(밀
> 치끈) 주, 喩 **깨우칠 유** · 비유할 유

요임금과 순임금이 천하를 인으로 이끄니 백성들이 그것[인]
을 따랐고, 걸왕과 주왕이 천하를 포악으로 이끄니 백성들이

---

64) 이(而) : '則'과 통하는 조건의 접속사이다.
65) 서(恕) : ≪논어(論語)·안연(顔淵)≫에서 말한, "자신이 바라지 않는 것을 남에게
시행하지 않는 것(己所不欲, 勿施於人)"이고, ≪대학·전10장≫에서 말한 '혈구지
도(絜矩之道)'이니, 바꾸어 말하면 자신이 바라는 바를 남에게 미치게 하는 것이다.

그것[포악]을 따랐다. 그들이 명령하는 것이 그들이 좋아하는 것과 반대가 되면 백성들은 따르지 않는다.[66] 이 때문에 군자는 자신에게 그것[선]이 있은 뒤에 남에게 그것을 요구하고, 자신에게 그것[악]이 없는 뒤에 남에게 그것을 비난한다. 자신에게 간직하고 있는 것이 남에게 미치게 하지 못하면서[67] 남을 깨우칠 수 있는 자는 아직까지 있지 않았다.

○이것은 또 윗글의 "한 사람이 나라를 안정시킨다(一人定國)"라는 구절을 받아서 말한 것이다. 자신에게 선이 있은 뒤에 남의 선을 요구할 수 있고, 자신에게 악이 없는 뒤에 남의 악을 바로잡을 수 있다. 이것은 모두가 자신을 확충하여 남에게 미치는 것이니, 이른바 '서(恕)'이다. 이와 같지 않으면 명령하는 것이 그가 좋아하는 것과 반대가 되어, 백성들이 따르지 않게 된다. '유(喻)'는 '깨우치다'이다.

전09장-9-5 ●故로 治國이 在齊其家니라.

●通結上文이라.

그러므로 나라를 다스리는 것이 그 집안을 가지런하게 하는 데에 있다.

○윗글을 종합하여 결론지은 것이다.

---

66) 걸주가 명령은 인으로 하였더라도 좋아하는 것이 포악이었기 때문에 백성들이 인을 따르지 않았다.
67) 자신에게 간직하고 있는 것이 선이 아니면 남에게 미치게 할 수 없는 것이다.

전09장-9-6 ◉詩云이라. 桃之夭夭여 其葉蓁蓁이로다. 之子
于歸여 宜其家人이라. 宜其家人而后에 可以敎國人이라.

●詩는 周南桃夭之篇이라. 夭夭는 少好貌요 蓁蓁은 美盛貌라. 興也라.
之子는 猶言是子니 此는 指女子之嫁者而言也라. 婦人은 謂嫁曰歸라.
宜는 猶善也라.

| 한자 | 夭 무성할 요·**아리따울 요**·일찍 죽을 요, 蓁 무성할 진, 歸 돌
아갈 귀·**시집갈 귀**, 宜 제사 의·**알맞을 의**·마땅할 의

≪시경≫에서 말하였다. "복숭아나무의 아리따움이여, 그 잎이
무성하다. 이 여자가 시집가니 그 집안사람들에게 잘할 것이
다." (이렇듯이) 그 집안사람들에게 잘한 뒤에 나라 사람들을
가르칠 수 있다.

○시는 ≪시경·주남·도요≫편이다. '요요(夭夭)'는 어리고 예쁜 모습
이고 '진진(蓁蓁)'은 아름답고 무성한 모습이다. (이 구절은) 흥(興)이
다. '지자(之子)'는 '이 여자'라는 말과 같으니, 이것은 여자로서 시집
가는 자를 가리켜 말한 것이다. 여인의 경우는, 시집가는 것을 '귀
(歸)'라고 한다. '의(宜)'는 '잘하다'와 같다.

전09장-9-7 ◉詩云이라. 宜兄宜弟라.68) 宜兄宜弟而后에 可
以敎國人이라.

---

68) ≪시경(詩經)·소아(小雅)·육소(蓼蕭)≫, "형에게도 잘하고 아우에게도 잘하니,
훌륭한 덕으로 장수하고 즐거우리라.(**宜兄宜弟**, 令德壽豈.)"

●詩는 小雅蓼蕭篇이라.

한 자　蓼 여뀌 료·클 륙, 蕭 산쑥 소·쓸쓸할 소

≪시경≫에서 말하였다. "형에게도 잘하고 아우에게도 잘한다." (이렇듯이) 형에게도 잘하고 아우에게도 잘한 뒤에야 나라 사람을 가르칠 수 있다.

○시는 ≪시경·소아·육소≫편이다.

전09장-9-8　●詩云이라.　其儀不忒하여　正是四國이라.[69] 其爲父子兄弟가　足法而后[70]에　民法之也니라.

●詩는 曹風鳲鳩篇이라. 忒은 差也라.

한 자　儀 법도 의·본보기 의·거동 의, 忒 고칠 특·어긋날 특, 曹 무리 조·마을 조·나라 이름 조, 鳲 뻐꾸기 시, 鳩 비둘기 구

---

69) ≪시경(詩經)·조풍(曹風)·시구(鳲鳩)≫, "착한 군자여, 그 거동이 어긋나지 않는다. 그 거동이 어긋나지 않아 이 사방의 나라들을 바르게 한다.(淑人君子, 其儀不忒. 其儀不忒, 正是四國.)"

70) '其爲父子兄弟, 足法而后'에 대하여 두 가지 다른 견해가 있다. '그의 부자가 되고 형제가 된 이들이 그를 본받을 만한 뒤에'라는 것이 하나이고, '그의 부자 된 것과 형제 된 것이 본받을 만한 뒤에'라는 것이 다른 하나이다. 전자의 경우, 부모도 그의[자식의] 부모로서의 직분을 본받을 만해야 한다는 주장이 되어 수긍하기 어려운 부분이 있다. 앞에서 그가 집안에서 부모로서, 자식으로서, 형으로서, 동생으로서 직분에 충실할 것을 강조한 내용과 연계하여 보면, 후자의 견해가 타당하다고 생각된다. 문장 구조면에서도 후자가 자연스럽다.

≪시경≫에서 말하였다. "그 거동이 어긋나지 않아 이 사방의 나라들을 바르게 한다." (이렇듯이) 그의 부자 됨과 형제 됨이 본받을 만한 뒤에야 백성들이 그를 본받는다.

○시는 ≪시경·조풍·시구≫편이다. '특(忒)'은 '어긋나다'이다.

전09장-9-9 ◉此謂治國이 在齊其家니라.

●此三引詩는 皆以詠歎上文之事요 而又結之如此라. 其味深長하니 最宜潛玩이라.

| 한 자 | 潛 자맥질 할 잠 · 깊을 잠 · **전념할 잠**, 玩 **음미할 완** · 희롱할 완 · 사랑할 완 |

이것을 일러, "나라를 다스리는 것이 그 집안을 가지런하게 하는 데에 있다."라고 하는 것이다.

○이 세 편의 인용시는 모두 윗글의 일을 읊어 찬탄한 것이고, 다시 이와[이 구절과] 같이 결론지었다. 그 의미가 깊고도 원대하니, 가장 전념하여 음미해야 하겠다.

●右는 傳之九章이니 釋齊家治國이라.

○이상은 전09장으로, '제가(齊家)'와 '치국(治國)'을 풀이하였다.

전10장-23-1 ◉所謂平天下가 在治其國者는 上이 老老而民
興孝하고 上이 長長而民興弟하며 上이 恤孤而民不倍라. 是
以로 君子는 有絜矩之道72)也니라.

●老老는 所謂老吾老也라.73) 興은 謂有所感發而興起也라. 孤者는 幼而
無父之稱이라. 絜은 度也오 矩는 所以爲方也라. 言此三者는 上行下效
가 捷於影響하여 所謂家齊而國治也라. 亦可以見人心之所同하여 而不
可使有一夫之不獲矣74)라. 是以로 君子는 必當因其所同하여 推以度
物하여 使彼我之間에 各得分願하니 則上下四旁이 均齊方正하여 而天
下平矣라.

> **한 자** 恤 근심할 휼·**보살필 휼**·구휼할 휼, 倍 곱 배·**배반할 배**, 絜
> 잴 혈·**헤아릴 혈**, 矩 곱자 구·**준칙 구**·네모 구, 捷 이길 첩·
> **빠를 첩**, 影 그림자 영, 響 **메아리 향**·소리 향, 旁 널리 방·**곁**
> **방**·기댈 방

이른바 "천하를 태평하게 하는 것이 그 나라를 다스리는 데에

---

71) '치국(治國)'과 '평천하(平天下)'를 풀이하였다.

72) 혈구지도(絜矩之道) : 자신의 마음을 척도[구(矩)]로 하여 상대의 마음을 헤아리
는 도리이다.

73) ≪맹자(孟子)·양혜왕상(梁惠王上)≫에, "우리 노인을 노인 대접하여 남의 노인에
게까지 미치고, 우리 어린이를 어린이로 사랑해서 남의 어린이에게까지 미친다
면, 천하는 손바닥에서 움직일 수 있다.(老吾老, 以及人之老, 幼吾幼, 以及人之幼,
天下, 可運於掌.)"라고 하였다.

74) ≪서경(書經)·상서(商書)·열명하(說命下)≫, "한 지아비라도 제 살 곳을 얻지 못
하면, '이것은 나의 잘못이다.'라고 하였다.(一夫不獲, 則曰時予之辜.)"

있다."라는 것은, 윗사람이 노인을 노인 대접하면 백성들이 효를 일으키고, 윗사람이 어른을 어른 대접하면 백성들이 공손을 일으키며, 윗사람이 고아를 돌보아 주면 백성들이 배반하지 않는다. 이 때문에 군자는 '자신의 마음을 척도로 하여 상대의 마음을 헤아리는 도리'를 가지고 있다.

○"노로(老老)"는 이른바, "우리 노인을 노인 대접한다."는 것이다. '흥(興)'은 느끼는 바가 있어 일으키는 것을 이른다. '고(孤)'라는 것은 어려서 아버지가 없는 것을 일컫는다. '혈(絜)'은 '헤아리다'이고, '구(矩)'는 네모를 만드는 것[도구]이다. 이 세 가지[노로(老老), 장장(長長), 휼고(恤孤)]는 윗사람이 실천하면 아랫사람이 본받는 것이 그림자와 메아리보다도 빨라, 이른바 집안이 가지런해져서 나라가 다스려지는 것이다. 역시 사람들의 마음이 함께 하는 것으로서 한 지아비라도 제자리를 얻지 못함이 있게 해서는 안 됨을 볼 수 있다.75) 이 때문에 군자는 반드시 그것[사람의 마음]이 함께 하는 것에 근거하여, 확충해서 상대를 헤아려 피아의 사이에 각기 분수에 맞는 바람을 얻게 해야 하니, (그렇게 하면) 상하와 사방이 고르고 바르게 되어 천하가 태평하게 된다.

전10장-23-2 ●所惡於上으로 毋以使下하고 所惡於下로 毋以事上하며 所惡於前으로 毋以先後하고 所惡於後로 毋以從前하며 所惡於右로 毋以交於左하고 所惡於左로 毋以交於右니 此之謂絜矩之道니라.

---

75) 위정자는 혈구지도(絜矩之道)로 모든 백성에게 은택이 돌아가게 해야 한다는 말이다.

●此는 覆解上文絜矩二字之意라. 如不欲上之無禮於我면 則必以此度下
之心하여 而亦不敢以此無禮로 使之하고 不欲下之不忠於我면 則必以
此度上之心하여 而亦不敢以此不忠으로 事라. 至於前後左右하여도
無不皆然이면 則身之所處의 上下四旁에 長短廣狹이 彼此如一하여 而
無不方矣라. 彼同有是心而興起焉者면 又豈有一夫之不獲哉리오. 所操
者는 約이나 而所及者는 廣하니 此가 平天下之要道也라. 故로 章內
之意가 皆自此而推之라.

한 자 覆 뒤집을 복·**중복할 복**·덮을 부, 狹 좁을 협, 操 **잡을 조**·부
릴 조, 約 묶을 약·약속할 약·**간략할 약**

윗사람에게서 싫어하는 것으로 아랫사람을 부리지 말고 아랫
사람에게서 싫어하는 것으로 윗사람을 섬기지 말며, 앞사람에
게서 싫어하는 것으로 뒷사람에 앞서지 말고 뒷사람에게서 싫
어하는 것으로 앞사람을 따르지 말며, 오른쪽에게서 싫어하는
것으로 왼쪽과 교제하지 말고 왼쪽에게서 싫어하는 것으로 오
른쪽과 교제하지 말 것이니, 이것을 일러 '자신의 마음을 척도
로 하여 상대의 마음을 헤아리는 도리'라고 한다.

○이것은 윗글의 '혈구(絜矩)' 두 글자의 뜻을 반복하여 풀이한 것이다.
만일 윗사람이 나에게 무례하기를 원하지 않는다면 반드시 이것으로
아랫사람의 마음을 헤아려 역시 감히 이런 무례함으로 그들을 부리
지 말고, 아랫사람이 나에게 충성하지 않는 것을 원하지 않는다면 반
드시 이것으로 윗사람의 마음을 헤아려 역시 이런 충성하지 않음으
로 섬기지 말아야 한다. 전후·좌우에 이르러서도 모두 그러하지 않
음이 없다면, 자신이 있는 곳의 상하와 사방에 길고 짧음과 넓고 좁
음이 피차가 똑같아서 반듯하지 않음이 없게 된다. 그들이 똑같이 이

런 마음을 가지고서 분발한다면 다시 어찌 한 지아비라도 제자리를 얻지 못함이 있겠는가. 잡는 것은 간략하지만 미치는 곳은 넓으니, 이것이 천하를 태평하게 하는 중요한 도리이다. 그러므로 이 장 안의 뜻이 모두 이것으로부터 확충된다.

전10장-23-3 ●詩云이라. 樂只君子여 民之父母로다.[76) 民之所好를 好之하고 民之所惡를 惡之하니 此之謂民之父母니라.[77)

●詩는 小雅南山有臺之篇이라. 只는 語助辭라. 言能絜矩而以民心爲己心이면 則是愛民如子니 而民愛之如父母矣라.

≪시경≫에서 말하였다. "즐거운 군자여, 백성의 부모로다." 백성이 좋아하는 것을 좋아하고 백성이 싫어하는 것을 싫어하니, 이것을 일러 백성의 부모라고 한다.

○시는 ≪시경·소아·남산유대≫편이다. '지(只)'는 어조사이다. 말하기를, 자신의 마음을 척도로 하여 상대의 마음을 헤아릴 수 있어서 백성의 마음으로 자신의 마음을 삼는다면 이는 백성을 사랑하는 것이 자식과 같이 함이니, 백성도 그를 사랑하는 것이 부모와 같이 하게 된다는 말이다.

---

76) ≪시경(詩經)·소아(小雅)·남산유대(南山有臺)≫, "즐거운 군자여, 백성의 부모로다. 즐거운 군자여, 좋은 명성이 그치지 않도다.(樂只君子, 民之父母. 樂只君子, 德音不已.)"

77) '자신의 마음을 척도로 하여 상대의 마음을 헤아리는 도리'를 이룬 자의 예이다.

전10장-23-4 ●詩云이라. 節彼南山이여 維石巖巖[78]이로다. 赫赫師尹이여 民具爾瞻이로다. 有國者는 不可以不愼이니 辟則爲天下僇矣니라.[79]

●詩는 小雅節南山之篇이라. 節은 截然高大貌라. 師尹은 周太師尹氏也라. 具는 俱也요 辟은 偏也라. 言在上者는 人所瞻仰이니 不可不謹이라. 若不能絜矩而好惡徇於一己之偏이면 則身弒國亡하여 爲天下之大僇矣라.

> **한자** 節 마디 절·절개 절·**높을 절**, 巖 바위 암·**높을 암**, 僇 느릴 륙·
> **죽일 륙**(戮과 통용), 截 끊을 절·막을 절, 徇 순시할 순·**따를**
> **순**, 弒 죽일 시, 戮 **죽일 륙**·욕보일 륙·형벌 륙

≪시경≫에서 말하였다. "높은 저 남산이여, 돌들이 높이 솟았구나. 빛나는 태사 윤씨여, 백성들이 모두 너를 올려다본다." (이렇듯이) 국가를 소유한 자는 삼가지 않으면 안 되니, 치우치면 천하 사람들에게 죽임을 당하게 된다.

○시는 ≪시경·소아·절남산≫편이다. '절(節)'은 자른 듯이 높고 큰 모습이다. 사윤(師尹)은 주나라 태사(太師)인 윤씨이다. '구(具)'는 '모두'이고, '벽(辟)'은 '치우치다'이다. 말하기를, 윗자리에 있는 자는 사람들이 올려다보는 대상이니 삼가지 않으면 안 된다. 만일 자신의 마음을 척도로 하여 상대의 마음을 헤아리지 못해서 좋아하고 미워하

---

78) 암암(巖巖) : 높이 솟은 모습이다. 주자는 ≪시경·소아·절남산(節南山)≫의 주에서, '돌들이 쌓인 모습(積石貌)'이라고 설명하였다.

79) '자신의 마음을 척도로 하여 상대의 마음을 헤아리는 도리'를 이루지 못한 자의 예이다.

는 것이 한 개인의 치우침에 따르면, 몸은 시해되고 나라는 망하여 천하 사람들이 크게 죽이는 대상이 된다는 말이다.

전10장-23-5 ●詩云이라. 殷之未喪師엔 克配上帝러니 儀80) 監于殷이라. 峻命不易라. 道得衆則得國하고 失衆則失國이라.

●詩는 文王篇이라. 師는 衆也라. 配는 對也니 配上帝는 言其爲天下君 而對乎上帝也라. 監은 視也요 峻은 大也라. 不易는 言難保也라. 道는 言也라. 引詩而言此하여 以結上文兩節之意라. 有天下者가 能存此心 而不失이면 則所以絜矩而與民同欲者가 自不能已矣리라.

> **한자** 配 짝 지을 배·짝 배, 監 볼 감·**거울삼을 감**, 峻 높을 준·가파
> 를 준·**클 준**

≪시경≫에서 말하였다. "은나라가 대중(의 마음)을 잃지 않았을 때에는 상제와 짝이 될 수 있었으니, 은나라를 거울삼아야 한다. 큰 명은 보존하기가 쉽지 않다." (이것은) 대중을 얻으면 나라를 얻고 대중을 잃으면 나라를 잃음을 말한 것이다.

○시는 ≪시경·대아·문왕≫편이다. '사(師)'는 대중이다. '배(配)'는 '짝이 되다'이니, '배상제(配上帝)'는 그가 천하의 군주가 되어 상제와 짝이 된다는 말이다. '감(監)'은 '보다'이고 '준(峻)'은 '크다'이다. '불이(不易)'는 보존하기 어렵다는 말이다. '도(道)'는 '말하다'이다. ≪시경≫을 인용하고 이것[대중을 얻으면 나라를 얻고 대중을 잃으면 나

---

80) 의(儀) : ≪시경·대아(大雅)·문왕(文王)≫에는 '의(宜)'로 되어 있는데, 통용자이다.

라를 잃는다.(得衆則得國, 失衆則失國.)]을 말하여 윗글의 두 구절[81]
의 뜻을 결론지었다. 천하를 소유한 자가 이 마음을 잘 보존하여 잃
지 않을 수 있다면, 자신의 마음을 척도로 하여 상대의 마음을 헤아
림으로써 백성과 바람을 함께하는 것이 저절로 그칠 수 없게 될 것이다.

전10장-23-6 ◉是故로 君子는 先愼乎德이라. 有德이면 此[82]
有人이요 有人이면 此有土라. 有土면 此有財요 有財면 此
有用이라.

●先謹乎德은 承上文不可不謹[83]而言이라. 德은 卽所謂明德이라. 有人
은 謂得衆이요 有土는 謂得國이라. 有國이면 則不患無財用矣라.

이 때문에 군자는 먼저 덕을 삼간다. 덕이 있으면 사람을 얻고
사람을 얻으면 토지를 얻는다. 토지를 얻으면 재물을 얻고 재
물을 얻으면 쓸 곳이 있다.

○'먼저 덕을 삼간다'는 것은 윗글의 '불가불근(不可不謹)'을 받아 말한
것이다. 덕은 바로 이른바 '밝은 덕[명덕(明德)]'이다. '유인(有人)'은
대중(의 마음)을 얻음을 이르고, '유토(有土)'는 나라를 얻음을 이른
다. 나라를 얻으면 재물이 없음과 쓸 곳이 없음을 걱정하지 않게 된
다.

---

81) "詩云樂只君子" 구절과 "詩云節彼南山" 구절이다.
82) 차(此) : '사(斯)'와 통하여 '~하면'의 뜻으로 쓰인 접속사이다.
83) <전10장> 제4구, "국가를 소유한 자는 삼가지 않으면 안 된다.(有國者, **不可以**
不愼.)" '謹'자는 '愼'자의 피휘(避諱)이다.

전10장-23-7 ◉德者는 本也요 財者는 末也니,

●本上文而言이라.

'덕'이라는 것은 근본이고 '재물'이라는 것은 말단이니,

○윗글에 근거하여 말한 것이다.

전10장-23-8 ◉外本內末하면 爭民施奪이라.

●人君이 以德爲外하고 以財爲內하면 則是爭鬪其民하여 而施之以劫奪
　之敎也라. 蓋財者는 人之所同欲이어늘 不能絜矩而欲專之면 則民亦起
　而爭奪矣리라.

| 한 자 | 劫 위협할 겁 · 빼앗을 겁 |

근본을 밖으로 하고 말단을 안으로 하면, 백성을 다투게 하여
빼앗음[빼앗는 가르침]을 베푸는 것이다.

○군주가 덕을 밖으로 삼고 재물을 안으로 삼는다면, 이것은 그의 백성
　들을 다투게 하여 그들에게 빼앗는 가르침을 베푸는 것이다. '재물'이
　라는 것은 사람들이 똑같이 바라는 것인데, 자신의 마음을 척도로 하
　여 상대의 마음을 헤아리지 못하고 그것을 독차지하려고 한다면 백
　성들 또한 나서서 다투어 빼앗게 될 것이다.

전10장-23-9 ◉是故로 財聚則民散하고 財散則民聚니라.

●外本內末故로 財聚하고 爭民施奪故로 民散이라. 反是면 則有德而有
人矣라.

이 때문에 재물이 모이면 백성은 흩어지고, 재물이 흩어지면
백성은 모인다.

○근본을 밖으로 하고 말단을 안으로 하기 때문에 재물이 모이고, 백성
을 다투게 하여 빼앗는 가르침을 베풀기 때문에 백성이 흩어진다. 이
와 반대로 하면 덕을 얻게 되고 사람을 얻게 된다.

전10장-23-10 ◉是故로 言悖而出者는 亦悖而入하고 貨悖
而入者는 亦悖而出이라.

●悖는 逆也라. 此는 以言之出入으로 明貨之出入也라. 自先謹乎德以下
로 至此는 又因財貨하여 以明能絜矩與不能者之得失也라.

  한 자 悖 어지러울 패·**거스를 패**·왕성할 발(勃과 통용), 逆 맞이할
        역·**거스를 역**

이 때문에 말이 어긋나게 나간 것은 역시 어긋나게 들어오고,
재물이 어긋나게 들어온 것은 역시 어긋나게 나간다.

○'패(悖)'는 '거스르다'이다. 이것은 말[言]이 나가고 들어오는 것을 가지고, 재물이 나가고 들어오는 것을 밝힌 것이다. '선근호덕(先謹乎德)'에서부터 아래로 여기까지는 다시 재물을 근거로, 자신의 마음을 척도로 하여 상대의 마음을 헤아릴 수 있는 자와 그러지 못하는 자의 잘잘못을 밝힌 것이다.

전10장-23-11 ◉康誥曰이라. 惟命은 不于84)常이라.85) 道善則得之하고 不善則失之矣라.

●道는 言也라. 因上文引文王詩之意而申言之하니 其丁寧反覆之意가 益深切矣라.

> **한 자** 丁 넷째 천간 정 · **번성할 정**, 切 끊을 절 · **절박할 절** · 정성스러울 절 · 온통 체

<강고>에서 말하였다. "천명은 일정한 곳에 있지 않다." (이것은) 선하면 그것을 얻고 선하지 못하면 그것을 잃게 됨을 말한 것이다.

○'도(道)'는 '말하다'이다. 윗글에서 <문왕>의 시를 인용한 뜻을 이어서 거듭 말했으니, 그 간곡하게 반복하는 뜻이 더욱 깊고 절실하다.

---

84) 우(于) : '어(於)'와 통하여 '~에 있다'의 뜻을 갖는 동사이다.

85) ≪서경(書經)·주서(周書)·강고(康誥)≫, "아! 그러므로 너 소자 봉아, 천명은 일정한 곳에 있지 않으니, 너는 명심할 것이다.(嗚呼! 肆汝小子封, **惟命不于常**, 汝念哉.)"

전10장-23-12 ◉楚書曰이라. 楚國은 無以爲寶요 惟善을
以爲寶라.86)

●楚書는 楚語라. 言不寶金玉而寶善人也라.

<초서>에서 말하였다. "초나라는 보배로 삼는 것이 없고, 오
직 선한 사람을 보배로 삼습니다."

○초서는 ≪국어·초어≫이다. 황금과 패옥을 보배로 여기지 않고 선한
사람을 보배로 여긴다고 말한 것이다.

전10장-23-13 ◉舅犯曰이라. 亡人은 無以爲寶요 仁親을
以爲寶라.

●舅犯은 晉文公舅狐偃이니 字가 子犯이라. 亡人은 文公이니 時爲公子
나 出亡在外也라. 仁은 愛也라. 事見檀弓이라.87)

| 한 자 | 舅 외삼촌 구·시아버지 구·장인 구, 犯 범할 범·죄 범, 狐 여 우 호, 偃 쓰러질 언·숨을 언·편안할 언, 檀 박달나무 단 |

---

86) ≪국어(國語)·초어(楚語)≫에서 왕손어(王孫圉)가, "초(楚)나라에서 보배로 삼는
것은 (대부) 관사보(觀射父)입니다. 외교사령을 잘 만들어 제후들과 일을 진행합
니다.(楚之所寶者, 曰觀射父. 能作訓辭, 以行事於諸侯.)"라고 하였다.

87) 중이(重耳)가 진(秦)나라에 망명해 있을 때 부친인 진(晉) 헌공(獻公)이 죽자, 진
(秦) 목공(穆公)은 중이에게 입국하여 왕위를 도모할 것을 권하였다. 이에 외삼촌
호언(狐偃)이 부친의 죽음을 기회로 일을 도모해서는 안 됨을 충고하였다.[≪예
기(禮記)·단궁하(檀弓下)≫]

[진(晉) 문공(文公) 중이(重耳)의] 외삼촌인 자범(子犯)이 말하였다. "망명 중인 사람은 보배로 삼는 것이 없고 어버이를 사랑하는 것을 보배로 삼습니다."

○'구범(舅犯)'은 진(晉)나라 문공의 외삼촌인 호언으로, 자가 자범이다. '망인(亡人)'은 진(晉)나라 문공으로, 당시에 공자(公子)였으나 도망나와 외국에 있었다. '인(仁)'은 '사랑하다'이다. 사실이 ≪예기·단궁≫편에 보인다.

●此兩節은 又明不外本而內末之意라.

○이 두 구절은 근본을 밖으로 하지 않고 말단을 안으로 하지 않는 의미를 다시 밝힌 것이다.

전10장-23-14 ●秦誓曰이라. 若有一个臣이 斷斷兮오 無他技나 其心이 休休焉하여 其如有容焉하여 人之有技를 若己有之하며 人之彦聖을 其心好之가 不啻若自其口出이면 寔能容之라. 以能保我子孫黎民이니 尙亦有利哉리라. 人之有技를 媢疾以惡之하며 人之彦聖을 而違之하여 俾不通이면 寔不能容이라. 以不能保我子孫黎民이니 亦曰殆哉라.

●秦誓는 周書라. 斷斷은 誠一之貌라. 彦은 美士也오 聖은 通明也라. 尙은 庶幾也라. 媢는 忌也오 違는 拂戾也라. 殆는 危也라.

한자　斷 끊을 단·과감할 단·**한결같을 단**, 休 쉴 휴·**아름다울 휴**, 彦 선비 언·**훌륭할 언**·클 반, 啻 뿐 시, 寔 이 식·진실로 식, 黎

검을 려·많을 려, 媢 시새울 모, 疾 병 질·**미워할 질**, 違 **어길 위**·어그러질 위, 俾 하인 비·**하여금 비**, 拂 떨 불·**거스를 불**·도울 필, 戾 굽을 려·**어긋날 려**·포학할 려

<진서(秦誓)>에서 말하였다. "만일 어떤 한 신하가 참되고 한결같기만 하고 다른 재능은 없으나 그 마음이 아름다워 포용력이 있는 듯하여, 남이 재능을 가지고 있는 것을 마치 자기가 가지고 있는 것처럼 하며, 남이 훌륭하고 통달한 것을 그 마음으로 좋아하는 것이 단지 그 입으로 (칭찬의 말을) 내는 것과 같을 뿐만이 아니라면, 이것은 잘 포용하는 것이다. 그래서 자기 자손과 백성을 잘 보호할 수 있으니, 아마도 역시 이로움이 있을 것이다. 남이 재능을 가지고 있는 것을 시기하여 미워하며, 남이 훌륭하고 통달한 것을 어그러뜨려 통하지 못하게 한다면, 이것은 잘 포용하지 못하는 것이다. 그래서 자기 자손과 백성들을 보호하지 못할 것이니, 역시 위태롭다고 하겠다."

○<진서>는 (≪서경≫) <주서>이다. '단단(斷斷)'은 참되고 한결같은 모습이다. '언(彦)'은 훌륭한 선비이고 '성(聖)'은 '(사리에) 통달하다'이다. '상(尚)'은 '아마도'이다. '모(媢)'는 '시기하다'이고 '위(違)'는 '어그러뜨리다'이다. '태(殆)'는 '위태롭다'이다.

전10장-23-15 ◉唯仁人이아 放流之하여 迸諸四夷하여 不與同中國이라. 此謂唯仁人이아 爲能愛人하며 能惡人이니라.[88]

---

88) ≪논어(論語)·이인(里仁)≫에, "오직 인한 자만이 사람을 제대로 좋아할 수 있고 사람을 제대로 미워할 수 있다.(惟仁者, 能好人, 能惡人.)"라고 하였다.

●迸은 猶逐也라. 言有此媢疾之人이 妨賢而病國하면 則仁人은 必深惡而痛絕之라. 以其至公無私故로 能得好惡之正이 如此也라.

오직 인한 사람만이 그런 자를 쫓아내어 사방 오랑캐의 땅으로 물리쳐, 더불어 나라 안에서 함께 살지 못하게 한다. 이것을 일러, "오직 인한 자만이 사람을 제대로 사랑할 수 있고 제대로 사람을 미워할 수 있다."라고 하는 것이다.

○'병(迸)'은 '쫓아내다'와 같다. 말하기를, 이런 시기하는 사람이 훌륭한 사람을 방해하고 나라를 병들게 함이 있으면, 인한 사람은 반드시 깊이 미워하고 철저히 끊는다. 그런 지공무사함 때문에, 좋아하고 미워함의 바름을 얻을 수 있는 것이 이와 같다는 것이다.

전10장-23-16   ●見賢而不能擧하며   擧而不能先이   命也요 見不善而不能退하며   退而不能遠이   過也니라.

●命은 鄭氏云當作慢하고 程子云當作怠한대 未詳孰是라. 若此者는 知所愛惡矣로되 而未能盡愛惡之道하니 蓋君子而未仁者也라.

훌륭한 이를 보고도 등용하지 못하고 등용하더라도 먼저[빨리] 하지 못하는 것이 태만이고, 선하지 않은 이를 보고도 물리치지 못하고 물리치더라도 멀리 물리치지 못하는 것이 잘못이다.

○'명(命)'은 정현(鄭玄)은 '만(慢)'으로 해야 한다고 하였고 정자는 '태(怠)'로 해야 한다고 하였는데, 어느 것이 옳은지는 잘 모르겠다. 이와 같은 자는 사랑하고 미워할 줄을 알지만 사랑하고 미워하는 도리를 다하지 못하는 것이니, 군자이지만 아직 인하지 못한 자이다.

전10장-23-17 ◉好人之所惡하며 惡人之所好를 是謂拂人之性이니 菑必逮夫身이라.

●拂은 逆也라. 好善而惡惡은 人之性也라. 至於拂人之性이면 則不仁之甚者也라. 自秦誓至此는 又皆以申言好惡公私之極하여 以明上文所引南山有臺節南山之意라.

> **한 자** 拂 떨 불·**거스를 불**·도울 필, 菑 묵정밭 치·**재앙 재**(災와 같은 자), 逮 **미칠 체**·잡을 체

사람들이 싫어하는 것을 좋아하고 사람들이 좋아하는 것을 싫어하는 것, 이것을 일러 사람의 본성을 거스른다고 하니, 재앙이 반드시 그 자신에게 미칠 것이다.

○'불(拂)'은 '거스르다'이다. 선을 좋아하고 악을 미워하는 것은 사람의

본성이다. 사람의 본성을 거스르는 데에 이르면 인하지 못함이 심한 것이다. <진서>로부터 여기까지는 다시 모두, 좋아함과 미워함이 공적인가 사적인가의 극단을 거듭 말씀하여, 윗글에서 인용한 <남산유대>와 <절남산>의 뜻을 밝힌 것이다.

전10장-23-18 ◉是故로 君子有大道하니 必忠信以得之하고 驕泰以失之라.

●君子는 以位言之라. 道는 謂居其位而修己治人之術이라. 發己自盡이 爲忠이요 徇物無違를 謂信이라. 驕者는 矜高요 泰者는 侈肆라. 此는 因上所引文王康誥之意而言이라. 章內에 三言得失而語益加切하니 蓋至此而天理存亡之幾가 決矣라.

> **한 자** 驕 교만할 교·건장할 교, 泰 클 태·편안할 태·**거만할 태**, 矜 자만할 긍·불쌍히 여길 긍·삼갈 긍·창자루 근, 侈 사치할 치·오만할 치·**방자할 치**, 肆 뚜렷할 사·**방자할 사**·펼 사

이 때문에 군자에게는 큰 도리가 있으니, 반드시 충정과 신의로 그것을 얻고 교만과 방자로 그것을 잃는다.

○'군자'는 지위로 말한 것이다. '도(道)'는 그 지위에 있으면서 자신을 수양하고 남을 다스리는 방법[대학지도(大學之道)]을 이른다. 자기의 마음을 발동하여 스스로 극진하게 하는 것이 충정이고, 사물의 이치를 따라서 어긋남이 없는 것을 신의라 한다. '교(驕)'라는 것은 자만이고 '태(泰)'라는 것은 방자이다. 이것은 위에서 인용한 <문왕>과 <강고>의 뜻에 근거하여 말씀한 것이다. 이 장 안에서 '얻고 잃음[득

실(得失)]'을 세 번 말하였는데89) 말이 갈수록 더욱 절실하니, 여기
에 이르러 천리가 보존되고 없어지는 기틀이 결정된다.

전10장-23-19 ◉生財有大道라. 生之者가 衆하고 食之者가
寡하며 爲之者가 疾하고 用之者가 舒하면 則財恒足矣리라.

●呂氏曰이라. 國無遊民이면 則生者가 衆矣요 朝無幸位면 則食者가 寡
矣라. 不奪農時면 則爲之가 疾矣요 量入爲出90)하면 則用之가 舒矣라.
●愚按컨대 此因有土有財91)而言하여 以明足國之道는 在乎務本而節用
이요 非必外本內末而後에 財可聚也라.92) 自此以至終篇이 皆一意也라.

---

89) 제5구의 "《시경》에서 말하였다. '은나라가 대중(의 마음)을 잃지 않았을 때에
는 상제와 짝이 될 수 있었으니, 은나라를 거울삼아야 한다. 큰 명은 보존하기가
쉽지 않다.' (이것은) 대중을 얻으면 나라를 얻고 대중을 잃으면 나라를 잃음을
말한 것이다.(詩云. 殷之未喪師, 克配上帝, 儀監于殷. 峻命不易. 道得衆則得國, 失
衆則失國.)"와 제11구의 "<강고>에서 말하였다. '천명은 일정한 곳에 있지 않다.'
(이것은) 선하면 그것을 얻고 선하지 못하면 그것을 잃게 됨을 말한 것이다.(康
誥曰. 惟命, 不于常. 道善則得之, 不善則失之矣.)", 그리고 제18구인 이것이다.

90) 《예기(禮記)·왕제(王制)》, "총재가 나라의 경비를 제정하니, 반드시 연말에 오
곡이 다 들어온 뒤에 나라의 경비를 제정한다. 땅의 크기에 따르고 그 해의 작황
을 살피며, 30년간의 통계로 나라의 경비를 제정하고 수입을 헤아려서 지출을
한다.(冢宰制國用, 必於歲之杪, 五穀皆入, 然後制國用. 用地小大, 視年之豐耗, 以
三十年之通制國用, 量入以爲出.)"

91) <전10장> 제6구이다.

92) 《대학·전10장》의 제6·7·8구에서, "군자는 먼저 덕을 삼간다. 덕이 있으면 사람
을 얻고 사람을 얻으면 토지를 얻는다. 토지를 얻으면 재물을 얻고 재물을 얻으
면 쓸 곳이 있다. '덕'이라는 것은 근본이고 '재물'이라는 것은 말단이니, 근본을
밖으로 하고 말단을 안으로 하면, 백성을 다투게 하여 빼앗음[빼앗는 가르침]을
베푸는 것이다.(君子, 先愼乎德. 有德, 此有人, 有人, 此有土. 有土, 此有財, 有
財, 此有用. 德者本也, 財者末也, 外本內末, 爭民施奪.)"라고 한 말에서 보이듯이,
'무본(務本)'의 '本'과 '외본(外本)'의 '本'은 똑같이 '덕'을 가리킨다.

寡 적을 과, 疾 병 질·**빠를 질**, 舒 펼 서·**느릴 서**, 呂 등뼈 려·
길 려, 幸 **요행 행**·다행 행·바랄 행·총애할 행·거둥 행

재물을 내는 데에 큰 도리가 있다. 생산하는 자가 많고 (놀고)
먹는 자가 적으며 일하는 자가 빠르고 쓰는 자가 느리면, 재물
은 항상 넉넉하게 될 것이다.

○여씨[여대림(呂大臨)93)]가 말하였다. "나라에 떠도는 백성이 없으면
생산하는 자가 많게 되고, 조정에 요행으로 차지하는 자리가 없으면
먹는 자가 적게 된다. 농사철을 빼앗지 않으면 일하는 것이 빠르게
되고, 수입을 헤아려 지출을 하면 쓰는 것이 느리게 된다."
○내가 살펴보건대, 이것은 '토지를 얻는 것[유토(有土)]'과 '재물을 얻
는 것[유재(有財)]'에 근거하여 말씀하기를, 나라를 넉넉하게 하는
도리는 근본[덕]을 힘쓰고 씀씀이를 절약함에 있는 것이지, 반드시
근본을 밖으로 하고 말단을 안으로 한 뒤에 재물이 모일 수 있는 것
이 아님을 밝힌 것이다. 여기서부터 편(篇)을 마치기까지 모두 같은
뜻이다.

전10장-23-20 ●仁者는 以財發身하고 不仁者는 以身發財니라.

●發은 猶起也라. 仁者는 散財以得民하고 不仁者는 亡身以殖貨라.

殖 **불릴 식**·자랄 식, 貨 **재물 화**·팔 화

---

93) 여대림(呂大臨) : 송(宋) 남전(藍田) 출신으로 자가 여숙(與叔)이다. 장재(張載)와
이정(二程)을 사사하여 정문사선생(程門四先生)의 칭호가 있었다. 비서성정자(祕
書省正字)를 지냈고 ≪고고도(攷古圖)≫를 저술하였다.

인한 사람은 재물을 가지고 몸을 일으키고, 인하지 못한 사람은 몸을 가지고 재물을 일으킨다.

○'발(發)'은 '일으키다'와 같다. 인한 사람은 재물을 흩어서 백성을 얻고, 인하지 못한 사람은 몸을 망쳐서 재물을 불린다.

전10장-23-21 ◉未有上好仁而下不好義者也라. 未有好義요
其事不終者也며 未有府庫財가 非其財者也니라.

●上好仁以愛其下하면 則下好義以忠其上이라. 所以事必有終하고 而府庫之財는 無悖出之患也라.

한 자 府 **창고 부**·관서 부, 悖 어지러울 패·**거스를 패**·왕성할 발(勃과 통용)

윗사람이 인을 좋아하는데 아랫사람들이 의를 좋아하지 않는 경우는 아직 없었다. (아랫사람들이) 의를 좋아하는데 그의[윗사람의] 일이 마무리되지 않는 경우는 아직 없었고, (나라의) 창고 재물이 그들의[아랫사람들의] 재물이 아닌 경우는 아직 없었다.[94]

○윗사람이 인을 좋아하여 그 아랫사람들을 사랑하면 아랫사람들은 의를 좋아하여 자신의 윗사람에게 충성한다. 그래서 일은 반드시 마무

---

94) 백성들이 나라의 재물을 자기 재물처럼 아껴서, 어긋나게 나가는[패출(悖出)] 잘못이 없게 됨을 가리킨다.

리됨이 있고 창고의 재물은 어긋나게 나가는 근심이 없다.

전10장-23-22 ●孟獻子가 曰畜馬乘은 不察於鷄豚하고 伐
氷之家는 不畜牛羊하며 百乘之家는 不畜聚斂之臣이라. 與
其有聚斂之臣으론 寧有盜臣이라. 此謂國은 不以利爲利요
以義爲利也라.

●孟獻子는 魯之賢大夫仲孫蔑也라. 畜馬乘은 士가 初試爲大夫者也라.
伐氷之家는 卿大夫以上으로 喪祭에 用氷者也요 百乘之家는 有采
地95)者也라. 君子는 寧亡己之財언정 而不忍傷民之力이라. 故로 寧有
盜臣이언정 而不畜聚斂之臣이라. 此謂以下는 釋獻子之言也라.

> **한자** 獻 제물 헌·바칠 헌·어진이 헌, 畜 가축 축·쌓을 축·**사육할**
> **흄**, 乘 탈 승·오를 승·탈것 승·**넷 승**, 聚 모을 취, 斂 거둘 렴,
> 試 시험할 시·**임용할 시**, 蔑 업신여길 멸·없을 멸, 采 채집할
> 채·**채지 채**

맹헌자가 말하기를, "말 네 필을 기르는 이는 닭과 돼지를 신
경 쓰지 않고 얼음을 채취해 쓰는 집안은 소와 양을 기르지 않
으며, 백승(百乘, 대부)의 집안은 세금을 긁어모으는 신하를 기
르지 않는다. 세금을 긁어모으는 신하를 두기보다는 차라리
(내 재산을) 도둑질하는 신하를 두는 것이 낫다."라고 하였다.
이것을 일러, "나라는 이익을 이로움으로 여기지 않고 도의를

---

95) 채지(采地) : 경대부(卿大夫)가 받은 봉읍(封邑), 봉토(封土)를 가리킨다. '채읍(采
邑)'이라고도 한다.

이로움으로 여긴다."라고 하는 것이다.

○맹헌자는 노나라의 훌륭한 대부인 중손멸이다. '말 네 필을 기르는 이'는 사(士)가 처음으로 임용되어 대부가 된 자이다. '얼음을 채취해 쓰는 집안'은 경대부 이상으로 상사(喪事)와 제사에 얼음을 쓰는 자이고, '백승지가(百乘之家)'는 봉토(封土)를 가지고 있는 자이다. 군자는 차라리 자기의 재물을 잃을지언정 차마 백성의 재력을 손상시키지 않는다. 그러므로 차라리 (내 재산을) 도둑질하는 신하를 둘지언정 세금을 긁어모으는 신하를 기르지 않는다. '차위(此謂)' 이하는 맹헌자의 말을 풀이한 것이다.

전10장-23-23 ◉長國家而務財用⁹⁶⁾者는 必自小人矣라. (彼⁹⁷⁾爲善之) 小人之使爲國家면 菑害並至하여 雖有善者라도 亦無如之何矣라. 此謂國은 不以利爲利요 以義爲利也니라.

●彼爲善之는 此句上下에 疑有闕文誤字라.
●自는 由也니 言由小人導之也라.
●此一節은 深明以利爲利之害하고 而重言以結之하니 其丁寧之意가 切矣라.

한자 長 긴 장·우두머리 장·**다스릴 장**, 菑 묵정밭 치·**재앙 재**(災와

---

96) 재용(財用) : ≪중용(中庸)·제20장≫, "여러 기술자들을 오게 하면 재물과 기물이 넉넉해진다.(來百工, 則財用足.)"의 세주에서 쌍봉 요씨[雙峰饒氏, 요노(饒魯)]는 '재용(財用)'에 대해, "'財'는 재물이고 '用은 기물이다.(財是貨財, 用是器用.)"라고 설명하였다.

97) ≪예기정의(禮記正義)≫ 정현(鄭玄)의 주에서, "'피(彼)'는 군주를 이른다.(彼謂君也.)"라고 설명하였다.

같은 자), 並 나란할 병·모을 병·두루 병·**함께 병**, 闕 대궐문
궐·빠뜨릴 궐, 誤 **잘못 오**·미혹될 오

국가를 다스리면서 재물과 기물에 힘쓰는 것은 반드시 소인배
에게서 비롯된다. (군주가 그들에 대해 잘한다고 여겨) 소인배
로 하여금 국가를 다스리게 하면 재난과 해악이 함께 이르러
비록 선한 이가 있더라도 역시 어찌할 수 없게 된다. 이것을 일
러, "나라는 이익을 이로움으로 여기지 않고 도의를 이로움으
로 여긴다."라고 하는 것이다.

○'피위선지(彼爲善之)'는 이 구절의 위나 아래에 아마도 빠진 글이나
  잘못된 글자가 있는 듯하다.
○'자(自)'는 '말미암다'이니, 소인이 이끌음에서 말미암는다는 말이다.
○이 한 구절은 이익을 이로움으로 삼는 해악을 깊이 밝히고 거듭 말하
  여 결론지었으니, 그 간곡한 뜻이 절실하다.

●右는 傳之十章이니 釋治國平天下라.
●此章之義는 務在與民同好惡而不專其利니 皆推廣絜矩之意也라. 能如
  是면 則親賢樂利[98]가 各得其所[99]하여 而天下가 平矣리라.

○이상은 전10장으로, '치국(治國)'과 '평천하(平天下)'를 풀이하였다.

---

98) 《대학·전03장》, "군자[위정자]들은 그분[선왕]들이 훌륭하게 여겼던 이들을
    훌륭하게 여겼고 그분들이 친하게 여겼던 이들을 친하게 여겼으며, 백성들은 그
    분들이 즐겁게 해 준 것을 즐겁게 여겼고 그분들이 이롭게 해 준 것을 이롭게
    여겼다.(君子, 賢其賢而親其親, 小人, 樂其樂而利其利.)"
99) 《논어(論語)·자한(子罕)》, "공자가 말씀하였다. '내가 위나라에서 노나라로 돌
    아온 뒤에 음악이 바르게 되어 아와 송이 각기 제자리를 얻었다.'(子曰. 吾自衛
    反魯然後, 樂正, 雅頌, **各得其所**.)"

○이 장의 뜻은, 힘쓸 것이 백성들과 더불어 좋아함과 싫어함을 함께하고 그 이익을 독차지하지 않음에 있으니, 모두가 '자신의 마음을 척도로 하여 상대의 마음을 헤아리는 뜻'을 확충한 것이다. 이와 같을 수 있으면 친하게 여기고 훌륭하게 여기며, 즐겁게 여기고 이롭게 여기는 것들이 각각 제자리를 얻어서 천하가 태평하게 될 것이다.

●凡傳十章에 前四章은 統論綱領指趣요 後六章은 細論條目工夫라. 其第五章은 乃明善之要요 第六章은 乃誠身之本이니 在初學에 尤爲當務之急라. 讀者는 不可以其近而忽之也라.

> **한 자** 統 거느릴 통·**총괄할 통**, 細 가늘 세·**자세할 세**, 尤 더욱 우·**특히 우**·허물 우

○전체의 전문 10개 장에서, 앞의 네 장은 삼강령(三綱領)의 뜻을 전체적으로 논의하였고, 뒤의 여섯 장은 팔조목(八條目)의 공부를 세밀하게 논의하였다. 그 중의 제05장[격물치지장(格物致知章)]은 선을 밝히는 요체(要體)이고 제06장[성의장(誠意章)]은 자신을 참되게 하는 근본이니, 처음 배우는 자에게 있어 특히 힘써야 할 급선무이다. 읽는 자들은 그것이 평범하다고 소홀히 해서는 안 된다.

[완역] 중용장구(中庸章句)

≪중용장구≫ 서문 [중용장구서(中庸章句序)]

中庸은 何爲而作也오? 子思子[1]가 憂道學[2]之失其傳而作

也라. 蓋自上古로 聖神[3]이 繼天立極하여 而道統[4]之傳이

有自來矣라. 其見於經則允執厥中者[5]는 堯之所以授舜也오

人心[6]은 惟危하고 道心[7]은 惟微하니 惟精惟一[8]이라야

允執厥中者[9]는 舜之所以授禹也라. 堯之一言이 至矣盡矣

어늘 而舜이 復益之以三言者는 則所以明夫堯之一言을 必

---

1) 자사자(子思子) : 공자의 손자인 자사(子思:B.C.483-B.C.402)를 높여 부른 호칭
   으로, 이름이 급(伋)이고 자가 자사이다. 증자(曾子)에게 배웠으며 ≪중용(中庸)≫
   을 저술하였다.
2) 도학(道學) : 보통 송대(宋代)의 성리학을 가리키지만, 여기서는 '도덕을 강조하
   는 학문', 즉 유학(儒學)을 일컫는 용어로 쓰였다.
3) 성신(聖神) : 성(聖)과 신(神)은 같은 대상에 대한 다른 표현으로, 성인(聖人)을
   달리 일컫는 말이다.[≪맹자(孟子)·진심하(盡心下)≫, "크면서 변화된 것을 성(聖)
   이라 하고 성스러우면서 알 수 없는 것을 신(神)이라고 한다.(大而化之之謂**聖**, 聖
   而不可知之之謂**神**.)"]
4) 도통(道統) : 유가의 도가 전해진 계통이라는 말로, 당(唐) 한유(韓愈)가 <원도
   (原道)>에서 그 체계를 제시하였고 송대(宋代) 이학가(理學家)들이 정립하였다.
5) ≪논어(論語)·요왈(堯曰)≫에, "요임금이 말씀하였다. '아! 너 순아, 하늘의 역수
   (曆數, 왕조나 왕위가 바뀌는 순서)가 네 몸에 있으니 진실로 그 중도를 잡아라.
   온 세상 사람들이 곤궁하면 하늘의 복이 영원히 끊길 것이다.(堯曰. 咨! 爾舜,
   天之曆數, 在爾躬, **允執其中**. 四海困窮, 天祿永終.)"라고 하여 '궐(厥)'이 '기
   (其)'로 되어 있다.
6) 인심(人心) : 육체의 욕구에서 생기는 마음이다.
7) 도심(道心) : 천리에서 발현되는 마음이다.
8) 남송(南宋) 채침(蔡沈)은 "惟精惟一"에 대해, "오직 정밀함으로 살펴서 육체와 기
   질의 사사로움에 섞이지 않게 할 수 있어야 하고, 한결같음으로 지켜서 의리의
   바름을 순수하게 할 수 있어야 한다.(惟能**精**以察之, 而不雜形氣之私, 一以守之,
   而純乎義理之正.)"라고 설명하였다.[≪서경(書經)·우서(虞書)·대우모(大禹謨)≫ 주]
9) ≪서경(書經)·우서(虞書)·대우모(大禹謨)≫에 보인다.

如是而後에 可庶幾也라.

한자 極 용마루 극·다할 극·**표준 극**, 允 진실로 윤

≪중용≫은 무엇 때문에 지었는가? 자사 선생께서 유학이 그 전승을 잃을 것을 염려하여 지은 것이다. 상고 시대로부터 성인(聖人)들이 하늘의 뜻을 계승하여 표준을 세우면서 도통의 전승이 유래가 있게 되었다. 그것이 경전에 나타난 것으로, "진실로 그 중도를 잡으라."는 것은 요임금이 순임금에게 내려준 것이고, "인심(人心)은 위태롭고 도심(道心)은 미약하니, 정밀하고 한결같아야 진실로 그 중도를 잡게 된다."는 것은 순임금이 우임금에게 내려준 것이다. 요임금의 한 마디 말씀이 지극하고 극진한데 순임금이 거기에 다시 세 마디 말씀을 더한 것은, 요임금의 한 마디 말씀을 반드시 이와 같이 한 뒤에야 가까워질 수 있음을 밝힌 것이다.

蓋嘗論之컨대 心之虛靈知覺10)은 一而已矣로되 而以爲有人心道心之異者는 則以其或生於形氣之私하고 或原於性命之正하니 而所以爲知覺者가 不同이라. 是以로 或危殆而不安하고 或微妙而難見耳라. 然이나 人이 莫不有是形故로 雖上智11)라도 不能無人心이오 亦莫不有是性故로 雖下愚라도 不能無道心이라. 二者가 雜於方寸之間이어늘 而不知所以治之면 則危者는 愈危하고 微者는 愈微하여 而

---

10) 허령지각(虛靈知覺) : '허령(虛靈)'은 마음의 본질인 체(體)의 성향을, '지각(知覺)'은 마음의 작용인 용(用)의 성향을 가리킨다.

11) ≪논어(論語)·양화(陽貨)≫, "공자가 말씀하였다. '오직 가장 지혜로운 자와 가장 어리석은 자는 바뀌지 않는다.'(子曰, 唯上知與下愚, 不移.)"

天理之公이 卒無以勝夫人欲之私矣리라.

시험 삼아 논의해 보건대, 마음이 고요하고 영묘하며 인식하고 느끼는 것은 한가지일 뿐인데 인심과 도심이라는 차이가 있다고 한 것은, 그것이 혹은 육체와 기질이라는 사사로움에서 나오기도 하고 혹은 타고난 성품이라는 바름에서 근원하기도 하여, 인식하고 느끼는 것이 같지 않기 때문이다. 이 때문에 혹은 위태로워 안정되지 않고 혹은 미묘하여 알기가 어려울 뿐이다. 그러나 사람이 이 육체를 가지고 있지 않은 이가 없기 때문에 비록 가장 지혜로운 사람이라도 인심이 없을 수 없고, 또한 이 본성을 가지고 있지 않은 이가 없기 때문에 비록 가장 어리석은 사람이라도 도심이 없을 수 없다. 두 가지가 사방 한 치의 마음속에 섞여 있는데 그것을 다스리는 방법을 알지 못한다면, 위태로운 것은 더욱 위태로워지고 미약한 것은 더욱 미약해져서 천리라는 공정함이 끝내 인간의 욕망이라는 사사로움을 이겨 낼 수 없게 된다.

精하면 則察夫二者之間而不雜也오 一하면 則守其本心之正而不離也라. 從事於斯하여 無少間斷하여 必使道心으로 常爲一身之主하고 而人心으로 每聽命焉이면 則危者는 安하고 微者는 著하여 而動靜云爲가 自無過不及之差矣리라.

정밀하면 두 가지의 사이를 살펴서 섞이지 않고, 한결같으면 본심의 바름을 지켜 벗어나지 않는다. 여기에 힘을 기울여 조금도 중간에 끊어짐이 없어서, 반드시 도심으로 하여금 온몸의 주인이 되게 하고 인심으로 하여금 항상 명령을 따르게 한다면, 위태로운 것은 안정되고 미약한 것은 현저해져 모든 언행이 저절로 지나치거나 미치지 못하는 잘못이 없게 될 것이다.

夫堯舜禹는 天下之大聖也오 以天下相傳은 天下之大事也라. 以天下之大聖으로 行天下之大事에 而其授受之際에 丁寧告戒가 不過如此하니 則天下之理가 豈有以加於此哉리오. 自是以來로 聖聖이 相承하니 若成湯[12]文武之爲君과 皐陶伊傳周召[13]之爲臣이 旣皆以此而接夫道統之傳이라. 若吾夫子는 則雖不得其位나 而所以繼往聖하여 開來學은 其功이 反有賢於堯舜[14]者라.

한 자 承 받들 승·**계승할 승**·도울 승, 皐 못 고·언덕 고·높을 고, 傳 도울 부·가르칠 부·스승 부

요임금, 순임금, 우임금은 천하의 큰 성인이었고 천하를 상대에게

---

12) 성탕(成湯) : 남송(南宋) 채침(蔡沈)은, "무력의 공적이 이루어졌기 때문에 성탕이라고 한다.(武功成, 故曰**成湯**.)"라고 설명하였다.[《서경(書經)·상서(尙書)·중훼지고(仲虺之誥)》]

13) 고요이부주소(皐陶伊傳周召) : 고요(皐陶), 이윤(伊尹), 부열(傳說), 주공(周公), 소공(召公)을 가리킨다.

14) 《맹자(孟子)·공손추상(公孫丑上)》, "재아가 말하였다. '내가 선생님을 살펴보건대, 요임금과 순임금보다 훌륭하심이 월등하다.'(宰我曰, 以予觀於夫子, **賢於堯舜**, 遠矣.)"

전한 것은 천하의 큰 일이었다. 천하의 큰 성인으로서 천하의 큰 일을 행하면서 그들이 주고받을 때에 간곡하게 말해 주고 경계한 것이 이와 같음에 지나지 않았으니, 천하의 이치가 어찌 여기에 더할 것이 있겠는가. 이로부터 이후로 성인들이 서로 계승했으니, 탕임금과 문왕·무왕처럼 군주인 이들과 고요, 이윤, 부열, 주공, 소공처럼 신하인 이들이 뒤에서 모두 이것을 가지고 도통의 전승을 이었다. 우리 공자 같은 경우는 비록 그 지위를 얻지 못하였으나 옛 성인을 계승하여 후학들을 계발해 준 것은, 그 공이 도리어 요순보다 훌륭한 점이 있다.

然이나 當15)是時에 見而知之者로 惟顔氏·曾氏之傳이 得其宗이러니 及曾氏之再傳하여 而復得夫子之孫子思에 則去聖이 遠而異端16)이 起矣라. 子思는 懼夫愈久而愈失其眞也라. 於是에 推本堯舜以來相傳之意하며 質以平日所聞父師之言하여 更互演繹하여 作爲此書하여 以詔後之學者라.

> **한 자** 更 고칠 경·**바꿀 경**·다시 갱, 演 흐를 연·**풀이할 연**, 繹 실 뽑을 역·찾을 역·**풀 역**, 詔 알릴 조·**가르칠 조**·조서 조

그러나 이때에 직접 보고 알았던 자로 오직 안자와 증자의 전승이 그 종지를 얻었는데, 증자가 재차 전하여 다시 공자의 손자인 자사를 얻게 되어서는 성인과 거리가 멀어지면서 이단이 일어나게 되었다. 자사는 오래될수록 더욱 그 참됨을 잃을 것을 두려워하였다. 이에 요순 이래로 상대에게 전승한 뜻을 추구하고 근본을 따

---

15) 당(當) : ~에, ~에서.[시간이나 장소를 나타내는 전치사이다.]
16) 이단(異端) : 노자(老子), 양주(楊朱), 묵적(墨翟) 등의 학파를 가리킨다.

졌으며 평소 스승에게서 들었던 말씀으로 확인하여 교차적으로 풀어내어 이 책을 지어 후세의 배우는 자들을 가르쳤다.

蓋其憂之也가 深故로 其言之也가 切하고 其慮之也가 遠故로 其說之也가 詳이라. 其曰天命率性[17]은 則道心之謂也오 其曰擇善固執[18]은 則精一之謂也오 其曰君子時中[19]은 則執中之謂也라. 世之相後가 千有餘年이로되 而其言之不異는 如合符節[20]이라.

한 자 符 **부절 부**·부합할 부

그가 걱정한 것이 깊었기 때문에 그가 말한 것이 간절하였고, 그

---

17) 《중용·제01장》, "하늘이 명해 준 것을 본성이라 하고 본성을 따르는 것을 도라 하며, (성인이) 도를 다듬어 놓은 것을 가르침이라고 한다.(天命之謂性, **率性**之謂道, 脩道之謂敎.)"

18) 《중용·제20장》, "참됨이라는 것은 하늘의 도이고 참되게 하는 것은 사람의 도입니다. 참된 자는 힘쓰지 않고도 (도에) 맞으며 생각하지 않고도 (도를) 터득하여 자연스럽게 도에 맞으니 성인(聖人)이고, 참되게 하는 자는 선을 택하여 굳게 지키는 자입니다.(誠者, 天之道也, 誠之者, 人之道也. 誠者, 不勉而中, 不思而得, 從容中道, 聖人也, 誠之者, **擇善**而**固執**之者也.)"

19) 《중용·제02장》, "군자가 중정하고 한결같음은 군자라서 때에 맞게 하기 때문이고, 소인이 중정하고 한결같음과 반대인 것은 소인이라서 조심하고 두려워함이 없기 때문이다.(君子之中庸也, **君子**而**時中**, 小人之[反]中庸也, 小人而無忌憚也.)"

20) 《맹자(孟子)·이루하(離婁下)》, "순임금은 제풍에서 태어나 부하로 옮겼다가 명조에서 별세하였으니 동이 사람이다. 문왕은 기주에서 태어나 필영에서 별세하였으니 서이 사람이다. 지역이 서로 떨어진 것이 천여 리고 세대가 서로 뒤처진 것이 천여 년이지만, 뜻을 얻어 나라 안에서 (도를) 실천한 것은 마치 부절을 합한 듯하다.(舜生於諸馮, 遷於負夏, 卒於鳴條, 東夷之人也. 文王生於岐周, 卒於畢郢, 西夷之人也. 地之相去也, 千有餘里, 世之相後也, 千有餘歲, 得志行乎中國, **若合符節**.)"

가 염려한 것이 멀리까지 미쳤기 때문에 그가 설명한 것이 자세하였다. 그가 말한 '천명(天命)', '솔성(率性)'이라고 한 것은 '도심(道心)'을 일컬은 것이고 그가 말한 '택선(擇善)', '고집(固執)'이라고 한 것은 '정밀하고 한결같음[정일(精一)]'을 일컬은 것이며, 그가 말한 '군자(君子)', '시중(時中)'이라고 한 것은 '중도를 잡음[집중(執中)]'을 일컬은 것이다. 세대가 서로 뒤처진 것이 천여 년[21]이지만, 그들이 말한 것이 다르지 않음은 마치 부절을 합한 듯하다.

歷選前聖之書하여 所以提挈網維하며 開示蘊奧가 未有若是之明且盡者也라. 自是而又再傳以得孟氏하니 爲[22]能推明是書하여 以承先聖之統이라. 及其沒而遂失其傳焉하니 則吾道之所寄가 不越乎言語文字之間하고 而異端之說이 日新月盛이라가 以至於老佛之徒가 出하여는 則彌近理而大亂眞矣라.

한자 提 들 제·당길 제, 挈 들어 올릴 설·잡을 설, 蘊 쌓을 온·**심오한 뜻 온**, 奧 아랫목 오·**깊을 오**·물굽이 욱, 彌 가득할 미·두루 미·**더욱 미**

옛 성인들의 책에서 두루 뽑아 강령을 들어서 올리고 깊은 뜻을 열어서 보인 것이 아직까지 이처럼 분명하고 극진한 것이 있지 않았다. 이로부터 또 다시 전해져 맹자를 얻었으니 이 책을 드러내 밝혀서 이전 성인들의 도통을 이을 수 있었다. 그가 죽자 마침내 그 전승을 잃게 되었으니, 우리의 도가 의탁한 곳이 언어와 문자의 사이를 넘어서지 못하였고 이단의 학설이 날로 새로워지고 달

---

21) 요순(堯舜)에서 자사(子思)의 시대까지를 가리킨다.
22) 위(爲) : 서로 비교하는 문장의 중간에서 강조의 기능을 갖는다.

로 성행하다가, 도가와 불가의 무리가 나옴에 이르러서는 더욱 이치에 가까워 크게 참됨을 어지럽히게 되었다.

然而尚幸此書之不泯故로　程夫子兄弟[23]者가　出하사　得有
所考하여　以續夫千載不傳之緒하시고　得有所據하여　以斥
夫二家[24]似是之非라. 蓋子思之功이　於是爲大나　而微程夫
子則亦莫能因其語而得其心也리라. 惜乎라!　其所以爲說者
가　不傳하고　而凡石氏[25]之所輯錄[26]이　僅出於其門人之所
記하니　是以로　大義는　雖明이나　而微言이　未析이라.[27]
至其門人所自爲說하여는　則雖頗詳盡하고　而多所發明이나
然이나　倍其師說하고　而淫於老佛者도　亦有之矣라.

한 자　幸 다행 행 · 총애할 행, 泯 망할 민 · **없어질 민**, 據 의거할 거,
斥 물리칠 척, 微 작을 미 · **없을 미**, 輯 모을 집, 析 가를 석, 倍
곱 배 · **위배할 배** · 배반할 배, 淫 젖을 음 · 지나칠 음 · **빠질 음**

그러나 다행스럽게도 이 책이 없어지지 않았기 때문에, 정(程) 선
생님 형제분이 나와서, 상고할 바가 있어서 천 년 동안 전해지지
않던 실마리를 이을 수 있었고, 근거할 바가 있어서 저 도가와 불
가의 '옳은 듯한 그름[사이비]'을 물리칠 수 있었다. 자사의 공이

---

23) 정호(程顥), 정이(程頤) 형제를 가리킨다.

24) 이가(二家) : 도가(道家)와 불가(佛家)를 가리킨다.

25) 석씨(石氏) : 남송(南宋) 태주(台州) 출신의 석돈(石墪, 1128-1182)으로 자가 자
중(子重)이다. 주희와 교류하였고 ≪중용집해(中庸集解)≫를 저술하였다.

26) ≪중용집해(中庸集解)≫를 가리킨다.

27) 전한(前漢) 유흠(劉歆) <이서양태상박사(移書讓太常博士)>, "공자가 돌아가시자
은미한 말씀이 끊겼고, 70인의 제자가 죽자 큰 뜻이 어긋나게 되었다.(及夫子没
而**微言**絶, 七十子卒而**大義**乖.)"

이 점28)에서 크지만, 정 선생님이 없었다면 또한 그(자사)의 말을 근거로 하여 그들(옛 성인들)의 마음을 터득하지 못했을 것이다. 애석하다. 그(정자)가 해설을 한 것이 전해지지 않고, 석돈(石墩)이 모아 기록한 모든 것은 겨우 그(정자)의 제자들이 기록한 것에서 나왔으니, 이 때문에 큰 뜻은 비록 밝혀졌으나 은미한 말씀은 분석되지 않았다. 그(정자)의 제자들이 각자 해설을 한 것에 이르러는 비록 상당히 자세하고 극진하며 밝혀낸 것이 많지만, 그러나 스승의 학설을 어기고 도가와 불가에 빠진 것들도 역시 있었다.

熹自蚤歲로 則嘗受讀而竊疑之하여 沈潛反復이 蓋亦有年
이니 一旦에 恍然29)似有得其要領者라. 然後에 乃敢會衆
說而折其衷하여 旣爲定著章句一篇하여 以俟後之君子라. 而
一二同志가 復取石氏書하여 刪其繁亂하여 名以輯略이라.
且記所嘗論辨取舍之意하여 別爲或問하여 以附其後라. 然
後에 此書之旨가 支分節解하며 脉絡貫通하고 詳略相因하
며 巨細畢擧하여 而凡諸說之同異得失이 亦得以曲暢旁通而
各極其趣라. 雖於道統之傳에 不敢妄議나 然이나 初學之士
가 或有取焉이면 則亦庶乎行遠升高30)之一助云爾라.

한 자	熹 밝을 희·성할 희, 蚤 벼룩 조·**일찍 조**(무와 통용), 沈 가라
	앉을 침·**깊을 침**·성 심, 潛 물 건널 잠·숨을 잠·**몰두할 잠**, 恍
	황홀할 황·**갑자기 황**, 折 꺾을 절·**잡을 절**, 衷 속옷 충·속마음

---

28) ≪중용(中庸)≫을 지어 상고할 바와 근거할 바를 남겨놓은 점을 가리킨다.

29) 황연(恍然) : 갑작스런 모양이다.

30) ≪중용·제15장≫, "군자의 도는, 비유하자면 먼 곳을 가려면 반드시 가까운 곳에서 시작하는 것과 같고, 비유하자면 높은 곳을 오르려면 반드시 낮은 곳에서 시작하는 것과 같다.(君子之道, 辟如**行遠**必自邇, 辟如**登高**必自卑.)"

충·**가운데 충**, 俟 기다릴 사, 刪 깎을 산, 繁 많을 번·**번잡할 번**, 附 기댈 부·붙을 부·**붙일 부**, 脉 혈관 맥·**맥락 맥**, 暢 통할 창·**나타낼 창**, 趣 달릴 취·취향 취·**뜻 취**

내가 젊은 나이부터 일찍이 (이 글을) 받아 읽으면서, 나름대로 의심이 들어31) 깊이 파고 반복한 것이 또한 여러 해가 되었는데, 하루아침에 홀연히 그 핵심을 터득한 것이 있는 듯하였다. 그런 뒤에 마침내 감히 여러 설을 모으고 절충하여 이윽고 이를 위해 ≪중용장구≫ 한 책을 편정하고 저술하여 후세의 군자를 기다린다. 그리고 뜻을 같이하는 한두 사람이 다시 석돈의 책을 가져다 번잡하고 혼란한 것을 정리하여 ≪중용집략(中庸輯略)≫이라고 이름을 붙였다. 또 일찍이 논변하고 취사한 뜻을 기록하여 별도로 ≪중용혹문(中庸或問)≫을 만들어 그 뒤에 붙였다. 그런 뒤에 이 책의 뜻이, 가지가 나뉘고 마디가 풀리며 맥락이 관통하고 상세함과 간략함이 서로 이어지며 큰 것과 작은 것이 모두 거론되어, 여러 학설의 차이와 잘잘못이 또한 자세하게 드러나고 두루 통하여 각각 그 뜻을 극진히 할 수 있게 되었다. 비록 도통의 전승에 대하여 감히 함부로 논의할 수는 없겠지만, 그러나 처음 배우는 선비가 혹 여기에서 취하는 것이 있다면 또한 아마도 먼 곳을 가고 높은 곳을 오름에 한 가지 도움거리일 수는 있겠다.

淳熙32) 己酉[1189년]의 春三月戊申에 新安朱熹가 序라.

순희 기유년의 춘삼월 무신일에 신안 주희가 서문을 쓴다.

---

31) 은미한 말씀이 분석되지 않은 것이나 정자(程子)의 제자들이 도가와 불가에 빠진 것 등에 대한 의심이다.

32) 순희(淳熙) : 남송(南宋) 효종(孝宗)의 연호(1174-1189)이다.

≪중용≫을 읽는 방법 [독중용법(讀中庸法)]

朱子曰이라.

中庸一篇을 某妄以己意로 分其章句나 是書가 豈可以章句
求哉리오. 然이나 學者之於經에 未有不得於辭而能通其意
者라.

주자(朱子)가 말하였다.

≪중용≫ 한 편을 내가 함부로 개인적인 뜻으로 장(章)과 구(句)를
나누었지만 이 책이 어찌 장구(章句)로 (심오한 뜻이) 추구될 수
있겠는가. 그러나 배우는 자들이 경서(經書)에서, 글을 깨닫지 못
한 채 그 뜻에 능통할 수 있는 자는 아직까지 없었다.

又曰이라.

中庸은 初學者는 未當理會라.

中庸之書는 難看이라. 中間에 說鬼說神[1]은 都無理會라.
學者는 須是見得[2] 箇道理了라야 方可看此書하고 將來[3]印

---

1) ≪중용·제16장≫, "공자가 말씀하였다. '귀신의 덕성이 아마도 성대하리라. (귀
신은) 주의해서 보아도 보이지 않고 귀 기울여도 들리지 않지만, 만물에서 본질
이 되어 (만물이) 빠뜨릴 수 없는 것이다.(子曰. **鬼神**之爲德, 其盛矣乎. 視之而
弗見, 聽之而弗聞, 體物而不可遺.)"

2) 득(得) : 동사의 뒤에 쓰여 동작의 결과나 완결을 나타내는 조사이다.

3) 장래(將來) : '술어+방향보어'의 구조로, '(그것을) 가지고 …해 나가다'의 의미

證4)이라.

讀書之序는 須是且著力去5)看大學하고 又著力去看論語하고 又著力去看孟子라. 看得三書了하면 這中庸은 半截都了라. 不用問人하고 只略略6)恁看過니 不可掉了易底7)하고 却先去8)攻那難底라. 中庸은 多說無形影하여 說下學9)處가 少하고 說上達10)處가 多라. 若且理會文義면 則可矣라.

讀書는 先須看大綱하고 又看幾多間架라. 如天命之謂性이오 率性之謂道요 修道之謂教11)가 此是大綱이라. 夫婦所知所能과 與聖人不知不能處12)가 此類是間架라. 譬人看屋에 先看他大綱하고 次看幾多間하며 間內又有小間하니 然後에 方得貫通이라.

한 자　都 도읍 도·**전부 도**, 截 끊을 절·**수사 절**(나누어진 부분을 세는 단위), 略 지경 략·다스릴 략·대략 략·**조금 략**, 恁 생각할 임·이(그) 임·**이렇게(그렇게) 임**, 掉 흔들 도·내던질 도·**빠뜨릴 도**, 底 밑 저

이다.

4) 인증(印證) : 대조 비교하여 사실 관계를 증명하다.

5) 거(去) : 술어 '著'의 방향보어로 진행을 나타낸다.

6) 약략(略略) : 조금, 조금씩.

7) 저(底) : 명사구를 만드는 결구조사(結構助詞)로 백화의 '的'과 같은 용법이다.

8) 거(去) : 동사의 앞에 붙어 상대방 쪽의 동작을 표시하는 용법으로 쓰인다.

9) 하학(下學) : 일상의 도리, 즉 '사람이 해야 할 일[인사(人事)]'을 배우는 것이다.

10) 상달(上達) : '하늘의 이치[천리(天理)]'를 깨우치는 것이다.

11) ≪중용·제01장≫

12) ≪중용·제12장≫, "(일반 백성인) 부부의 어리석음으로도 함께하여 알 수 있으나, 그 지극함에 이르러는 비록 성인이라도 또한 알지 못하는 것이 있다. (일반 백성인) 부부의 부족함으로도 잘 실천할 수 있으나, 그 지극함에 이르러는 비록 성인이라도 또한 잘할 수 없는 것이 있다.(夫婦之愚, 可以與知焉, 及其至也, 雖聖人亦有所不知焉. 夫婦之不肖, 可以能行焉, 及其至也, 雖聖人亦有所不能焉.)"

또 말하였다.

≪중용≫은 처음 공부하는 자들은 당연히 이해하지 못한다.

≪중용≫이란 책은 보기가 어렵다. 중간에 '귀(鬼)'를 말하고 '신(神)'을 말한 것은 전혀 이해할 수가 없다. 배우는 자들은 모름지기 이러한 도리를 알고 나서야 비로소 이 책을 볼 수 있고, (그것을) 가지고 증명하게 된다.

책을 읽는 순서는 모름지기 우선 힘써서 ≪대학≫을 보고 다시 힘써서 ≪논어≫를 볼 것이며, 다시 힘써서 ≪맹자≫를 볼 것이다. 세 책을 다 보고 나면 이 ≪중용≫은 절반은 모두 끝나게 된다. 남에게 물을 필요 없이 다만 조금씩 그렇게 보아 나갈 것이니, 쉬운 것[앞의 세 책]을 빠뜨리고 도리어 어려운 것[≪중용≫]부터 먼저 공부하면 안 된다. ≪중용≫은 형체와 자취가 없는 것을 말한 것이 많아, '아래로 배울 것[하학(下學)]'을 말한 곳이 적고 '위로 깨달을 것[상달(上達)]'을 말한 곳이 많다. (이치는 이해하지 못하더라도) 만약 우선은 글 뜻부터 깨우친다면 좋겠다.

책을 읽는 것은 먼저 큰 틀을 보고 나서 다시 여러 칸들을 보아야 한다. 예를 들면, "하늘이 명해 준 것을 본성이라 하고, 본성을 따르는 것을 도라 하며, (성인이) 도를 다듬어 놓은 것을 가르침이라고 한다."라고 한 것, 이것이 큰 틀이다. '부부도 아는 것이고 할 수 있는 것'과 '성인(聖人)도 알지 못하고 할 수 없는 것', 이러한 것들이 칸이다. 비유하자면, 사람이 집을 볼 때 먼저 그것의 큰 틀을 보고 다음으로 여러 칸들을 보며, 칸 안에 다시 작은 칸이 있음을 보는 것이니, 그런 뒤에 비로소 관통할 수 있다.

又曰이라.

中庸은 自首章以下로 多對說將來하여13) 直是整齊라. 某舊讀中庸에 以爲子思做러니 又時復有箇子曰字하여 讀得

熟14)後에 方見得是子思參夫子之說하여 著爲此書라. 自是
로 沈潛反覆하여 遂漸得其旨趣하고 定得今章句하여 擺布
得來15)를 直恁麼16)細密이라.
近看中庸하고 於章句文義間에 窺見聖賢述作傳授之意가 極
有條理하여 如繩貫棋局之不可亂이라.

한 자 潛 물 건널 잠·숨을 잠·**몰두할 잠**, 擺 나눌 파·**배열할 파**, 恁
생각할 임·이(그) 임·**이렇게(그렇게) 임**, 麼 잘 마·**접미사 마**,
窺 엿볼 규, 繩 노 승·**먹줄 승**, 貫 돈꿰미 관·**꿸 관**

또 말하였다.

≪중용≫은 첫 장부터 아래로 짝을 지워 말해 나간 것이 많아 참
으로 질서정연하다. 내가 전에 ≪중용≫을 읽으면서 자사가 지은
것이라고 여겼는데, 또 때때로 다시 '자왈(子曰)'이라는 글자가 있
어, 익숙하게 읽고 난 뒤에야 비로소 자사가 공자의 말씀을 참고
하여 이 책을 저술하였음을 알게 되었다. 이때부터 깊이 파고 반

---

13) ≪중용·제01장≫에서만 예를 들어도 다음과 같은 것들이 있다. "자신에게 보이
   지 않는 것에 조심하고 자신에게 들리지 않는 것에 두려워한다.(戒愼乎其所不睹,
   恐懼乎其所不聞.)"; "은밀한 곳보다 더 드러나는 곳이 없고 미세한 것보다 더
   현저해지는 것이 없다.(莫見乎隱, 莫顯乎微.)"; "중정이라는 것은 천하의 큰 근
   본이고, 조화라는 것은 천하의 공통적인 도리이다.(中也者, 天下之大本也, 和也
   者, 天下之達道也.)"; "천지가 자리잡고 만물이 길러진다.(天地位焉, 萬物育焉.)"
14) 독득숙(讀得熟) : '술어 + 구조조사 + 정도보어'의 구조이다. 즉 정도보어인 '熟'은
   술어인 '讀'의 정도를 나타내 주는 보어이고 '得'은 술어와 보어를 연결해 주는
   조사이다.
15) 파포득래(擺布得來) : '술어 + 구조조사 + 가능보어'의 구조이다. 즉 가능보어인
   '來'는 가능을 나타내는 구조조사인 '得'과 함께 '…할 수 있게 되다'의 의미를 지
   닌 채 술어인 '擺布'의 가능을 나타낸다.
16) 임마(恁麼) : 이(그)렇게.

복하여 마침내 점점 그 뜻을 터득하게 되었고, 지금의 장구를 확정하여 펼쳐내기를 바로 이렇게 세밀하게 할 수 있었다.

근래에 ≪중용≫을 보고, 장구의 글 뜻 사이에서, 성현들이 전승하고 창작하여 전수한 뜻이 지극히 조리가 있어, 마치 먹줄이 바둑판을 관통하여 어지럽힐 수 없는 것과 같음을 살폈다.

中庸은 當作六大節看이라. 首章이 是一節이니 說中和라. 自君子中庸以下十章이 是一節이니 說中庸이라. 君子之道費而隱以下八章이 是一節이니 說費隱이라. 哀公問政以下七章이 是一節이니 說誠이라. 大哉聖人之道以下六章이 是一節이니 說大德小德이라. 末章이 是一節이니 復申首章之義라.

≪중용≫은 마땅히 여섯 개의 큰 단락을 지어서 보아야 한다. 첫 장[제1장]이 한 단락이니 '중화(中和)'를 말하였다. '군자중용(君子中庸)' 이하의 10개 장[제2장-제11장]이 한 단락이니 '중정하고 한결같음[중용(中庸)]'을 말하였다. '군자지도비이은(君子之道費而隱)' 이하의 8개 장[제12장-제19장]이 한 단락이니 '드넓음[비(費)]'과 '은미함[은(隱)]'을 말하였다. '애공문정(哀公問政)' 이하의 7개 장[제20장-제26장]이 한 단락이니 '성(誠)'을 말하였다. '대재성인지도(大哉聖人之道)' 이하의 6개 장[제27장-제32장]이 한 단락이니 '대덕(大德)'과 '소덕(小德)'을 말하였다. 마지막 장[제33장]이 한 단락이니 첫 장의 뜻을 다시 펼쳤다.

問中庸大學之別한대 曰이라. 如讀中庸에 求義理면 只是致知功夫요 如謹獨修省이면 亦只是誠意라. 問只是中庸은 直

說到聖而不可知[17]處한대　曰이라.　如大學裡도　也有如前王不忘[18]이　便是篤恭而天下平底[19]事니라.[20]

(어떤 사람이) ≪중용≫과 ≪대학≫의 차이를 묻기에 대답하였다. "예를 들어 ≪중용≫을 읽을 때에 의리(義理)를 찾는다면 바로 (≪대학≫의) '치지(致知)' 공부이고, 예를 들어 홀로를 삼가고 수양과 반성을 한다면 또한 바로 (≪대학≫의) '성의(誠意)'이다." (어떤 사람이) 단지 ≪중용≫은 '성인(聖人)으로서 알 수 없는 것[신(神)]'을 그대로 말한 것인지를 묻기에 대답하였다. "예를 들면 ≪대학≫ 안에서도 역시, '선왕을 잊지 못하겠다.'와 같은 것이 있는 것이, 바로 ≪중용≫의 '공손함을 독실히 함에 천하가 태평해진다.'는 일이다."

---

17) ≪맹자(孟子)·진심하(盡心下)≫, "바람직한 것을 선(善)이라 하고 그것을 자신에게 소유한 것을 신(信)이라고 한다. (그것이) 꽉 찬 것을 미(美)라 하고 꽉 차서 빛남이 있는 것을 대(大)라고 한다. 크면서 변화된 것을 성(聖)이라 하고 성스러우면서 알 수 없는 것을 신(神)이라고 한다.(可欲之謂善, 有諸己之謂信. 充實之謂美, 充實而有光輝之謂大. 大而化之之謂聖, **聖而不可知**之謂神.)"

18) ≪대학(大學)·전3장≫, "≪시경≫에서 말하였다. '아아! 선왕을 잊지 못하겠다.' (이는 후대의) 군자[위정자]들은 그분[선왕]들이 훌륭하게 여겼던 이들을 훌륭하게 여겼고 그분[선왕]들이 친하게 여겼던 이들을 친하게 여겼으며, 백성들은 그분들이 즐겁게 해 준 것을 즐겁게 여겼고 그분들이 이롭게 해 준 것을 이롭게 여긴 것이니, 이 때문에 세상을 떠났어도 잊지 못한 것이다. (詩云. 於戲, **前王不忘**. 君子賢其賢而親其親, 小人樂其樂而利其利, 此以沒世不忘也.)"

19) 저(底) : 소유 관계를 나타내는 결구조사(結構助詞)로 백화의 '的'과 같은 용법이다.

20) ≪중용·제33장≫, "≪시경≫에서, '드러나지 않는 덕을 여러 제후들이 그렇게 본받는다.'라고 하였다. 이 때문에 군자는 공경을 두텁게 함에 천하가 태평해진다.(詩曰, 不顯惟德, 百辟其刑之. 是故君子篤恭而**天下平**.)"

중용장구(中庸章句)

● 中者는 不偏不倚하며 無過不及之名이라. 庸은 平常[1]也라.

● 子程子曰이라. 不偏之謂中이오 不易之謂庸이라. 中者는 天下之正道요 庸者는 天下之定理라. 此篇은 乃孔門傳授心法[2]이니 子思는 恐其久而差也라. 故로 筆之於書하여 以授孟子라. 其書가 始言一理[3]하고 中散爲萬事[4]하고 末復合爲一理[5]하니 放之則彌六合[6]하고 卷之則退藏於密[7]이라. 其味가 無窮하니 皆實學也라. 善讀者가 玩索而有得焉이면 則終身用之라도 有不能盡者矣리라.

> **한 자** 偏 치우칠 편, 倚 의지할 의·기댈 의·**기울 의**, 庸 쓸 용·**일상 용**, 彌 두루 미·**가득할 미**, 玩 희롱할 완·**음미할 완**, 索 **찾을 색**·줄 삭

○'중(中)'이라는 것은 치우치지 않고 기울지 않으며 지나치거나 미치

---

1) 평상(平常) : 보편적이고 한결같음, 즉 일상의 도리를 가리킨다. 세주에서 북계진씨[北溪陳氏, 진순(陳淳)]는 '용(庸)'의 예로 오륜(五倫)을 들었다.

2) 심법(心法) : 마음을 성찰하고 수양하는 공부법이다.

3) 하늘이 명해준 본성(本性)을 정의한 것을 가리킨다.

4) 본성이 작용하여 드러나는 여러 현상들을 가리킨다.

5) '하늘이 명해 준 일[상천지재(上天之載)]'로 끝낸 것을 가리킨다.

6) 육합(六合) : 상하와 사방, 즉 온 세상을 가리킨다.

7) 《주역(周易)·계사전상(繫辭傳上)》, "시초(蓍草)의 덕성은 둥글어서 신묘하고 괘(卦)의 덕성은 네모져서 지혜로우며 육효의 뜻은 바뀌어가며 (길흉을) 알린다. 성인은 이것으로 마음을 씻어내어, 물러나서 은밀함[이치]에 간직하고 길함과 흉함에서 백성과 근심을 함께한다.(蓍之德圓而神, 卦之德方以知, 六爻之義易以貢. 聖人以此洗心, **退藏於密**, 吉凶與民同患.)"

지 못함이 없음을 일컫는 명칭이다. '용(庸)'은 보편적이고 한결같음 이다.

○정자 선생이 말씀하였다. "치우치지 않음을 '중(中)'이라 이르고 바뀌 지 않음을 '용(庸)'이라 이른다. '중(中)'이라는 것은 천하의 올바른 길이고 '용(庸)'이라는 것은 천하의 정해진 이치이다. 이 책은 바로 공자 문하에서 전수한 마음 수양법인데, 자사는 세월이 오래되면서 차질이 생길 것을 염려하였다. 그래서 그것을 책에 기록하여 맹자에 게 전수하였다. 이 책은, 처음에 한 가지 이치를 말하였고 중간에 나 뉘어 만 가지 일이 되었으며, 끝에서 다시 합쳐져 한 가지 이치가 되 었으니, 이것을 풀어놓으면 온 세상에 가득하고 거두어들이면 은밀 함에 간직된다. 그 의미가 무궁하니 모두가 실제에 들어맞는 학문이 다. 잘 읽는 자가 음미하고 추구하여 터득함이 있으면, 종신토록 쓰 더라도 다 쓸 수 없는 것이 있게 될 것이다.

�֍ 중용 제01장

제01장-5-1 ◉天命之謂性이오 率性之謂道요 修道之謂敎8)니
라.

●命은 猶令也오 性은 卽理也라. 天이 以陰陽五行으로 化生萬物에 氣以
成形而理亦賦焉하니 猶命令也라. 於是에 人物之生은 因各得其所賦之
理하여 以爲健9)順10)五常11)之德하니 所謂性也라. 率은 循也오 道는
猶路也라. 人物이 各循其性之自然이면 則其日用事物之間에 莫不各有
當行之路라. 是則所謂道也라. 修는 品節之也라. 性道는 雖同이나 而
氣稟이 或異故로 不能無過不及之差라. 聖人이 因人物之所當行者而品
節之하여 以爲法於天下하니 則謂之敎라. 若禮樂刑政之屬이 是也라.
蓋人은 知己之有性而不知其出於天하고 知事之有道而不知其由於性하
고 知聖人之有敎而不知其因吾之所固有者하여 裁之也라. 故로 子思가
於此에 首發明之하니 而董子12)所謂道之大原이 出於天13)이 亦此意라.

---

8) 《중용·제25장》에서, "참됨이라는 것은 본래 자신을 완성할 뿐만이 아니고 상
   대를 완성시켜 준다. 자기를 완성하는 것은 인이고 상대를 완성시켜 주는 것은
   지혜이다.(誠者, 非自成己而已也, 所以成物也. 成己, 仁也, **成物,** 知也.)"라고 한
   '상대를 완성시켜 줌(成物)'이 '가르침(敎)'이다.

9) 건(健) : 양(陽)의 성정이다.

10) 순(順) : 음(陰)의 성정이다.

11) 오상(五常) : 오행(五行), 즉 인의예지신(仁義禮智信)을 가리킨다.

12) 동자(董子) : 전한(前漢) 신도(信都) 출신의 동중서(董仲舒)로 호가 계암자(桂巖
    子)이다. 금문경학가(今文經學家)로 한무제(漢武帝)에게 건의하여 유학(儒學)을
    통치이념으로 채택하도록 하였다. 박사(博士), 교서상(膠西相) 등을 역임하였다.
    《춘추(春秋)》에 뛰어났고 경제(景帝) 시절에 박사가 되었다. 많은 저술 중에 가
    장 유명한 것이 《춘추번로(春秋繁露)》이다.

13) 《한서(漢書)·동중서전(董仲舒傳)》, "도의 큰 근원이 하늘에서 나왔습니다. 하늘
    이 변하지 않으니 도 역시 변하지 않습니다.(**道之大原, 出於天.** 天不變, 道亦不變.)"

率 거느릴 솔·**따를 솔**, 健 **굳셀 건**·튼튼할 건, 差 **어긋날 차**·
그릇될 차, 裁 마를 재, 董 감독할 동·**성(姓) 동**

하늘이 명해 준 것을 본성이라 하고, 본성을 따르는 것을 도라
하며, (성인이) 도를 다듬어 놓은 것을 가르침이라고 한다.

○'명(命)'은 '명령하다'와 같고 '성(性)'은 곧 원리이다. 하늘이 음양과
오행으로 만물을 변화시키고 생장시킴에 기(氣)로써 형체를 이루어
주면서 원리 역시 부여하니 명령하는 것과 같다. 이에 사람과 만물이
태어나는 것은 각기 하늘이 부여한 원리를 얻음에 따라서 굳셈[양
(陽)]과 온순[음(陰)], 오상(五常)의 덕으로 삼으니, 이른바 본성이라
는 것이다. '솔(率)'은 '따르다'이고 '도(道)'는 '길[로(路)]'과 같다. 사
람과 만물이 각기 그 본성의 원래 상태를 따른다면, 일상사의 사이에
서 각기 마땅히 가야 할 길을 지니지 않은 것이 없다. 이것이 바로 이
른바 도라는 것이다. '수(修)'는 '등급별로 조절하다'이다. 본성과 도
는 비록 같으나, 기질로 받은 것이 간혹 다르기 때문에 지나치거나
미치지 못하는 차질이 없을 수 없다. (그래서) 성인(聖人)이 사람과
만물이 마땅히 가야 할 바에 따라 등급별로 조절하여 천하에 법을 만
들었으니, 그것을 일러 '가르침[교(敎)]'이라고 한다. 예와 음악, 형벌
과 정치제도 같은 것들이 그것이다. 사람은 자신이 본성을 지니고 있
음을 알면서도 그것이 하늘에서 나온 것임을 알지 못하고, 일에는 도
가 있음을 알면서도 그것이 본성에서 유래된 것임을 알지 못하며, 성
인이 가르침을 마련하였음을 알면서도 그것이 내가 본래 가지고 있
는 것에 따라 조절한 것임을 알지 못한다. 그러므로 자사가 여기에서
우선으로 그것을 드러내 밝혔으니, 동중서 선생이 일컬은 바, 도의
큰 근원이 하늘에서 나왔다고 한 것이 역시 이 뜻이다.

제01장-5-2 ●道也者는 不可須臾離也니 可離면 非道也라.
是故로 君子는 戒愼乎其所不睹하며 恐懼乎其所不聞이니라.

●道者는 日用事物에 當行之理라. 皆性之德而具於心하니 無物不有하고
無時不然이라. 所以不可須臾離也라. 若其可離면 則豈率性之謂哉리오.
是以로 君子之心은 常存敬畏하여 雖不見聞이라도 亦不敢忽하니 所以
存天理之本然하여 而不使離於須臾之頃也라.

한 자 須 수염 수·모름지기 수·**잠깐 수**, 臾 잡아 끌 유·**잠깐 유**, 愼
삼갈 신, 睹 볼 도

도라는 것은 잠시라도 벗어나면 안 되니14) 벗어나도 된다면
도가 아니다. 그러므로 군자는 자신에게 보이지 않는 것에 조
심하고 자신에게 들리지 않는 것에 두려워한다.

○도라는 것은 일상사에서 마땅히 행해야 할 도리이다. 모두가 본성의
덕으로서 마음에 갖추어져 있으니, 지니고 있지 않은 이가 없고 그렇
지 않은 때가 없다. 그래서 잠시라도 벗어나면 안 된다. 만일 그것이
벗어나도 된다면 어찌 '본성을 따른다[솔성(率性)]'라고 일렀겠는가.
그러므로 군자의 마음은 항상 공경심과 두려움을 간직하여, 비록 보
이지 않고 들리지 않더라도 또한 감히 소홀히 하지 않으니 천리의 원
래 상태를 간직하여 잠깐 동안이라도 벗어나지 않게 하는 것이다.

---

14) '본성을 따르는 것[솔성(率性)]'을 도라고 하였으니, 도는 마땅히 본성을 따라야
하는 당위의 개념이다. 따라서 '不可須臾離也'를, '잠시도 벗어날 수 없다'가 아닌
'잠시도 벗어나면 안 된다'로 번역하였다. 사람 가운데에는 '도를 벗어나는', 즉
'본성을 따르지 않는' 이들이 있고, 군자의 경우도 '자신에게 보이지 않는 것에
조심하지 않고 자신에게 들리지 않는 것에 두려워하지 않으면' '본성을 따르지
않는' 사람이 되기 때문이다.

제01장-5-3 ●莫見乎隱이며 莫顯乎微라. 故로 君子는 愼
其獨也니라.

●隱은 暗處也오 微는 細事也라. 獨者는 人所不知而己所獨知之地也라.
言幽暗之中과 細微之事는 跡雖未形이나 而幾則已動하고 人雖不知나
而己獨知之하니 則是天下之事에 無有著見明顯而過於此者라. 是以로
君子는 旣常戒懼요 而於此에 尤加謹焉이라. 所以遏人欲於將萌하여
而不使其潛滋暗長於隱微之中하여 以至離道之遠也라.

> **한 자** 顯 드러날 현·**현저할 현**, 幽 숨을 유·깊을 유·**어두울 유**, 幾
> 기미 기, 遏 막을 알, 萌 싹 맹, 滋 불을 자

은밀한 곳보다 더 드러나는 곳이 없고 미세한 것보다 더 현저
해지는 것이 없다.15) 그러므로 군자는 그 혼자만의[혼자만이
아는] 경지를 조심한다.

○'은(隱)'은 어두운 곳이고, '미(微)'는 미세한 일이다. '독(獨)'이라는
것은 남들은 알지 못하고 자신만이 홀로 아는 경지이다. 어두운 가운
데와 미세한 일은, 자취는 비록 아직 구체화되지 않았으나 기미는 이
미 발동하였고 남들은 비록 알지 못하나 자신만은 홀로 아니, 이는
천하의 일에서 뚜렷하게 드러나고 분명하게 현저해지는 것으로 이것
을 넘어서는 것이 없다는 말이다. 이 때문에 군자는 이미 항상 경계
하고 두려워하면서도 여기[은밀한 곳과 미세한 것]에 특히 더욱 조
심한다. 그래서 막 싹트려고 하는 데에서 인간의 욕망을 막아, 그것
이 은밀하고 미세한 가운데에서 남몰래 불어나고 암암리에 자라나

---

15) 자신의 마음속에는 이미 드러났고 이미 현저해졌기 때문이다.

도에서 멀리 벗어나는 데에 이르지 않게 한다.

제01장-5-4 ◉喜怒哀樂之未發을 謂之中이오 發而皆中節을
謂之和라. 中也者는 天下之大本也오 和也者는 天下之達
道也니라.

●喜怒哀樂은 情也오 其未發은 則性也라. 無所偏倚故로 謂之中이오 發
皆中節은 情之正也니 無所乖戾故로 謂之和라. 大本者는 天命之性이
라. 天下之理가 皆由此出하니 道之體也라. 達道者는 循性之謂라. 天
下古今之所共由니 道之用也라. 此는 言性情之德하여 以明道不可離之
意라.

한 자 乖 어긋날 괴·**어그러질 괴**, 戾 거스를 려·**어그러질 려**

기쁨과 분노와 슬픔과 즐거움이 아직 발동하지 않은 것을 '중
정[중(中)]'이라 이르고, 발동하여 모두 절도에 맞는 것을 '조
화[화(和)]'라고 이른다. 중정이라는 것은 천하의 큰 근본이고,
조화라는 것은 천하의 공통적인 도리이다.

○기쁨과 분노와 슬픔과 즐거움은 감정이고 그것이 아직 발동하지 않
은 것은 바로 본성이다. 치우치거나 기운 바가 없기 때문에 그것을
'중정[중(中)]'이라 이르고, 발동한 것이 모두 절도에 맞음은 감정의
올바름이니 어긋나는 것이 없기 때문에 그것을 '조화[화(和)]'라고
이른다. '대본(大本)'이라는 것은 하늘이 명해준 본성이다. 천하의 이
치가 모두 이로부터 나오니 도의 본질이다. '달도(達道)'라는 것은 본

성을 따르는 것을 이른다. 천하 사람들이 고금으로 함께 따르는 것이니 도의 적용[용(用)]이다. 이것은 본성과 감정의 덕성을 말하여, '도는 벗어나면 안 된다'는 뜻을 밝힌 것이다.

제01장-5-5 ◉致中和면 天地가 位焉하며 萬物이 育焉이니라.

●致는 推而極之也라. 位者는 安其所也오 育者는 遂其生也라. 自戒懼而約之하여 以至於至靜之中에 無所偏倚而其守不失이면 則極其中而天地가 位矣라. 自謹獨而精之하여 以至於應物之處에 無少差謬而無適不然이면 則極其和而萬物이 育矣라. 蓋天地萬物이 本吾一體니 吾之心이 正하면 則天地之心도 亦正矣요 吾之氣가 順하면 則天地之氣도 亦順矣라. 故로 其效驗이 至於如此라. 此는 學問之極功이요 聖人之能事니 初非有待於外16)요 而脩道之敎17)도 亦在其中矣라. 是其一體一用이 雖有動靜之殊나 然이나 必其體가 立而後에 用이 有以行이니 則其實은 亦非有兩事也라. 故로 於此에 合而言之하여 以結上文之意라.

한 자 | 謬 어긋날 류·**잘못 류**, 殊 죽일 수·**다를 수**

중정과 조화를 지극하게 하면 천지가 자리 잡히고 만물이 길러진다.

○'치(致)'는 확충하여 극대화하는 것이다. '위(位)'라는 것은 그 자리를 안정시키는 것이고, '육(育)'이라는 것은 그 삶을 이루는 것이다. '조

---

16) '내 본성의 밖으로 벗어나지 않는 것(不出吾性之外)'이기 때문이다.
17) ≪중용·제01장≫, "(성인이) 도를 다듬어 놓은 것을 가르침이라고 한다.(脩道之謂敎.)"

심하고 두려워함'으로부터 단속하여, 지극히 고요한 가운데에 치우치거나 기우는 것이 없이 그 지킴을 잃지 않게 되면, 그 중정을 지극하게 하여 천지가 자리 잡히게 된다. '혼자만의[혼자만이 아는] 경지를 조심함'으로부터 정밀히 살펴, 상대를 대하는 곳에 조금의 잘못도 없이 가는 곳마다 그렇지 않음이 없게 되면, 그 조화를 지극하게 하여 만물이 길러지게 된다. 천지의 만물이 본래 나의 일부이니, 나의 마음이 바르면 천지의 마음도 역시 바르게 되고 나의 기운이 순조로우면 천지의 기운도 역시 순조롭게 된다. 그러므로 그 효험이 이와 같게 된다. 이는 학문의 지극한 공덕이고 성인(聖人)이 잘하는 일이니, 애당초 밖에서 필요로 하는 것이 있는 것이 아니고 '도를 닦는 가르침'도 역시 이 안에 있게 된다. 이는 하나의 본체와 하나의 적용이 비록 움직임과 고요함의 차이는 있으나, 반드시 그 본체가 확립된 뒤에 적용이 행해질 수 있으니 그 실체는 또한 두 가지가 있는 것이 아니다. 그러므로 여기에서 종합해서 말씀하여 윗글의 뜻을 맺은 것이다.

● 右는 第一章이니 子思가 述所傳之意以立言이라. 首明道之本原이 出於天而不可易과 其實體가 備於己而不可離라.18) 次言存養省察之要19)하고 終言聖神20)功化之極21)이라. 蓋欲學者가 於此에 反求諸身而自得之하여 以去夫外誘之私而充其本然之善이니 楊氏所謂一篇之體要가 是也라. 其下十章은 蓋子思가 引夫子之言하여 以終此章之義라.

---

18) 《중용·제01장》, "하늘이 명해 준 것을 본성이라고 한다.(天命之謂性.)"
19) 《중용·제01장》, "군자는 그 혼자만의[혼자만이 아는] 경지를 조심한다.(君子愼其獨也.)"
20) 성신(聖神) : 성인(聖人)을 달리 일컫는 말이다. 성(聖)과 신(神)은 같은 대상에 대한 다른 표현이다.[《맹자(孟子)·진심하(盡心下)》, "크면서 변화된 것을 성(聖)이라 하고 성스러우면서 알 수 없는 것을 신(神)이라 한다.(大而化之之謂聖, 聖而不可知之之謂神.)"]
21) 《중용·제01장》, "중정과 조화를 지극하게 하면 천지가 자리잡히고 만물이 길러진다.(致中和, 天地位焉, 萬物育焉.)"

○이상은 제01장이니, 자사가 전수받은 뜻을 기술하여 글을 지은 것이다. 먼저, 도의 근원이 하늘에서 나와 바뀔 수 없음과 그 실체가 자신에게 갖추어져 있어 벗어나면 안 됨을 밝혔다. 다음으로, 본심을 보존하고 성정을 기르며 반성하고 살피는 (수양의) 요점을 말하였고, 끝으로 성인의 공덕과 교화의 지극함을 말하였다. 배우는 자들이 여기에서 자신에게 돌이켜서 찾아 스스로 터득함으로써 외물의 유혹이라는 사욕을 버리고 본연의 선을 확충하기를 바란 것이니, 양씨(楊氏)[양시(楊時)22)]가 일컬은 '한 편의 핵심'이라는 것이 이것이다. 이 아래 10개의 장은 자사가 공자의 말씀을 인용하여 이 장의 뜻을 마무리한 것이다.

�֎ 중용 제02장

제02장-2-1 ◉仲尼曰이라. 君子는 中庸하고23) 小人은 反中庸이니라.

●中庸者는 不偏不倚하고 無過不及하며 而平常之理라. 乃天命所當然이니 精微之極致也라. 唯君子爲24)能體之요 小人은 反是라.

공자가 말씀하였다. "군자는 중정하고 한결같으며, 소인은 중정하고 한결같음과 반대이다.

---

22) 양시(楊時) : 송(宋) 남검주(南劍州) 출신으로 자가 중립(中立)이고 호가 구산(龜山)이다. 정호(程顥), 정이(程頤)를 사사하였고 정문사선생(程門四先生)의 칭호가 있었다. 국자감좨주(國子監祭酒)를 역임하였다.

23) 언해본에는 '이오'로 토를 달았는데, '중용(中庸)'은 '중정하고 한결같은' 상태라서 '하고'로 바꾸었다.

24) 위(爲) : 앞의 '唯'와 호응하여 강조의 용법으로 쓰였다.

○'중용(中庸)'이라는 것은 치우치지 않고 기울지 않으며 지나치거나 미치지 못함이 없으며 보편적이고 한결같은 도리이다. 바로 하늘이 명해 준 당연한 것이니 정미함의 극치이다. 오직 군자만이 그것을 체득할 수 있고 소인은 그와 반대이다.

제02장-2-2 ●君子之中庸也는 君子而時中이오 小人之[反]中庸也는 小人而無忌憚也니라.

●王肅25)本에 作小人之反中庸也한대 程子도 亦以爲然이라. 今從之라.
●君子之所以爲中庸者는 以其有君子之德하고 而又能隨時以處中也라. 小人之所以反中庸者는 以其有小人之心하고 而又無所忌憚也라. 蓋中無定體하여 隨時而在하니 是乃平常之理也라. 君子는 知其在我故로 能戒謹不睹하고 恐懼不聞하여 而無時不中이라. 小人은 不知有此하니 則肆欲妄行하여 而無所忌憚矣라.

한 자 憚 꺼릴 탄·**두려워할 탄**, 肆 뚜렷할 사·**방자할 사**

군자가 중정하고 한결같음은 군자라서 때에 맞게 하기 때문이고, 소인이 중정하고 한결같음과 반대인 것은 소인이라서 조심하고 두려워함이 없기 때문이다."

○왕숙(王肅)의 주석본에 ('小人之中庸也'는) '小人之反中庸也'로 되어

---

25) 왕숙(王肅) : 삼국(三國) 위(魏) 동해(東海) 출신으로 자가 자옹(子雍)이다. 정현(鄭玄)의 예학(禮學) 체계에 반대하여 ≪성증론(聖證論)≫을 지었으며 ≪논어(論語)≫, ≪삼례(三禮)≫ 등에 주를 달았다. 중령군(中領軍), 산기상시(散騎常侍) 등을 역임하였다.

있는데, 정자도 역시 옳다고 하였다. 지금 그것을 따른다.

○군자가 중정하고 한결같은 이유는, 그가 군자의 덕을 지녔고 또 때에 맞게 하여 중정함에 머물 수 있기 때문이다. 소인이 중정하고 한결같음과 반대인 이유는, 그가 소인의 마음을 지녔고 또 조심하고 두려워하는 것이 없기 때문이다. '중정함'은 고정된 틀이 없어 때에 맞추어 존재하니, 이것이 바로 보편적이고 한결같은 도리이다. 군자는 그것이 자신에게 있음을 알기 때문에, 보이지 않는 것에 조심하고 들리지 않는 것에 두려워하여 중정하지 않을 때가 없다. 소인은 이것이 있음을 알지 못하니, 지나치게 욕심부리고 함부로 행동하여 조심하고 두려워하는 것이 없다.

●右는 第二章이라. 此下十章은 皆論中庸하여 以釋首章之義하니 文雖不屬이나 而意實相承也라. 變和言庸者에 游氏는 曰以性情言之면 則曰中和요 以德行言之면 則曰中庸이라하니 是也라. 然이나 中庸之中은 實兼中和之義라.

한 자 屬 종류 속·**이어질 촉**, 承 받들 승·**이을 승**

○이상은 제02장이다. 이 아래의 10개 장은 모두 '중정하고 한결같음'을 논하여 첫 장의 뜻을 풀었으니, 글은 비록 연결되지 않으나 뜻은 실로 서로 이어진다. '화(和)'를 바꾸어서 '용(庸)'으로 말한 것에 대해 유씨(游氏)[유작(游酢)26)]는 말하기를, "성정으로 말하면 '중화(中和)'라 하고, 덕행으로 말하면 '중용(中庸)'이라고 한다."라고 하였는데 옳다. 그러나 중용의 중(中)은 사실 중화(中和)의 뜻을 겸하고 있다.

---

26) 유작(游酢) : 송(宋) 건주(建州) 출신으로 자가 정부(定夫)이다. 정호(程顥), 정이(程頤)의 제자로 사양좌(謝良佐) 등과 함께 정문사선생(程門四先生)으로 불렸다. ≪논어맹자잡해(論語孟子雜解)≫ 등을 저술하였다.

✳ 중용 제03장

제03장-1-1 ◉子曰이라. 中庸은 其至矣乎인저. 民鮮能이 久
矣니라.

●過則失中이오 不及則未至故로 惟中庸之德이 爲至라. 然이나 亦人所
同得이니 初無難事로되 但世敎27)가 衰하여 民이 不興行이라. 故로
鮮能之가 今已久矣라. 論語엔 無能字라.28)

공자가 말씀하였다. "중정하고 한결같음은 아마도 지극한 것이
리라. 사람들이 잘하는 이가 적어진 것이 오래되었다."

○지나치면 중정을 잃고 미치지 못하면 이르지 못하기 때문에, 오직 중
정하고 한결같음의 덕이 지극하다. 그러나 역시 사람들이 똑같이 얻
은 것이니 애당초 어려울 일이 없는데, 다만 성인(聖人)의 가르침이
쇠퇴하여 사람들이 분발하여 실천하지 않는다. 그러므로 그것을 잘
하는 이가 적어진 것이 지금 너무 오래되었다. ≪논어≫에는 '능(能)'
자가 없다.

●右는 第三章이라.

---

27) 세교(世敎) : 세상을 이끄는 가르침, 즉 성인(聖人)의 가르침인 유학(儒學)을 가
리킨다.
28) ≪논어(論語)·옹야(雍也)≫, "중용의 덕은 아마도 지극한 것이리라. 사람들이 (이
덕이) 적어진 것이 오래되었다.(中庸之爲德也, 其至矣乎. 民鮮, 久矣.)" '능(能)'자
가 없기 때문에 ≪중용≫의 의미와는 약간 다르다.

○이상은 제03장이다.

중용 제04장

제04장-2-1 ◉子曰이라. 道[29]之不行也를 我知之矣로라. 知者는 過之하고 愚者는 不及也일새니라. 道之不明也를 我知之矣로라. 賢者는 過之하고 不肖者는 不及也일새니라.

●道者는 天理之當然이니 中而已矣라. 知愚賢不肖之過不及은 則生稟之異而失其中也라. 知者는 知之過하여 既以道爲不足行하고 愚者는 不及知하고 又不知所以行이라. 此가 道之所以常不行也라. 賢者는 行之過하여 既以道爲不足知하고 不肖者는 不及行하고 又不求所以知라. 此가 道之所以常不明也라.

한 자 肖 비슷할 초 · **닮을 초**, 稟 줄 품 · **받을 품**

공자가 말씀하였다. "도가 행해지지 않는 이유를 내가 알겠다. 지혜로운 자는 (앎이) 지나치고, 어리석은 자는 (앎이) 미치지 못하기 때문이다.[30] 도가 밝아지지 않는 이유를 내가 알겠다. 능력이 있는 자는 (실천이) 지나치고, 능력이 없는 자는 (실천이) 미치지 못하기 때문이다.[31]

---

29) 도(道) : 앞 장에서 사람들이 잘하는 이가 적어진 지가 오래되었다고 한 '중정하고 한결같은 도'이다.

30) 앎[지(知)]이 중정하지 못하기 때문이라는 설명이다.

31) 실천[행(行)]이 중정하지 못하기 때문이라는 설명이다.

○도는 천리의 당연함이니 중정할 뿐이다. 지혜로운 자와 어리석은 자, 능력이 있는 자와 능력이 없는 자가 지나치거나 미치지 못하는 것은 태어나면서 받은 것이 달라서 그 중정을 잃었기 때문이다. 지혜로운 자는 아는 것이 지나쳐서 결국 도를 실천할 만한 것이 못 된다고 여기며, 어리석은 자는 (도에 대해) 미처 알지 못하고 또 실천하는 방법을 모른다. 이것이 도가 항상 행해지지 않는 이유이다. 능력이 있는 자는 실천하는 것이 지나쳐 결국 도를 알 만한 것이 못 된다고 여기며, 능력이 없는 자는 미처 실천하지 못하고 또 (도에 대해) 아는 방법을 구하지 않는다. 이것이 도가 항상 밝아지지 않는 이유이다.

제04장-2-2 ◉人莫不飮食也언마는 鮮能知味也니라.[32]

●道不可離어늘 人自不察이라. 是以로 有過不及之弊라.

사람들이 먹고 마시지 않는 이가 없지만 맛을 제대로 아는 이가 드물다."

○도는 벗어나면 안 되는데 사람들이 스스로 살피지 않는다. 이 때문에 지나치거나 미치지 못하는 폐단이 있다.

●右는 第四章이라.

○이상은 제04장이다.

---

32) 먹고 마시는 것이 사람의 일상사인데, 허기나 감정이 지나치거나 미치지 못하면 맛을 제대로 알 수 없다. 중용은 일상의 도리인데, 앎이나 실천이 지나치거나 미치지 못하면 제대로 실천하지 못함을 비유한 것이다.

✖ 중용 제05장

제05장-1-1 ◉子曰이라. 道其不行矣夫인저.

●由不明故로 不行이라.

공자가 말씀하였다. "도가 아마도 (그래서) 행해지지 않는가보
다."

○밝아지지 않기 때문에 행해지지 않는 것이다.

●右는 第五章이라. 此章은 承上章而擧其不行之端하여 以起下章之意라.

○이상은 제05장이다. 이 장은 윗장을 받아 <도가> 행해지지 않는 단
서를 들어 아랫장의 뜻을 일으킨 것이다.

✖ 중용 제06장

제06장-1-1 ◉子曰이라. 舜은 其大知也與신저. 舜이 好問
而好察邇言하사되 隱惡而揚善하시며 執其兩端33)하사 用

---

33) 중정하고 한결같은 중용의 경지를 선별하는 과정이다.[《논어(論語)·자한(子罕)》,
"공자가 말씀하였다. '내가 아는 것이 있는가? 아는 것이 없다. (그러나) 어떤 촌
사람이 나에게 묻는데 아무것도 모르더라도 나는 그 양 끝을 두드려서 다 말해

其中於民하시니 其斯以爲舜乎신저.34)

●舜之所以爲大知者는 以其不自用35)而取諸人也라. 邇言者는 淺近之言
이로되 猶必察焉하시니 其無遺善을 可知라. 然이나 於其言之未善者
엔 則隱而不宣하고 其善者엔 則播而不匿이라. 其廣大光明이 又如此
하니 則人이 孰不樂告以善哉리오. 兩端은 謂衆論不同之極致라. 蓋凡
物이 皆有兩端하니 如小大厚薄之類라. 於善之中에 又執其兩端而量度
以取中然後에 用之하니 則其擇之審而行之至矣라. 然이나 非在我之權
度가 精切不差면 何以與此리오. 此가 知之所以無過不及而道之所以行
也라.

공자가 말씀하였다. "순임금은 아마도 크게 지혜로웠던 분일
것이다. 순임금은 묻기를 좋아하였고 평범한 말을 살피기 좋아
하면서, 악[악한 말]을 숨겨 주고 선[선한 말]을 드러내 주었
으며 양 끝을 잡아 그 중정을 백성에게 적용하였으니 아마도
이 때문에 순임금일 것이다."

○순임금이 크게 지혜로웠던 분인 이유는 자신의 의견을 쓰지 않고 남
에게서 취했기 때문이다. '이언(邇言)'이라는 것은 평이한 말인데도

준다.(子曰. 吾有知乎哉, 無知也. 有鄙夫問於我, 空空如也, 我**叩其兩端**而竭焉.)"]
34) 중정하고 한결같은 지혜를 순(舜)임금을 예로 들어 설명한 것이다.
35) ≪서경(書經)·상서(商書)·중훼지고(仲虺之誥)≫, "스스로 스승을 얻을 수 있는
    자는 천자가 되고, 사람 중에 자기만 한 이가 없다고 말하는 자는 망합니다. 묻
    기를 좋아하면 넉넉해지고 자신의 의견을 쓰면 작아집니다.(能自得師者王, 謂人
    莫己若者亡. 好問則裕, **自用則小**.)"

오히려 반드시 살폈으니 그는 버린 선(善)이 없었음을 알 수 있다. 그러나 그 말이 선하지 못한 것에 대해서는 숨겨서 드러내지 않았고 그것이 선한 것에 대해서는 퍼뜨려서 감추지 않았다. 그 드넓고 밝음이 또 이와 같았으니, 사람들이 누가 기꺼이 선을 말해 주지 않았겠는가. '양단(兩端)'은 여러 의견이 같지 않은 것이 극도에 이른 것을 일컫는다. 모든 사물이 다 양단이 있으니 크고 작음, 두껍고 얇음과 같은 것들이다. 선 가운데에서도 또 그 양끝을 잡아서 헤아려 중정을 취한 뒤[36]에 적용하였으니, 그 선택이 분명하고 시행이 지극하게 되었다. 그러나 나에게 있는 저울과 자가 정밀하고 적절하여 어긋나지 않는 자가 아니라면 어떻게 여기에 참여할 수 있겠는가. 이것이 지혜가 지나치거나 미치지 못함이 없었던 이유이고 도가 행해지게 된 이유이다.

●右는 第六章이라.

○이상은 제06장이다.

🧩 중용 제07장

제07장-1-1　●子曰이라.　人皆曰予知로되　驅而納諸罟擭陷穽之中而莫之知辟也라.　人皆曰予知로되　擇乎中庸而不能期月守也니라.[37]

---

36) 최선의 경지를 취함을 가리킨다.
37) 순(舜)임금과 반대로, 중정하고 한결같은 지혜를 갖추지 못한 소인(小人)의 예를 설명한 것이다.

●罟는 網也오 擭은 機檻也며 陷阱은 坑坎也니 皆所以掩取禽獸者也라. 擇乎中庸은 辨別衆理하여 以求所謂中庸이니 卽上章好問用中之事也라. 期月은 匝一月也라. 言知禍而不知避하여 以況能擇而不能守하니 皆不得爲知也라.

한자 驅 몰 구, 罟 그물 고, 擭 잡을 획·**덫 확**, 阱 함정 정, 辟 법도 벽·임금 벽·**피할 피**(避와 통용), 檻 **우리 함**·난간 함, 坎 구덩이 감, 掩 가릴 엄·**덮을 엄**, 匝 돌 잡·**가득 찰 잡**

공자가 말씀하였다. "사람들이 모두 말하기를 '나는 지혜롭다.'라고 하는데, 몰아다가 그물이나 덫, 함정 속으로 집어넣어도 그것을 피할 줄 아는 이가 없다. 사람들이 모두 말하기를 '나는 지혜롭다.'라고 하는데, '중정하고 한결같음'을 선택하고서 만 1개월도 지키지 못한다."

○'고(罟)'는 그물이고 '확(擭)'은 덫이며 '함정(陷阱)'은 구덩이이니, 모두가 짐승을 덮쳐서 잡는 것이다. '중정하고 한결같음을 선택함'은 여러 이치를 분별하여 이른바 중정하고 한결같음을 구함이니, 바로 윗장의, 묻기를 좋아하고 중정을 적용하는 일이다. '기월(期月)'은 1개월을 채우는 것이다. 재앙임을 알면서도 피할 줄 모른다고 말씀하여 [중정하고 한결같음을] 선택할 수 있으면서도 지키지 못함을 비유하였으니, 모두가 지혜가 될 수 없다.

●右는 第七章이라. 承上章大知而言이오 又擧不明之端하여 以起下章也라.

○이상은 제07장이다. 윗장의 '대지(大知)'를 받아 말씀하였고, 또 (도

가) 밝아지지 않는 단서를 들어 다음 장을 일으킨 것이다.

중용 제08장

제08장-1-1 ◉子曰이라. 回之爲人也는 擇乎中庸하여 得一善이면 則拳拳服膺而弗失之矣니라.38)

●回는 孔子弟子顔淵名이라. 拳拳은 奉持之貌라. 服은 猶著也오 膺은 胸也라. 奉持而著之心胸之間이니 言能守也라. 顔子는 蓋眞知之故로 能擇能守가 如此라. 此가 行之所以無過不及而道之所以明也라.

한 자 拳 주먹 권 · **정성스러울 권**, 服 임용할 복 · 옷 복 · **지닐 복**, 膺 가슴 응, 胸 가슴 흉

공자가 말씀하였다. "안회는 사람됨이 '중정하고 한결같음'을 선택하여 (그것의) 한 가지 선을 얻었으면 정성껏 가슴에 지닌 채 잃지 않았다."

○'회(回)'는 공자의 제자인 안연의 이름이다. '권권(拳拳)'은 받들어 지니는 모습이다. '복(服)'은 '부착하다'와 같고 '응(膺)'은 가슴이다. 받들어 지녀서 가슴속에 붙여두었으니 잘 지켰다는 말이다. 안자는 진정으로 알았기 때문에, 잘 선택하였고 잘 지킬 수 있었던 것이 이와

---

38) 제07장의, '중정하고 한결같음을 선택하고서 만 1개월도 지키지 못하는(擇乎中庸而不能期月守) 자'와 대비시켜 중정하고 한결같을 수 있었던 안회(顔回)를 예로 든 것이다.

같았다. 이것이 실천이 지나치거나 미치지 못한 바가 없어서 도가 밝아진 이유이다.

●右는 第八章이라.

○이상은 제08장이다.

중용 제09장

제09장-1-1 ◉子曰이라. 天下國家도 可均也며 爵祿도 可辭也며 白刃도 可蹈也로되 中庸은 不可能也니라.39)

●均은 平治40)也라. 三者도 亦知仁勇之事41)니 天下之至難也라. 然이나 皆倚於一偏故로 資之近而力能勉者면 皆足以能之42)라. 至於中庸하여는 雖若易能이나 然이나 非義精仁熟而無一毫人欲之私43)者면 不

---

39) ≪중용·제03장≫, "중정하고 한결같음은 아마도 지극한 것이리라. 사람들이 잘하는 이가 적어진 것이 오래되었다.(中庸其至矣乎, 民鮮能久矣.)"의 설명이 되는 내용이다.

40) 평치(平治) : "齊家, 治國, 平天下'의 '평(平)'과 '치(治)'로, 모두 '다스리다'의 뜻이다. '균(均)'은 본래 '제가(齊家)'의 '제(齊)'와 같은 의미이니, '고르게 하다'에서 '다스리다'의 뜻을 갖게 되었다.

41) 천하와 국가를 다스릴 수 있는 것이 지혜의 일이고 작위와 녹봉을 사양할 수 있는 것이 인의 일이며 흰 칼날을 밟을 수 있는 것이 용기의 일이다.

42) 세주에서 운봉 호씨[雲峰胡氏, 호병문(胡炳文)]는, "예를 들면, 관중이 한번 천하를 바로잡은 것이 천하와 국가도 다스릴 수 있음이고, 성문의 문지기와 대바구니를 멘 노인 등의 일이 작위와 녹봉도 사양할 수 있음이며, 소홀이 공자 규의 난에 죽은 것이 흰 칼날도 밟을 수 있음이다.(如管仲一匡天下, 是天下國家可均也, 如晨門荷蓧之徒, 是爵祿可辭也, 如召忽死子糾之難, 是白刃可蹈也.)"라고 하여 ≪논어(論語)≫에서 보이는 구체적인 실례를 들어 설명하였다.

能及也라. 三者는 難而易⁴⁴⁾하고 中庸은 易而難⁴⁵⁾하니 此가 民之所
以鮮能也라.

> **한 자** 均 고를 균·**고르게 할 균**, 刃 칼날 인, 蹈 밟을 도, 資 재물 자·
> **자질 자**, 毫 짐승 이름 호·가는 털 호·**길이 단위 호**[1촌(寸)의
> 1천분의 1]

공자가 말씀하였다. "천하와 국가도 다스릴 수 있고, 작위와 녹
봉도 사양할 수 있으며, 흰 칼날도 밟을 수 있더라도 '중정하고
한결같음'은 잘할 수 없다."

○균(均)은 '다스리다'이다. 이 세 가지도 역시 지혜·인·용기의 일이
니, 천하에서 지극히 어려운 것이다. 그러나 모두 한쪽으로 기울었기
때문에 자질이 (지혜나 인이나 용기에) 가깝고 역량이 (그것에) 힘쓸
수 있는 자라면 모두가 충분히 잘할 수 있다. 중정하고 한결같음에
이르러서는 비록 잘하기에 쉬울 듯하지만, 그러나 의리가 정밀하고
인이 무르익어 한 터럭도 인간의 욕망이라는 사사로움이 없는 자가
아니라면 미칠 수 없다. 세 가지는 어렵지만 (제대로 하기는) 쉽고 중
용은 쉽지만 (제대로 하기는) 어려우니, 이것이 사람들이 잘하는 이
가 적은 이유이다.

●右는 第九章이라. 亦承上章以起下章이라.

---

43) 인욕지사(人欲之私) : 인간의 욕망이 곧 사사로움이니 '之'는 동격을 표시하는 조
사이다.
44) 특별한 일이기 때문에 어렵지만 자질이 있는 사람은 잘 해내기 때문에 쉽다.
45) 일상의 도리이기 때문에 쉽지만 최선의 상태이기 때문에 어렵다.

○이상은 제09장이다. 또한 윗장을 이어서 다음 장을 일으킨 것이다.

중용 제10장

제10장-5-1 ◉子路가 問强이라.[46]

●子路는 孔子弟子仲由也라. 子路는 好勇故로 問强이라.

자로가 강인함에 대해 물었다.

○자로(子路)는 공자의 제자인 중유(仲由)이다. 자로는 용맹을 좋아하였기 때문에 강인함에 대해 물은 것이다.

제10장-5-2 ◉子曰이라. 南方之强與아? 北方之强與아? 抑而强與아?

●抑은 語辭요 而는 汝也라.

한 자 抑 누를 억 · **아니면 억** · 아마도 억, 而 구레나룻 이 · 말 이을 이 · **너 이**

공자가 말씀하였다. "남방의 강인함인가? 북방의 강인함인가? 아니면 너의(네가 지녀야 할) 강인함인가?

46) 이 장은 강인함(强)의 최선의 경지, 즉 '중정하고 한결같음'의 용(勇)에 대한 가르침이다.

○'억(抑)'은 어조사이고 '이(而)'는 너이다.

제10장-5-3 ◉寬柔以敎요 不報無道[47]는 南方之强也니 君子
　　가 居之니라.[48]

●寬柔以敎는 謂含容巽順以誨人之不及也라. 不報無道는 謂橫逆之來에
　直受之而不報也라. 南方은 風氣柔弱故로 以含忍之力勝人으로 爲强하
　니 君子之道也라.

너그러움과 부드러움으로 가르치고 무도한 자에게 보복하지
않는 것은 남방의 강인함이니, 군자들이 그렇게 처신한다.

○너그러움과 부드러움으로 가르친다는 것은 관용과 유순으로 남의 부
　족한 점을 가르쳐 주는 것을 이른다. 무도한 자에게 보복하지 않는
　것은 횡포와 억지가 이르렀을 때에 그저 받아들이기만 하고 보복하
　지 않는 것이다. 남방은 풍속이 유약하기 때문에 너그럽게 참는 힘이
　남보다 뛰어난 것으로 강인함을 삼으니 군자들의 도리이다.

제10장-5-4 ◉衽金革하여 死而不厭은 北方之强也니 而强
　　者가 居之니라.[49]

---

47) ≪노자(老子)·63장≫에서, "원한을 덕으로 갚는다.(報怨以德.)"라고 한 것이 그러
　　한 강인함이다.
48) '중정하고 한결같음'에 미치지 못하는[불급(不及)] 강인함의 예이다.
49) '중정하고 한결같음'에서 지나친[과(過)] 강인함의 예이다.

●袵은 席也라. 金은 戈兵之屬이오 革은 甲冑之屬이라. 北方은 風氣剛勁故로 以果敢之力勝人으로 爲强하니 强者之事也라.

무기와 갑옷을 깔개로 한 채 죽더라도 싫어하지 않는 것은 북방의 강인함이니, 강경한 자들이 그렇게 처신한다.

○'임(袵)'은 깔개이다. '금(金)'은 창과 무기 등이고 '혁(革)'은 갑옷과 투구 등이다. 북방은 풍속이 강경하기 때문에 결단함과 용감함의 힘이 남보다 뛰어난 것으로 강인함을 삼으니 강경한 자들의 일이다.

제10장-5-5 ●故로 君子는 和而不流하나니 强哉矯여. 中立而不倚하나니 强哉矯여. 國有道에 不變塞焉하나니 强哉矯여. 國無道에 至死不變하나니 强哉矯여.[50]

●此四者는 汝之所當强也라. 矯는 强貌니 詩曰矯矯虎臣[51]이 是也라. 倚는 偏著也라. 塞은 未達也라. 國有道에 不變未達之所守하고 國無道에 不變平生之所守也니 此則所謂中庸之不可能者라. 非有以自勝其人欲之私면 不能擇而守也라. 君子之强이 孰大於是리오. 夫子가 以是告子路者는 所以抑其血氣之剛하여 而進之以德義之勇也라.

---

50) '중정하고 한결같음'에 이른 강인함의 예이다.

51) ≪시경(詩經)·노송(魯頌)·반수(泮水)≫, "굳센 용사들이 반궁에서 왼쪽 귀를 바친다.(矯矯虎臣, 在泮獻馘.)"

矯 도지개 교 · 바로잡을 교 · **굳셀 교**, 塞 막을 색 · 막힐 색 · **곤궁할 색** · 변방 새

그러므로 군자는 화합하면서 휩쓸리지 않으니, 강인하구나 굳셈이여. 가운데에 서서 기울지 않으니, 강인하구나 굳셈이여. 나라에 도가 있을 때에는 곤궁했을 때의 뜻을 바꾸지 않으니, 강인하구나 굳셈이여. 나라에 도가 없을 때에는 죽음에 이르러도 (평소의 지조를) 바꾸지 않으니, 강인하구나 굳셈이여.”

○이 네 가지는 네가 마땅히 강인하게 해야 할 것들이다. '교(矯)'는 강인한 모습이니, ≪시경≫에서 '굳센 용사들'이라고 한 것이 그것이다. 의(倚)는 '한쪽으로 붙다'이다. '색(塞)'은 '아직 영달하지 못하다'이다. 나라에 도가 있을 때에는 아직 영달하지 못했을 때 지키던 것을 바꾸지 않고, 나라에 도가 없을 때에는 평소 지키던 것을 바꾸지 않는다. 이것이 바로 '중정하고 한결같음'이 잘하기 어렵다고 이르는 것이다. 스스로 인간의 욕망이라는 사사로움을 이길 수 있는 이가 아니면 잡아서 지킬 수 없으니, 군자의 강인함이 무엇이 이것보다 크겠는가. 공자가 이것으로 자로에게 알려준 것은 그의 혈기의 강경함을 누르고 도덕과 의리의 용기로 그를 진작시킨 것이다.

●右는 第十章이라.

○이상은 제10장이다.

중용 제11장

제11장-3-1 ◉子曰이라. 素[索]隱行怪[52]를 後世에 有述焉하나니 吾弗爲之矣로라.[53]

●素는 按漢書[54]컨대 當作索이니 蓋字之誤也라. 索隱行怪는 言深求隱僻之理而過爲詭異之行也라. 然이나 以其足以欺世而盜名故로 後世에 或有稱述之者라. 此는 知之過而不擇乎善이오 行之過而不用其中이니 不當强而强者也라. 聖人이 豈爲之哉리오.

한 자 索 **찾을 색**·줄 삭, 僻 피할 벽·**치우칠 벽**, 詭 속일 궤·**괴이할 궤**, 欺 속일 기

공자가 말씀하였다. "궁벽한 것을 찾고 괴이한 짓을 하는 것을 후세에 칭송하는 일이 있는데, 나는 그런 것을 하지 않는다.

○'소(素)'는 ≪한서(漢書)≫를 살펴보면 마땅히 '색(索)'으로 해야 하니, 글자의 잘못이다. '색은행괴(索隱行怪)'는 외지고 치우친 이치를 깊이 찾고, 괴이한 행위를 지나치게 하는 것을 말한다. 그러나 그것이 족히 세상을 속이고 이름을 훔칠 수 있기 때문에 후세에 간혹 칭송하는

52) '중정하고 한결같음'에서 지나친[과(過)] 예이다. 궁벽한 것을 찾는 것은 지혜의 지나침이고, 괴이한 짓을 하는 것은 행실의 지나침이다.

53) ≪논어(論語)·태백(泰伯)≫, "사람으로서 인하지 못한 것을 싫어함이 너무 심한 것이 어지럽게 하는 것이다.(人而不仁, 疾之**已甚**, 亂也.)";≪맹자(孟子)·이루하(離婁下)≫, "공자는 너무 심한 것을 하지 않으셨다.(仲尼, **不爲已甚者**.)"

54) ≪한서(漢書)·예문지(藝文志)≫

자가 있다. 이런 자는 지혜가 지나쳐서 선을 택하지 않고 행실이 지나쳐서 그 중도를 적용하지 않는 것이니, 강인하지 않아야 하는데 강인한 자이다. 공자가 어찌 그런 것을 하였겠는가.

제11장-3-2 ●君子가 遵道而行하다가 半塗而廢[55]하나니[56] 吾弗能已矣로라.

●遵道而行은 則能擇乎善矣요 半塗而廢는 則力之不足也라. 此는 其知가 雖足以及之나 而行有不逮니 當强而不强者也라. 已는 止也라. 聖人은 於此에 非勉焉而不敢廢요 蓋至誠無息[57]하여 自有所不能止也라.

> **한 자** 遵 따를 준, 塗 진흙 도·**길 도**, 逮 따라잡을 체·**미칠 체**

군자[보통의 학자]들이 도를 따라서 가다가 중도에서 그만두는데, 나는 그만둘 수 없다.

○도를 따라서 가는 것은 선을 택할 수 있었던 것이고, 중도에서 그만두는 것은 힘이 부족한 것이다. 이것은 그 지혜가 비록 족히 미칠 수 있으나 실천이 따라잡지 못함이 있는 것이니, 강인해야 하는데 강인하지 못한 자이다. '이(已)'는 '그만두다'이다. 공자는 여기에 힘을 쓰면서 감히 그만두지 못하는 것이 아니고, '지극한 참됨은 멈춤이 없

---

55) ≪중용·제07장≫, "사람들이 모두 말하기를 '나는 지혜롭다.'라고 하는데, '중정하고 한결같음'을 선택하고서 만 1개월도 지키지 못한다.(人皆曰予知, 擇乎中庸而不能期月守也.)"의 예이다.

56) '중정하고 한결같음'에 미치지 못하는[불급(不及)] 예이다.

57) ≪중용·제26장≫, "지극한 참됨은 멈춤이 없으니, 멈추지 않으면 오래 가고 오래 가면 효험이 나타난다.(至誠無息, 不息則久, 久則徵.)"

어' 저절로 그만둘 수 없는 것이 있다.

제11장-3-3 ●君子는 依乎中庸하여 遯世不見知而不悔[58]하나니 唯聖者아 能之니라.

●不爲索隱行怪하니 則依乎中庸而已요 不能半塗而廢하니 是以로 遯世不見知而不悔也라. 此는 中庸之成德이니 知之盡하고 仁之至하여 不賴勇而裕如者라. 正吾夫子之事로되 而猶不自居也라. 故로 曰唯聖者能之而已라.

한 자 遯 달아날 둔·**숨을 둔**(遁과 같은 자), 賴 힘입을 뢰, 裕 넉넉할 유

군자[덕을 이룬 이]는 '중정하고 한결같음'을 따르면서 세상을 피한 채 인정을 받지 못해도 후회하지 않으니, 오직 성인(聖人)만이 그것을 할 수 있다."

○궁벽한 것을 찾고 괴이한 짓을 하지 않으니 중정하고 한결같음을 따를 뿐이고, 중도에서 그만둘 수 없으니 이 때문에 세상을 피한 채 인정을 받지 못해도 후회하지 않는다. 이것은 중정하고 한결같음의 온전한 덕이니, 지혜가 극진하고 인이 지극하여 용기에 힘입지 않고도 넉넉한 자이다. 바로 우리 공자님의 일인데 오히려 자처하지 않으셨다. 그러므로 "오직 성인만이 그것을 할 수 있다."라고 말씀하였을 뿐이다.

---

58) 《중용·제10장》, "나라에 도가 없을 때에는 죽음에 이르러도 (평소의 지조를) 바꾸지 않으니, 강인하구나 굳셈이여.(國無道, **至死不變**, 强哉矯.)"의 예이다.

●右는 第十一章이라. 子思가 所引夫子之言하여 以明首章之義者가 止此라. 蓋此篇大旨는 以知仁勇三達德으로 爲入道之門이라. 故로 於篇首에 卽以大舜顔淵子路之事로 明之하니 舜은 知也오 顔淵은 仁也오 子路는 勇也라. 三者에 廢其一이면 則無以造道而成德矣라. 餘見第二十章이라.

○이상은 제11장이다. 자사가 공자의 말씀을 인용하여 첫 장의 뜻을 밝힌 것이 여기에서 끝났다. 이 글의 대지는 지혜·인·용기의 삼달덕(三達德)을 도에 들어가는 문으로 삼은 것이다. 그러므로 책머리에서 바로 순임금·안연·자로의 일을 가지고 밝혔으니, 순임금은 지혜로움이었고 안연은 인이었으며 자로는 용맹이었다. 이 세 가지에서 하나라도 없애면 도에 나아가서 덕을 완성할 수 없다. 나머지는 제20장에 보인다.

※ 중용 제12장

제12장-4-1 ●君子之道59)는 費而隱이니라.

●費는 用之廣也오 隱은 體之微也라.

한 자 費 재물을 많이 쓸 비·넓을 비

군자의 도는 (적용은) 드넓으면서도 (본질은) 은미하다.

---

59) 군자지도(君子之道) : 즉 중정하고 한결같은 도이다.

○‘비(費)’는 적용이 드넓은 것이고60), ‘은(隱)’은 본질이 은미한 것이다.61)

제12장-4-2 ◉夫婦之愚로도 可以與知焉이로되 及其至也하여는 雖聖人이라도 亦有所不知焉이라. 夫婦之不肖로도 可以能行焉이로되 及其至也하여는 雖聖人이라도 亦有所不能焉이라. 天地之大也에도 人猶有所憾이니 故로 君子가 語大인댄 天下가 莫能載焉이오 語小인댄 天下가 莫能破焉이니라.

●君子之道는 近自夫婦居室之間으로 遠而至於聖人天地之所不能盡이라. 其大無外하고 其小無內하니 可謂費矣라. 然이나 其理之所以然은 則隱而莫之見也라. 蓋可知可能者는 道中之一事요 及其至而聖人도 不知不能은 則擧全體而言이니 聖人도 固有所不能盡也라.
●侯氏曰이라. 聖人所不知는 如孔子問禮62)問官63)之類요 所不能은 如

---

60) 일상의 도리이기 때문이다. 장자(莊子)의 다음 말이 이 내용에 대한 좋은 설명이다. “동곽자가 장자에게 묻기를, ‘이른바 도라는 것은 어디에 있습니까?’라고 하자 장자가 말하였다. ‘있지 않은 곳이 없습니다.’(東郭子問於莊子曰, 所謂道, 惡乎在? 莊子曰. **無所不在**.)”≪장자(莊子)·지북유(知北遊)≫

61) ≪중용·제12장≫, “≪시경≫에 이르기를, ‘솔개는 날아서 하늘에 이르는데 물고기는 연못에서 뛰어오른다.’라고 하였으니, 그것[이치]이 상하에 드러남을 말한 것이다.(詩云鳶飛戾天, 魚躍于淵, 言其上下察也.)” [주자 주, “(천지가 만물을) 변화하고 생육함이 두루 행해져 상하에 밝게 드러나는 것이 이 이치의 적용이 아닌 것이 없으니, 이른바 ‘드넓음[비(費)]’이다. 그러나 그것이 그러한 까닭은 보고 들음으로 미칠 수 있는 것이 아니니, 이른바 ‘은미함[은(隱)]’이다.(化育流行, 上下昭著, 莫非此理之用, 所謂費也. 然其所以然者, 則**非見聞所及**, 所謂隱也.)”]

62) ≪사기(史記)·공자세가(孔子世家)≫, “노나라 군주가 그에게 수레 한 대, 말 두 필, 동복 한 명을 주어 함께 가게 하였다. 주나라에 가서 예를 물었는데 그것은 노자를 만난 것이다.(魯君與之一乘車, 兩馬, 一竪子俱. 適周**問禮**, 蓋見老子云.)

孔子不得位와 堯舜病博施64)之類라.

●愚謂人所憾於天地는 如覆載生成之偏及寒暑災祥之不得其正者라.

한 자 肖 비슷할 초·**닮을 초**, 憾 한스러워할 감·**유감 감**, 載 실을 재, 侯 과녁 후·제후 후, 覆 쏟을 복·뒤집힐 복·넘어질 복·**덮을 부**, 災 재앙 재

(일반 백성인) 부부의 어리석음으로도 참여하여 알 수 있으

---

63) 《춘추좌전(春秋左傳)·소공(昭公)·17년》, "가을에 담(郯)나라 군주가 (노나라에) 와서 조회하자 소공(昭公)이 그에게 연회를 베풀어 주었다. 소공이 그에게 묻기를, '소호씨(少皞氏) 시대에 새 이름으로 관직명을 삼은 것은 무슨 까닭입니까?'라고 하자, 담나라 군주가 말하기를, '저의 조상이시라 제가 그것을 알고 있습니다.'라 하였다. … 공자가 그 소식을 듣고 담나라 군주를 만나서 그것을 배웠다.(秋, 郯子來朝, 公與之宴. 昭子問焉曰, 少皞氏鳥名官, 何故也? 郯子曰, 吾祖也, 我知之. … 仲尼聞之, **見於郯子而學之.**)"

64) 《논어(論語)·옹야(雍也)》에서, "자공이 말하기를, '만일 백성들에게 널리 베풀고 많은 이들을 구제할 수 있다면 어떻습니까? 인이라고 할 만합니까?'라고 하자 공자가 말씀하였다. '어찌 인에만 해당되는 일이겠는가. 반드시 성인(聖人)일 것이다. 요임금과 순임금도 아마 그것에 대해서는 오히려 부족하게 여기셨을 것이다.'(子貢曰, 如有博施於民而能濟衆, 何如? 可謂仁乎? 子曰. 何事於仁. 必也聖乎. **堯舜, 其猶病諸**.)"라고 하였다. 정자(程子)는 이 구절에 대해, "널리 베푸는 것이 어찌 성인이 바라는 바가 아니었겠느냐만 그러나 반드시 50세가 되어야 비단옷을 입고 70세가 되어야 고기를 먹었다. 성인의 마음에 젊은이들 역시 비단옷을 입고 고기를 먹는 것을 바라지 않은 것이 아니었으나 다만 그 부양에 넉넉하지 못한 바가 있었을 뿐이다. 이것이 그 베풂이 넓지 못함을 부족하게 여긴 것이다. 많은 이들을 구제하는 것이 어찌 성인이 바라는 바가 아니었겠느냐만 그러나 다스림이 구주(九州)를 넘지 못하였다. 성인이 사해 밖까지도 함께 구제하기를 바라지 않은 것이 아니었으나 다만 그 다스림에 미치지 못한 바가 있었을 뿐이다. 이것이 그 구제함이 많지 못함을 부족하게 여긴 것이다.(夫博施者, 豈非聖人之所欲, 然必五十乃衣帛, 七十乃食肉. 聖人之心, 非不欲少者, 亦衣帛食肉也, 顧其養有所不贍爾. **此病其施之不博也.** 濟衆者, 豈非聖人之所欲, 然治不過九州. 聖人, 非不欲四海之外, 亦兼濟也, 顧其治有所不及爾. **此病其濟之不衆也**.)"라고 설명하였다.

나,[비(費)] 그 지극함에 이르러는 비록 성인이라도 또한 알지 못하는 것이 있다.[은(隱)] (일반 백성인) 부부의 부족함으로도 잘 실천할 수 있으나,[비(費)] 그 지극함에 이르러는 비록 성인이라도 또한 잘할 수 없는 것이 있다.[은(隱)] 천지가 큰데도 사람들이 오히려 유감스럽게 여기는 것이 있으니, 그러므로 군자가 (도의) 큰 것을 말한다면 (광대하여) 천하가 실을 수 없고,[비(費)] (도의) 작은 것을 말한다면 (은미하여) 천하가 깨뜨릴 수 없다.[은(隱)]

○군자의 도는, 가까이는 부부가 생활하는 사이로부터 멀리로는 성인(聖人)과 천지도 극진하게 할 수 없는 것에까지 이른다. 그 크기는 (너무 커서) 밖이 없고 그 작기는 (너무 작아서) 안이 없으니 드넓다고 할 만하다. 그러나 그 이치가 그러한 까닭은 은미하여 그것을 드러낼 수 없다. 알 수 있고 잘할 수 있는 것은 도 가운데의 한 가지 일이고, 그것의 지극함에 이르러서 성인도 알지 못하고 할 수 없는 것은 전체를 들어서 말한 것이니, 성인도 진실로 극진하게 할 수 없는 것이 있다.

○후씨(侯氏)[후중량(侯仲良)65)]가 말하였다. "성인이 알지 못하는 것은 공자가 예에 대해 묻고 관직에 대해 물은 것과 같은 것들이고, (성인이) 잘할 수 없는 것은 공자가 지위를 얻지 못한 것과 요순도 널리 베푸는 것을 부족하게 여긴 것과 같은 것들이다."

○내가 생각하건대, 사람이 천지에 대하여 유감스럽게 여기는 것은, 예를 들면 (하늘이) 덮어 주고 (땅이) 실어 주며, 낳고 성장시키는 데에 있어서의 치우침 및 추위와 더위나 재앙과 상서가 그 바름을 얻지 못함과 같은 것들이다.

---

65) 후중량(侯仲良) : 북송(北宋) 하동(河東) 출신으로 자가 사성(師聖)이다. 주돈이 (周敦頤), 정이(程頤)를 사사하였고 저서에 ≪논어설(論語說)≫이 있다.

제12장-4-3 ●詩云鳶飛戾天이어늘 魚躍于淵이라하니 言其
上下察也니라.

●詩는 大雅旱麓之篇이라. 鳶은 鴟類라. 戾는 至也오 察은 著也라. 子思
가 引此詩하여 以明化育流行하여 上下昭著가 莫非此理之用이니 所謂
費也라. 然이나 其所以然者는 則非見聞所及이니 所謂隱也라. 故로 程
子曰此一節은 子思喫緊爲人處니 活潑潑地라하니 讀者는 其66)致思焉
이라.

한 자 鳶 솔개 연, 戾 굽을 려·어그러질 려·**이를 려**, 躍 뛸 약, 麓 산
기슭 록, 鴟 솔개 치, 察 살필 찰·**드러날 찰**

≪시경≫에 이르기를, "솔개는 날아서 하늘에 이르는데 물고기
는 연못에서 뛰어오른다."라고 하였으니, 그것[이치]이 상하에
드러남을 말한 것이다.[비(費)]

○시는 ≪시경·대아·한록≫편이다. '연(鳶)'은 솔개의 일종이다. '여
(戾)'는 '이르다'이고 '찰(察)'은 '드러나다'이다. 자사가 이 시를 인용
하여, (천지가 만물을) 변화하고 생육함이 두루 행해져 상하에 밝게
드러나는 것이 이 이치의 적용이 아닌 것이 없으니, 이른바 '드넓음
[비(費)]'이다. 그러나 그것이 그러한 까닭은 보고 들음으로 미칠 수
있는 것이 아니니, 이른바 '은미함[은(隱)]'이다. 그러므로 정자가 말
씀하기를, "이 한 구절은 자사가 긴요하게 사람들을 위해 제시한 곳
으로 생동적이다."라고 하였으니, 읽는 자들은 마땅히 생각을 극진하
게 해야 하겠다.

---

66) 기(其) : '마땅히 … 해야 한다'의 의미로, 명령의 어기를 지닌다.

제12장-4-4 ◉君子之道는 造端乎夫婦[67]니 及其至也하여는 察乎天地니라.

●結上文이라.

군자의 도는 단서가 부부(라는 일상)에서 만들어지는데, 그 지극함에 이르러서는 천지에 드러난다.

○윗글을 맺은 것이다.

●右는 第十二章으로 子思之言이라. 蓋以申明首章道不可離之意也라. 其下八章은 雜引孔子之言以明之라.

○이상은 제12장으로 자사의 말씀이다. 첫 장의, 도는 벗어나면 안 된다는 뜻을 거듭 밝힌 것이다. 이 아래의 8개 장은 공자의 말씀을 다양하게 인용하여 그것을 밝힌 것이다.

중용 제13장

제13장-4-1 ◉子曰이라. 道不遠人하니 人之爲道而遠人이면 不可以爲道니라.

---

67) 군자의 도는 부부의 일상생활, 즉 가장 일상적인 곳에서 시작되고 거기에 있음을 강조한 것이다.

●道者는 率性而已68)니 固衆人之所能知能行者也라. 故로 常不遠於人이라. 若爲道者가 厭其卑近하여 以爲不足爲라하고 而反務爲高遠難行之事면 則非所以爲道矣라.

공자가 말씀하였다. "도가 사람(의 일상)에서 멀지 않으니,69) 사람이 도를 실천하면서 사람(의 일상)에서 멀리한다면70) 도라고 할 수 없다.

○도라는 것은 본성을 따르는 것일 뿐이니, 본디 보통 사람들도 알 수 있고 실천할 수 있는 것이다. 그러므로 항상 사람(의 일상)에서 멀지 않다. 만일 도를 실천하는 자가 그것(일상)이 흔하고 쉬움을 싫어하여 족히 실천할 것이 못 된다고 하면서 도리어 고원하고 실천하기 어려운 일71)을 힘쓴다면 도를 실천하는 방법이 아니다.

제13장-4-2 ●詩云伐柯伐柯여 其則不遠이라하니 執柯以伐柯하되 睨而視之하고 猶以爲遠이라. 故로 君子는 以人治人하다가 改而止니라.

●詩는 豳風伐柯之篇이라. 柯는 斧柄이오 則은 法也라. 睨는 邪視也라. 言人이 執柯伐木以爲柯者에 彼柯長短之法이 在此柯耳라. 然이나 猶

---

68) ≪중용·제01장≫, "하늘이 명해 준 것을 본성이라 하고, 본성을 따르는 것을 도라 하며, (성인이) 도를 다듬어 놓은 것을 가르침이라고 한다.(天命之謂性, 率性之謂道, 脩道之謂敎.)"
69) 사람 사는 일상이 도라는 뜻이다.
70) 궁벽한 것을 찾고 괴이한 짓을 하는[색은행괴(索隱行怪)] 행위가 이에 해당한다.
71) 즉 '궁벽한 것을 찾고 괴이한 짓을 하는[색은행괴(索隱行怪)] 행위'이다.

有彼此之別故로 伐者가 視之에 猶以爲遠也라. 若以人治人이면 則所以爲人之道가 各在當人之身하여 初無彼此之別이라. 故로 君子之治人也에 卽以其人之道로 還治其人之身하고 其人이 能改어든 卽止不治라. 蓋責之以其所能知能行이니 非欲其遠人以爲道也라. 張子所謂以衆人望人則易從이 是也라.

≪시경≫에 이르기를, '도낏자루 만들 나무를 베고 도낏자루 만들 나무를 베는데 그 법칙이 멀지 않다.'라고 하였으니, 도낏자루를 잡고 도낏자루 만들 나무를 베는데 곁눈질하여 보면서[72] 오히려 멀다고 여긴다. 그러므로 군자는 (그) 사람을 기준으로 하여[73] 사람을 다스리다가 (잘못을) 고치면 그친다.

○시는 ≪시경·빈풍·벌가≫편이다. '가(柯)'는 도낏자루이고 '칙(則)'은 법칙이다. '예(睨)'는 '곁눈질하다'이다. 말하기를, 사람이 도낏자루를 잡고 나무를 베어 도낏자루를 만드는 경우에 (베려는) 저 도낏자루의 길고 짧은 법칙이 (잡고 있는) 이 도낏자루에 있을 뿐이다. 그러나 오히려 피차의 구별을 두기 때문에 베는 자가 그것(법칙)을 보기에 오히려 멀다고 여긴다. 만약 사람을 기준으로 하여 사람을 다스린다면, 사람이 된 바의 도리가 각기 당사자 자신에게 있어서 처음부터 피차의 구별이 없다. 그러므로 군자가 사람을 다스릴 때에는 그

---

72) 자신이 쥐고 있는 도낏자루가 그 법칙인데, 알지 못하고 다른 곳에서 찾는 것이다.

73) 그 사람이 지니고 있는 본성을 가지고 그 사람을 인도함을 가리킨다. 예를 들면 그 사람에게 내재되어 있는 효심[양지(良知)]으로 효도의 이치를 가르치는 것 등이다.

사람의 도로써 돌이키어 그 사람 자신을 다스리고 그 사람이 제대로 고치면 즉시 그치고 다스리지 않는다. 그가 알 수 있고 실천할 수 있는 것으로 책망하는 것이니, 사람(의 일상)에서 멀리하여 도를 행하게 하려는 것이 아니다. 장자(張子)[장재(張載)74)]가 일컬은 바, "보통 사람으로 남에게 기대하면 (그가) 따르기 쉽다."75)라고 한 것이 바로 그것이다.

제13장-4-3 ●忠恕가 違道不遠하니 施諸己而不願을 亦勿施於人이니라.

●盡己之心爲忠이오 推己及人爲恕라. 違는 去也니 如春秋傳齊師違穀七里之違라. 言自此至彼에 相去不遠이니 非背而去之之謂也라. 道는 卽其不遠人者가 是也라. 施諸己而不願을 亦勿施於人이 忠恕之事也라. 以己之心으로 度人之心하면 未嘗不同하니 則道之不遠於人者를 可見이라. 故로 己之所不欲이면 則勿以施於人이니 亦不遠人以爲道之事라. 張子所謂以愛己之心愛人則盡仁이 是也라.

충서(忠恕)가 도에서 떨어진 것이 멀지 않으니,76) 자기에게 시

---

74) 장재(張載) : 송(宋) 봉상(鳳翔) 출신으로 자가 자후(子厚)이고 횡거진(橫渠鎭)에 거주하여 횡거선생(橫渠先生)으로 불렸다. 숭문원교서(崇文院校書)를 역임하였으나 병을 핑계로 그만두고 남산에 은거하면서 독서(讀書)와 강학(講學)을 일삼았다. ≪정몽(正蒙)≫, ≪역설(易說)≫ 등을 저술하였다.

75) ≪정몽(正蒙)·중정편(中正篇)≫

76) ≪논어(論語)·이인(里仁)≫에서, "선생님의 도는 충과 서일 뿐이다.(夫子之道, **忠恕**而已矣.)"라고 하였다. ≪논어≫에서 제시한 공자의 충서는 완성된 경지, 즉 인(仁)을 가리킨 것이고 이곳의 충서는 인을 이루는 과정을 가지고 말한 것이다.

행해서 바라지 않는 것을 역시 남에게 시행하지 말 것이다.77)

○자기의 마음을 다하는 것이 '충(忠)'이고, 자기(의 마음)를 미루어 남에게 미치는 것이 '서(恕)'이다. '위(違)'는 '떨어지다'이니, ≪춘추좌전(春秋左傳)≫의, "제(齊)나라 군대가 곡(穀)에서 7리(里) 떨어져 있다."78)는 '위(違)'와 같다. 여기에서 저기까지 서로 떨어진 것이 멀지 않다는 말이니, 등지고 떠나감을 이르는 것이 아니다. "도는 바로 그것이 사람(의 일상)에서 멀지 않다."는 것이 그것이다. 자기에게 시행해서 바라지 않는 것을 또한 남에게 시행하지 않는 것이 충서(忠恕)의 일이다. 자기의 마음으로 남의 마음을 헤아리면 일찍이 같지 않은 적이 없었으니, 도가 사람(의 일상)에서 멀지 않음을 알 수 있다. 그러므로 자기가 바라지 않는 것이면 남에게 시행하지 말 것이니, 역시 사람(의 일상)에서 멀리하지 않고 도를 실천하는 일이다. 장자[장재]가 일컬은 바, "자기를 사랑하는 마음으로 남을 사랑한다면 인(仁)을 지극하게 하는 것이다."79)라고 한 것이 그것이다.

제13장-4-4 ●君子之道가 四에 丘未能一焉이라. 所求乎子로 以事父를 未能也하며 所求乎臣으로 以事君을 未能也하며 所求乎弟로 以事兄을 未能也하며 所求乎朋友로 先施之를 未能也라. 庸德之行하고 庸言之謹하여 有所不足이어든 不敢不勉하며 有餘어든 不敢盡하여 言顧行하며 行顧言이니 君子가 胡不慥慥爾리오.

---

77) 충서(忠恕)가 고원(高遠)한 것이 아니니, 다음 구절에서 설명하였듯이 일상에서 '자기에게 시행해 보아 원치 않는 것을 또한 남에게 시행하지 않는 것(施諸己而不願, 亦勿施於人)'이다.

78) ≪춘추좌전·애공(哀公)·27년≫

79) ≪정몽(正蒙)·중정편(中正篇)≫

●求는 猶責也라. 道不遠人하니 凡己之所以責人者는 皆道之所當然也라. 故로 反之以自責而自修焉이라. 庸은 平常也라. 行者는 踐其實이오 謹者는 擇其可라. 德不足而勉이면 則行益力이오 言有餘而訒이면 則謹益至니 謹之가 至則言顧行矣요 行之가 力則行顧言矣라. 慥慥는 篤實貌라. 言君子之言行이 如此하니 豈不慥慥乎는 贊美之也라. 凡此는 皆不遠人以爲道之事니 張子所謂以責人之心責己則盡道가 是也라.

군자의 도가 네 가지인데 나는 아직 거기에서 한 가지도 잘하지 못한다. 자식에게 바라는 것으로 부모 섬기기를 아직 잘하지 못하고 신하에게 바라는 것으로 군주 섬기기를 아직 잘하지 못하며, 아우에게 바라는 것으로 형 섬기기를 아직 잘하지 못하고 벗에게 바라는 것으로 내가 먼저 베풀기를 아직 잘하지 못한다. 일상의 덕을 실천하고 일상의 말을 삼가, (실천에) 부족한 점이 있으면 감히 힘쓰지 않지 않고 (말에) 남음이 있으면 감히 다하지 않아, (일상의 말을 삼감에) 말은 실천을 돌아보고 (일상의 실천을 힘씀에) 실천은 말을 돌아보니, 군자가 어찌 진지하지 않겠는가."

○'구(求)'는 '바라다'와 같다. 도가 사람(의 일상)에서 멀지 않으니, 무릇 자기가 남에게 바라는 것은 모두 도리가 마땅히 그러한 것이다. 그러므로 그것을 돌이켜 자신에게 바람으로써 스스로를 닦는다. '용(庸)'은 '보편적이고 한결같음[일상]'이다. '행(行)'은 그 실제를 실천하는 것이고, '근(謹)'은 그 옳음을 선택하는 것이다. 덕이 부족한데 힘쓴다면 실천이 더욱 힘이 붙고, 말이 남음이 있는데 신중하다면 삼

감이 더욱 지극해지니, 삼가는 것이 지극해지면 말은 행실을 돌아보게 되고, 실천하는 것이 힘이 붙으면 실천은 말을 돌아보게 된다. '조조(慥慥)'는 진지한 모습이다. '군자의 언행이 이와 같으니, 어찌 진지하지 않겠는가.'라고 말한 것은 찬미한 것이다. 이것은 모두 사람(의 일상)에서 멀리 하지 않고 도를 실천하는 일이니, 장자[장재]가 일컬은 바, "남에게 바라는 마음으로 자신에게 바란다면 도를 지극하게 한다."[80]라고 한 것이 그것이다.

●右는 第十三章이라. 道不遠人者는 夫婦所能이오 丘未能一者는 聖人所不能이라. 皆費也而其所以然者는 則至隱이 存焉이라. 下章도 放此라.

○이상은 제13장이다. "도가 사람(의 일상)에서 멀지 않다."는 것은 부부도 잘할 수 있는 것이고, "나는 아직 한 가지도 잘하지 못한다."는 것은 성인(聖人)도 잘하지 못하는 것이다. 모두가 '드넓음[비(費)]'이지만 그것이 그러한 까닭은 지극한 '은미함[은(隱)]'이 거기에 있다. 다음 장도 이와 같다.

✣ 중용 제14장

제14장-5-1 ●君子는 素其位而行이오 不願乎其外니라.

●素는 猶見在也라. 言君子는 但因見在所居之位하여 而爲其所當爲요 無慕乎其外之心也라.

---

80) ≪정몽(正蒙)·중정편(中正篇)≫

군자는 자신의 처지를 바탕으로 하여 행동하고,81) 그 밖의 것
을 바라지 않는다.

○'소(素)'는 '지금 존재함[장소, 상황]'과 같다. 군자는 단지 지금 존재
함이 처한 처지에 따라서, 마땅히 해야 할 것을 하고 그 밖의 것을 흠
모하는 마음이 없음을 말씀한 것이다.

제14장-5-2 ◉素富貴하여는 行乎富貴하고82) 素貧賤하여는
行乎貧賤하며83) 素夷狄하여는 行乎夷狄하고84) 素患難하
여는 行乎患難이니 君子는 無入而不自得焉이니라.

●此는 言素其位而行也라.

---

81) ≪논어(論語)·태백(泰伯)≫에서, "그 지위에 있지 않으면 그 정사를 논의하지 말
　　것이다.(不在其位, 不謀其政.)"라고 한 말씀이 그 예이다.

82) '영달하면 천하를 아울러 선하게 하는 것(達則兼善天下)'[≪맹자(孟子)·진심상(盡
　　心上)≫]이 그 예이다.

83) '곤궁하면 홀로 그 자신을 선하게 하는 것(窮則獨善其身)'[≪맹자(孟子)·진심상
　　(盡心上)≫]이 그 예이다.

84) 그 예가 ≪맹자(孟子)·고자하(告子下)≫에 보인다. "저 맥국은 여러 곡식이 자라
　　지 않고 오직 기장만이 자라니, 성곽과 궁실과 종묘와 제사의 예가 없으며, 제후
　　들과 폐백을 교환하고 음식을 대접하는 일이 없으며, 백관과 담당 관리가 없다.
　　그러므로 (조세로) 20분의 1만 취하여도 충분하다. 지금 중국에 머물면서 인륜을
　　버리고 군자가 없다면 어찌 그것이 옳겠는가.(夫貉, 五穀不生, 惟黍生之, 無城郭
　　宮室宗廟祭祀之禮, 無諸侯幣帛饔飧, 無百官有司. 故二十取一而足也. 今居中國, 去
　　人倫, 無君子, 如之何其可也.)"

부귀를 바탕으로 하였으면 부귀에 따라 행동하고, 빈천을 바탕으로 하였으면 빈천에 따라 행동하며, 이적(夷狄)을 바탕으로 하였으면 이적에 따라 행동하고, 환난을 바탕으로 하였으면 환난에 따라 행동하니, 군자는 이르는 곳마다 저절로 맞지 않음이 없다.

○이것은 자신의 처지를 바탕으로 하여 행동함을 말씀한 것이다.

제14장-5-3 ◉在上位하여 不陵下하며 在下位하여 不援上이오 正己而不求於人이면 則無怨이니 上不怨天하며 下不尤人[85]이니라.

●此는 言不願乎其外也라.

한 자 陵 산언덕 릉·능가할 릉·**능멸할 릉**, 援 당길 원·**기어오를 원**, 尤 과실 우·**탓할 우**·더욱 우

윗자리에 있으면서 아랫사람을 능멸하지 않고, 아랫자리에 있으면서 윗사람에게 기어오르지 않으며, 자신을 바르게 하고 남에게 요구하지 않으면 (남을) 원망함이 없으니, 위로 하늘을 원

---

85) ≪논어(論語)·헌문(憲問)≫, "공자가 말씀하였다. '하늘을 원망하지 않고 남을 탓하지 않으며 아래로 (인간의 일을) 배워 위로 (천리에) 통하니, 나를 아는 이는 아마도 하늘일 것이다.'(子曰. 不怨天, 不尤人, 下學而上達, 知我者, 其天乎.)"[주자 주, "천운(天運)을 얻지 못해도 하늘을 원망하지 않고 남과 맞지 않아도 남을 탓하지 않으면서, 다만 아래로 배워 자연히 위로 통하는 것만을 안다.(不得於天而不怨天, 不合於人而不尤人, 但知下學而自然上達.)"]

망하지 않고 아래로 남을 탓하지 않는다.

○이것은 그 밖의 것을 바라지 않음을 말씀한 것이다.

제14장-5-4 ●故로 君子는 居易以俟命하고 小人은 行險以
徼幸이니라.[86]

●易는 平地也라. 居易는 素位而行也오 俟命은 不願乎外也라. 徼는 求
也오 幸은 謂所不當得而得者라.

한 자 俟 기다릴 사, 徼 순찰할 요·**구할 요**

그러므로 군자는 평이함[일상의 도리]에 머물면서 천명을 기
다리고, 소인은 위험한 짓을 하면서 요행을 구한다.

○'이(易)'는 평이한 처지이다. '거이(居易)'는 '자신의 처지를 바탕으로
하여 행동함(素位而行)'이고, '사명(俟命)'은 '밖의 것을 바라지 않음
(不願乎外)'이다. '요(徼)'는 '구하다'이고, '행(幸)'은 얻어서는 안 되
는데 얻는 것을 이른다.

---

86) ≪중용·제02장≫에서, "군자는 중정하고 한결같으며, 소인은 중정하고 한결같음
과 반대이다.(君子中庸, 小人反中庸.)"라고 하였듯이, '군자는 평이함[일상의 도
리]에 머물면서 천명을 기다림(君子, 居易以俟命)'이 '자신의 처지를 바탕으로 하
여 행동함(素其位而行)'의 구체적인 예이고, '소인은 위험한 짓을 하면서 요행을
구함(小人, 行險以徼幸)'이 '그 밖의 것을 바람(願乎其外)'의 구체적인 예이다.

제14장-5-5 ●子曰이라. 射는 有似乎君子라. 失諸正鵠이오
反求諸其身이니라.87)

●畫布曰正이오 棲皮曰鵠이라. 皆侯之中이오 射之的也라. 子思가 引此
孔子之言하여 以結上文之意라.

한자 正 바를 정·올빼미 정, 鵠 고니 곡, 棲 깃들일 서·살 서·불일
서, 侯 살필 후·과녁판 후, 的 밝을 적·과녁 적

공자가 말씀하였다. "활쏘기는 군자와 비슷한 점이 있다. 정곡
에서 벗어나게 되면 돌이켜 그 자신에게서 (문제점을) 찾는다."

○삼베에 그린 것을 '정(正)'이라 하고 가죽에 붙인 것을 '곡(鵠)'이라고
한다. 모두가 과녁판의 한가운데이고 활을 쏘는 표적이다. 자사가 공
자의 이 말씀을 인용하여 윗글의 뜻을 맺은 것이다.

●右는 第十四章으로 子思之言也라. 凡章에 首無子曰字者는 放此라.

○이상은 제14장으로 자사의 말씀이다. 모든 장에서 머리에 '자왈(子
曰)'이란 글자가 없는 것은 이와 같다.[자사의 말씀이다.]

---

87) 《맹자(孟子)·공손추상(公孫丑上)》, "인(仁)이라는 것[인의 실천]은 활쏘기와
같다. 활을 쏘는 자는 자신을 바르게 한 뒤에 쏘고, 쏘아서 적중하지 않더라도
자신을 이긴 자를 원망하지 않고 돌이켜서 자신에게서 찾을 뿐이다.(仁者如射.
射者正己而後發, 發而不中, 不怨勝己者, 反求諸己而已矣.)"

중용 제15장

제15장-3-1 ◉君子之道는 辟如行遠必自邇하며 辟如登高必自卑니라.

●辟는 譬同이라.

한 자 辟 임금 벽 · 피할 피(避와 통용) · **비유할 비**(譬와 통용), 邇 가까울 이, 卑 낮을 비

군자의 도는, 비유하자면 먼 곳을 가려면 반드시 가까운 곳에서 시작하는 것과 같고, 비유하자면 높은 곳을 오르려면 반드시 낮은 곳에서 시작하는 것과 같다.[88]

○'비(辟)'는 '비유하다[비(譬)]'와 같다.

제15장-3-2 ◉詩曰이라. 妻子好合이 如鼓瑟琴하고 兄弟旣翕하여 和樂且耽이라. 宜爾室家하며 樂爾妻帑라.[89]

●詩는 小雅常棣之篇이라. 鼓瑟琴이 和也라. 翕도 亦合也오 耽도 亦樂

---

88) 중정하고 한결같음의 도리를 일상에서 찾으라는 가르침이다.

89) ≪중용·제12장≫, "군자의 도는 단서가 부부(라는 일상)에서 만들어지는데, 그 지극함에 이르러서는 천지에 드러난다.(君子之道, 造端乎夫婦, 及其至也, 察乎天地.)"

也라. 帑는 子孫也라.

翕 거두어들일 흡·**화합할 흡**, 耽 즐길 탐·음미할 탐, 帑 재물
탕·**자녀 노**·**처자 노**(孥와 통용), 棣 산앵두나무 체

≪시경≫에 이르기를, "처자식과 화목함이 큰 거문고와 작은
거문고를 연주하는 듯하고, 형제들이 이미 화합하여 화락하고
또 즐거워한다. 너의 집안을 좋게 하고 너의 처자식을 즐겁게
한다."라고 하였다.

○시는 ≪시경·소아·상체≫편이다. 큰 거문고와 작은 거문고를 연주
하는 것이 조화로움이다. '흡(翕)'도 역시 화합함이고 '탐(耽)'도 역시
즐거워함이다. '노(帑)'는 자손이다.

제15장-3-3 ●子曰이라. 父母는 其順矣乎신저.

●夫子가 誦此詩而贊之曰人能和於妻子하고 宜於兄弟가 如此면 則父母
는 其安樂之矣라. 子思가 引詩及此語하여 以明行遠自邇하고 登高自
卑之意라.

順 도리 순·따를 순·**편안할 순**, 贊 도울 찬·**칭송할 찬**

공자가 말씀하였다. "부모는 아마도 편안하실 것이다."

○공자가 이 시를 외우고서 칭송하기를, "사람이 처자식과 화목할 수

있고 형제들과 사이좋을 수 있는 것이 이와 같다면 부모는 아마도 편안하고 즐거우실 것이다."라고 말씀하였다. 자사가 시와 이 말씀을 인용하여, 먼 곳을 가려면 가까운 곳에서 시작하고 높은 곳을 오르려면 낮은 곳에서 시작한다는 뜻을 밝힌 것이다.

●右는 第十五章이라.

○이상은 제15장이다.

중용 제16장

제16장-5-1 ◉子曰이라. 鬼神之爲德이 其盛矣乎인저.

●程子曰이라. 鬼神은 天地之功用이오 而造化之迹也라.

●張子曰이라. 鬼神者는 二氣之良能也라.

●愚謂以二氣로 言則鬼者는 陰之靈也오 神者는 陽之靈也며 以一氣로 言則至而伸者가 爲神이오 反而歸者가 爲鬼니 其實은 一物而已라. 爲德은 猶言性情功效라.

공자가 말씀하였다. "귀신의 덕성이 아마도 성대하리라.

○정자가 말씀하였다. "귀신은 천지[자연]의 작용이고 조화의 자취[90] 이다."[91]

---

90) 조화의 자취 : 조화가 남기는 흔적, 즉 조화의 결과를 가리킨다.

91) 부연하면, 귀신은 음양이 작용하여 드러남[용(用)]을 가지고 말한 것이다

○장자(張子)[장재(張載)92)]가 말하였다. "귀신이라는 것은 (음양) 두 기운의 본질적인 기능이다."

○내가 생각하건대, (음양이라는) 두 기운으로 말하면 '귀(鬼)'라는 것은 음(陰)의 정령이고 '신(神)'이라는 것은 양(陽)의 정령이며, 한 기운[음양의 전체적인 작용]으로 말하면 이르러서 펴지는 것이 신(神)이고 돌이켜서 되돌아가는 것이 귀(鬼)이니, 그 실상은 한 물건일 뿐이다. '위덕(爲德)[덕성(德性)]'은 성정과 효험이라는 말과 같다.

제16장-5-2 ●視之而弗見하며 聽之而弗聞이로되 體物93)而 不可遺니라.

●鬼神은 無形與聲이나 然物之終始은 莫非陰陽合散之所爲라. 是其爲物 之體而物之所不能遺也라. 其言體物은 猶易所謂幹事94)라.

한자 遺 잃어버릴 유 · **빠뜨릴 유** · 남길 유, 幹 **줄기 간** · 처리할 간

(귀신은) 주의해서 보아도 보이지 않고, 귀 기울여도 들리지 않지만,95) 만물에서 본질이 되어 (만물이) 빠뜨릴 수 없는 것이다.96)

---

92) 장재(張載) : 송(宋) 봉상(鳳翔) 출신으로 자가 자후(子厚)이고 횡거진(橫渠鎭)에 거주하여 횡거선생(橫渠先生)으로 불렸다. 숭문원교서(崇文院校書)를 역임하였으나 병을 평계로 그만두고 남산에 은거하면서 독서(讀書)와 강학(講學)을 일삼았다. ≪정몽(正蒙)≫, ≪역설(易說)≫ 등을 저술하였다.
93) 체물(體物) : 천지의 작용이 만물을 이루는 본질이 됨을 가리킨다.
94) ≪주역(周易)·건괘(乾卦)·문언전(文言傳)≫, "곧고 굳음이 족히 일에서 줄기가 될 만하다.(貞固, 足以**幹事**.)"
95) 은미한 본질인 '은(隱)'을 설명한 것이다.

○귀신은 형체와 소리가 없으나 만물의 시작과 끝은 음양의 모임과 흩어짐이 작용하는 바가 아닌 것이 없다. 이는 그것이 만물의 본질이라서 만물이 빠뜨릴 수 없는 것이기 때문이다. '체물(體物)'이라고 말한 것은 ≪주역(周易)≫에서 이른바, "일에서 줄기가 된다."는 말과 같다.

제16장-5-3 ◉使天下之人으로 齊明盛服하여 以承祭祀하며 洋洋乎如在其上하고 如在其左右니라.

●齊之爲言은 齊也니 所以齊不齊而致其齊也[97]라. 明은 猶潔也라. 洋洋은 流動充滿之意라. 能使人畏敬奉承而發見昭著如此하니 乃其體物而不可遺之驗也라. 孔子曰其氣는 發揚于上하여 爲昭明焄蒿悽愴이라. 此는 百物之精也오 神之著也[98]라하시니 正謂此爾라.

| 한 자 | 齊 재계할 재 · 가지런할 제, 洋 많을 양 · 성대할 양 · 바다 양, 昭 밝을 소, 焄 연기에 그을릴 훈 · 향기 훈, 蒿 쑥 호 · 김이 피어 오르는 모습 호, 悽 슬퍼할 처, 愴 슬퍼할 창 |

(귀신은) 천하의 사람들로 하여금 생각을 가지런히 하고 마음

---

96) 드넓은 적용인 '비(費)'를 설명한 것이다.

97) ≪예기(禮記)·제통(祭統)≫에, "齊之爲言, 齊也, **齊不齊以致齊者也.**"라고 하였다.

98) ≪예기(禮記)·제의(祭義)≫, "살아있는 모든 이들은 반드시 죽고 죽으면 반드시 흙으로 돌아간다. 이것을 일러 '귀(鬼)'라고 하니 뼈와 살은 아래에서 썩어 땅속에서 흙이 되고, 그 기운은 위로 떠올라 그로써 밝게 드러나고 향기로 올라가며 슬퍼하게 된다. 이것은 만물의 정령이고 귀신이 드러나는 것이다.(衆生必死, 死必歸土. 此之謂鬼, 骨肉斃于下, 陰爲野土, 其氣發揚于上, 爲昭明, 焄蒿悽愴. 此**百物之精也, 神之著也.**)"

을 깨끗하게 한 채 의복을 갖춰 입고 제사를 받들게 하며, 성대하게 그들의 위에 있는 듯하고 그들의 좌우에 있는 듯하다.

○'재(齊)'라는 말뜻은 '가지런하게 하다[제(齊)]'이니, 가지런하지 못한 것을 가지런하게 하여 그 재계를 지극하게 하는 것이다. '명(明)'은 '깨끗하게 하다'와 같다. '양양(洋洋)'은 '두루 움직여 가득하다'는 뜻이다. 사람들로 하여금 두려워하고 공경하여 받들게 할 수 있으며 나타나 밝게 드러남이 이와 같으니, 바로 그것이 '만물에서 본질이 되어 (만물이) 빠뜨릴 수 없는' 증거이다. 공자가 말씀하기를, "(사람이 죽으면) 그 기운은 위로 떠올라, 그로써 밝게 드러나고 향기로 올라가며 슬퍼하게 된다. 이것은 만물의 정령이고, 귀신이 드러나는 것이다."라고 하였으니, 바로 이것을 말씀한 것이다.

제16장-5-4 ◉詩曰이라. 神之格思를 不可度思온 矧可射思아.

●詩는 大雅抑之篇이라. 格은 來也오 矧은 況也라. 射은 厭也니 言厭怠而不敬也라. 思는 語辭라.

> **한 자** 格 이를 격·바로잡을 격, 度 표준 도·잴 탁·**헤아릴 탁**, 矧 하물며 신, 射 쏠 사·맞힐 석·**싫어할 역**

≪시경≫에 이르기를, '신이 이르는 것을 헤아릴 수 없는데 하물며 싫어할 수 있겠는가.'[99]라고 하였다.

---

99) 존재함은 확실하지만 헤아릴 수 없는데, 싫어하여 소홀히 해서야 되겠는가라는

○시는 ≪시경·대아·억≫편이다. '격(格)'은 '오다'이고 '신(矧)'은 '하물며'이다. '역(射)'은 '싫어하다'이니, 싫어하고 태만히 하여 공경하지 않는다는 말이다. '사(思)'는 어조사이다.

제16장-5-5 ◉夫微之顯이니 誠之不可揜이 如此夫인저.[100]

●誠者는 眞實無妄之謂라. 陰陽合散이 無非實者라. 故로 其發見之不可
  揜이 如此라.

한 자 　揜 잡을 엄·가릴 엄

(귀신의 드러남은) 은미한 것이 현저해짐이니, (귀신의 작용이)
참됨을 가릴 수 없음이 이와 같구나."

○성(誠)은 진실하여 거짓됨이 없음을 이른다. 음과 양이 모이고 흩어
  지는 것이 진실이 아닌 것이 없다. 그러므로 그 발현되는 것을 가릴
  수 없음이 이와 같다.

●右는 第十六章이라. 不見不聞은 隱也오 體物如在는 則亦費矣라. 此前
  三章은 以其費之小者而言이오 此後三章은 以其費之大者而言이며 此
  一章은 兼費隱包大小而言이라.

　말이다.
100) ≪주역(周易)·계사전상(繫辭傳上)≫, "정기(精氣)가 만물이 되고 혼(魂)이 떠나
　　서 변(變)이 된다. 이 때문에 귀신(鬼神)의 정황을 아는 것이다.(精氣爲物, 遊魂
　　爲變. 是故知**鬼神之情狀**.)"

○이상은 제16장이다. 보이지 않고 들리지 않는 것은 '은미함[은(隱)]'이고, 만물을 이루는 본질이 되어 존재하는 듯함은 바로 또한 '드넓음[비(費)]'이다. 이 앞의 3개 장[제13장 · 제14장 · 제15장]은 그[도(道)의] '드넓음' 가운데 작은 것101)을 가지고 말씀하였고 이 뒤의 3개 장[제17장 · 제18장 · 제19장]은 그 '드넓음' 가운데 큰 것102)을 가지고 말씀하였으며, 이 한 장[제16장]은 '드넓음'103)과 '은미함'104)을 겸하고 큰 것과 작은 것을 포괄하여 말씀하였다.

중용 제17장

제17장-5-1 ◉子曰이라. 舜은 其大孝也與신저. 德爲聖人이시고 尊爲天子시며 富有四海之內하사 宗廟饗之하시며 子孫保之하시니라.

●子孫은 謂虞思105)陳胡公106)之屬이라.

한 자 饗 잔치 향 · 제사 지낼 향 · **누릴 향**, 虞 짐승 이름 우 · 헤아릴 우 · **성(姓) 우**

---

101) 즉, 일상(日常)의 도를 가리킨다.

102) 즉, 성인(聖人)의 도를 가리킨다.

103) '그들의 위에 있는 듯하고 그들의 좌우에 있는 듯함(如在其上, 如在其左右)'을 가리킨다.

104) '보이지 않고 들리지 않음(不見不聞)'을 가리킨다.

105) 우사(虞思) : 하대(夏代) 사람으로 유우씨(有虞氏) 일족의 수장(首長)이었다고 한다.

106) 진(陳) 호공(胡公) : 서주(西周) 시기 진(陳)나라 군주인 규만(嬀滿)으로 순(舜)임금의 후예이다. 무왕(武王)의 장녀 대희(大姬)와 혼인하였고 진(陳)에 봉해졌다.

공자가 말씀하였다. "순임금은 아마도 크게 효성스러웠던 분일 것이다. 덕으로는 성인(聖人)이 되셨고 존귀함으로는 천자가 되셨으며 부유함으로는 온 세상을 소유하시어, 종묘의 제사를 받았으며 자손을 보우하셨다.107)

○'자손(子孫)'은 우사와 진 호공 등을 이른다.

제17장-5-2 ●故로 大德은 必得其位하고 必得其祿하며 必得其名하고 必得其壽니라.

●舜은 年百有十歲라.

그러므로 큰 덕을 지닌 이는 반드시 그런 지위를 얻고 반드시 그런 녹봉을 얻으며, 반드시 그런 명성을 얻고 반드시 그런 장수를 얻는다.108)

○순임금은 향년이 110세였다.109)

---

107) 선조를 영광스럽게 하고 후손에게 혜택을 남긴 것이 큰 효자라는 말씀이다.

108) ≪논어(論語)·옹야(雍也)≫, "지혜로운 자는 물을 좋아하고 인한 자는 산을 좋아하니, 지혜로운 자는 동적이고 인한 자는 정적이며, 지혜로운 자는 즐겁고 인한 자는 장수한다.(知者樂水, 仁者樂山, 知者動, 仁者靜, 知者樂, **仁者壽**.)"

109) ≪서경(書經)·우서(虞書)·순전(舜典)≫, "순임금은 태어난 지 30년 만에 부름받아 등용되었고, 30년 만에 제위(帝位)에 올랐으며, 50년 만에 승하하시어 마침내 돌아가셨다.(舜生三十徵庸, 三十在位, 五十載, 陟方乃死.)"

제17장-5-3 ●故로 天之生物이 必因其材而篤焉이라. 故로
栽者를 培之하고 傾者를 覆之니라.

●材는 質也오 篤은 厚也오 栽는 植也라. 氣至而滋息이 爲110)培요 氣
反而游散이 則覆이라.

한 자 栽 심을 재, 培 북돋울 배, 覆 쏟을 복·뒤집힐 복·**뒤집을 복**·
덮을 부, 滋 불을 자

그러므로 하늘이 만물을 생장시키는 것은 반드시 그 재질에 따
라 심화시킨다. 그러므로 (잘) 심어진 것을 북돋워 주고 기운
것을 뒤엎는다.111)

○'재(材)'는 재질이고 '독(篤)'은 '두텁게 하다'이며 '재(栽)'는 '심다'이
다. 기운이 이르러 불어나는 것이 '배(培)'이고, 기운이 돌아가 흩어
지는 것이 '복(覆)'이다.

제17장-5-4 ●詩曰嘉樂君子의 憲憲令德이 宜民宜人이라.
受祿于天이어늘 保佑命之하시고 自天申之라하니라.

●詩는 大雅假樂之篇이라. 假는 當依此作嘉요 憲은 當依詩作顯이라. 申

---

110) 위(爲) : 다음에 나오는 즉(則)과 용법이 같다.
111) 북돋워 주고 뒤엎음은 그 자신이 초래하는 것이다. 천명은 거기에 '중정하고
한결같음'으로 작용할 뿐이다. '큰 덕을 지님'이 '(잘) 심어진 것'이고, '그런 지위
를 얻고 그런 녹봉을 얻으며 그런 명성을 얻고 그런 장수를 얻음'이 '북돋워 주
는 것'이다.

은 重也라.

嘉 아름다울 가, 憲 법 헌 · 빛날 현(顯과 통용)

≪시경≫에 이르기를, '아름답고 즐거운 군자의 빛나는 훌륭한 덕이, 백성들에게 잘하고 관리들에게 잘한다. 하늘에서 복을 받으니, 보호하고 도와서 (천자로) 명해 주며 하늘로부터 그것 [보호와 도움]이 거듭된다.'라고 하였다.112)

○시는 ≪시경 · 대아 · 가락≫편이다. (≪시경≫의) '가(假)'는 마땅히 이 [≪중용≫]에 따라 '가(嘉)'로 해야 하고, (≪중용≫의) '헌(憲)'은 마땅히 ≪시경≫에 따라 '현(顯)'으로 해야 한다.113) '신(申)'은 '거듭하다'이다.

제17장-5-5 ◉故로 大德者는 必受命이니라.

●受命者는 受天命하여 爲天子也라.

그러므로 큰 덕을 지닌 이는 반드시 천명을 받는다."

○'수명(受命)'이라는 것은 천명을 받아 천자가 되는 것이다.

---

112) '그 재질에 따라 심화시키는(因其材而篤焉)' 예이다.
113) ≪시경(詩經)≫에는, "假樂君子, 顯顯令德. 宜民宜人, 受祿于天. 保右命之, 自天申之."로 되어 있다.

●右는 第十七章이라. 此는 由庸行之常하여 推之以極其至니 見道之用이 廣也오 而其所以然者는 則爲體가 微矣라. 後二章도 亦此意니라.

○이상은 제17장이다. 이것은 일상의 행실을 한결같이 함으로부터 그것을 확충하여 그 지극함을 극도로 한 것이니 도의 적용이 드넓음을 나타낸 것이고, 그것이 그러한 까닭은 본질이 은미하다. 뒤의 두 장도 역시 이 뜻이다.

중용 제18장

제18장-3-1 ◉子曰이라. 無憂者는 其惟文王乎신저. 以王季爲父하시고 以武王爲子하시니 父가 作之어시늘 子가 述之하시니라.

●此는 言文王之事라. 書에 言王季가 其勤王家라하니 蓋其所作은 亦積功累仁之事也라.

공자가 말씀하였다. "근심이 없었던 이는 아마도 오직 문왕뿐일 것이다. 왕계를 부친으로 하였고 무왕을 아들로 하였으니, 부친이 일으켰는데 아들이 계승하였다.

○이것은 문왕의 일을 말씀한 것이다. ≪서경≫에, "왕계가 그렇게도 왕실에 힘썼다."114)라고 하였으니, 그가 일으킨 것은 또한 공적을 쌓

---

114) ≪서경(書經)·주서(周書)·무성(武成)≫

고 인을 거듭한 일이었다.

제18장-3-2 ◉武王이 纘大王王季文王之緒하사 壹戎衣而有
天下라. 身不失天下之顯名하사 尊爲天子시고 富有四海之
內하시니 宗廟饗之하시며 子孫保之하시니라.

●此는 言武王之事라. 纘은 繼也라. 大王은 王季之父也라. 書云大王이
肇基王迹하고115) 詩云至于大王하여 實始翦商이라.116) 緒는 業也라.
戎衣는 甲冑之屬이라. 壹戎衣는 武成文117)이니 言壹著戎衣以伐紂也
라.

한 자 　纘 이을 찬·모을 찬, 緖 실마리 서·**업적 서**, 壹 한 일, 戎 병기
융, 饗 잔치 향·제사 지낼 향·**누릴 향**, 肇 시작할 조, 翦 자를
전, 冑 투구 주

무왕이 태왕·왕계·문왕의 업적을 계승하여 한번 전투복을
입음에 천하를 소유하였다. 자신으로서는 천하의 빛나는 명성
을 잃지 않아서 존귀함으로는 천자가 되셨고 부유함으로는 온
세상을 소유하시어, 종묘의 제사를 받았으며 자손을 보우하셨다.

○이것은 무왕의 일을 말씀한 것이다. '찬(纘)'은 '계승하다'이다. 태왕

---

115) ≪서경(書經)·주서(周書)·무성(武成)≫, "태왕에 이르러 비로소 제왕의 자취를
터 닦았다.(至于大王, **肇基王迹**.)"
116) ≪시경(詩經)·노송(魯頌)·비궁(閟宮)≫, "후직의 후손이 바로 태왕이시니, 기산
의 남쪽에 머물며 진실로 처음 상나라를 치셨다.(后稷之孫, 實維**大王**, 居岐之陽,
實始翦商.)"
117) ≪서경·주서·무성≫에는, "한번 전투복을 입음에 천하가 크게 평정되었다.
(一戎衣, 天下大定.)"로 되어 있다.

은 왕계의 부친이다. ≪서경≫에 이르기를, "태왕이 비로소 제왕의 자취를 터 닦았다."라 하였고, ≪시경≫에 이르기를, "태왕에 이르러 진실로 처음 상(商)나라를 치셨다."라고 하였다. '서(緖)'는 업적이다. '융의(戎衣)'는 갑옷과 투구 등이다. "한번 전투복을 입었다.(壹戎衣.)"는 ≪서경·무성≫의 글이니, 한번 전투복을 입고 주왕(紂王)을 정벌하였다는 말이다.

제18장-3-3 ◉武王이 末受命이어늘 周公이 成文武之德이라. 追王大王王季하고 上祀先公以天子之禮하니 斯禮也가 達乎諸侯大夫及士庶人이라. 父爲大夫요 子爲士어든 葬以大夫요 祭以士라. 父爲士요 子爲大夫어든 葬以士하고 祭以大夫라. 期之喪은 達乎大夫하고 三年之喪은 達乎天子하니 父母之喪은 無貴賤一也니라.

●此는 言周公之事라. 末은 猶老也라. 追王은 蓋推文武之意하여 以及乎王迹之所起也라. 先公은 組紺[118]以上至后稷也라. 上祀先公以天子之禮는 又推大王王季之意하여 以及於無窮也라. 制爲禮法하여 以及天下하니 使葬用死者之爵하고 祭用生者之祿이라. 喪服은 自期以下로 諸侯는 絕하고 大夫는 降[119]이나 而父母之喪은 上下가 同之하니 推己以及人也라.

한 자 組 끈 조, 紺 감색 감, 稷 메기장 직 · 곡신(穀神) 직 · 농사 주관하는 벼슬 직

---

118) 조감(組紺) : 태왕(大王)의 부친인 공숙조류(公叔祖類)이다.
119) 강(降) : 상복(喪服)의 등급을 낮추는 강복(降服)을 가리킨다.

무왕이 노년에 천명을 받자 주공이 문왕·무왕의 덕을 완성하였다. 태왕과 왕계를 왕으로 추존하였고 위로 선대 군주들을 천자의 예로 제사하니, 이 예가 (다음과 같이) 제후와 대부 및 사와 서민에게까지 이르렀다. 부친이 대부이고 아들이 사이면, 장례는 대부의 예를 쓰고 제사는 사의 예를 쓴다. 부친이 사이고 아들이 대부이면, 장례는 사의 예를 쓰고 제사는 대부의 예를 쓴다. 기년상은 대부에게까지 이르고 삼년상은 천자에게까지 이르렀으니, 부모의 상은 귀천의 구분이 없이 같았다."120)

○이것은 주공의 일을 말씀한 것이다. '말(末)'은 '늙다'와 같다. '추왕(追王)'은 문왕과 무왕의 뜻을 확충하여 제왕의 자취가 일어난 곳까지 미친 것이다. '선공(先公)'은 조감(組紺) 이상으로 후직까지 이른다. 위로 선대 군주들을 천자의 예로 제사한 것은 또 태왕과 왕계의 뜻을 확충하여 무궁한 선조[즉, 후직]까지 미친 것이다. 예법을 제정하여 천하 사람들에게까지 이르게 하였으니, 장례는 죽은 자의 작위를 쓰고 제사는 산 자의 벼슬을 쓰게 하였다. 상복은 기년 이하로는 제후는 없애고 대부는 줄였지만, 부모의 상은 상하가 똑같게 하였으니121) 자기를 확충하여 남에게까지 이르게 한 것이다.

●右는 第十八章이라.

○이상은 제18장이다.

---

120) 도(道)의 적용이 '드넓음'을 주공이 제정한 '예(禮)'를 가지고 설명한 것이다.
121) 천자는 부모상인 3년상만을 치르고 1년상 이하는 생략하였다.

※ 중용 제19장

제19장-6-1 ◉子曰이라. 武王周公은 其達孝矣乎신저.

●達은 通也라. 承上章而言武王周公之孝는 乃天下之人이 通謂之孝니 猶孟子之言達尊也라.

공자가 말씀하였다. "무왕과 주공은 아마도 공통적[122]인(모두가 인정하는) 효성일 것이다.[123]

○'달(達)'은 '공통적이다'이다. 윗장을 받아 말씀하기를, 무왕과 주공의 효성은 바로 천하 사람들이 공통적으로 효성이라고 이른다고 하였으니, 맹자가, '공통적인 존귀함[달존(達尊)]'이라고 말한 것과 같다.[124]

제19장-6-2 ◉夫孝者는 善繼人之志하며 善述人之事者也니라.

---

122) 세주에서 서산 진씨[西山眞氏, 진덕수(眞德秀)]는, "무왕과 주공의 효성은 천하 사람들이 칭송하면서 다른 말이 없다. 그러므로 '공통적[達]'이라고 한 것이다. (武王周公之孝, 天下稱之, 無異辭. 故曰達.)"라고 설명하였다.

123) '드넓음' 가운데 큰 것에 대해 효성을 예로 들어 설명한 것이다.

124) ≪맹자(孟子)·공손추하(公孫丑下)≫, "천하에 공통적인[모두가 인정하는] 존귀함이 세 가지이니, 관직이 하나이고 나이가 하나이고 덕이 하나이다. 조정에는 관직만 한 것이 없고, 마을에는 나이만 한 것이 없고, 세상을 돕고 백성을 다스리는 데에는 덕만 한 것이 없다.(天下有達尊三, 爵一齒一德一. 朝廷莫如爵, 鄕黨莫如齒, 輔世長民莫如德.)"

●上章엔 言武王이 纘大王·王季·文王之緖하여 以有天下하고 而周公이 成文武之德하여 以追崇其先祖하니 此는 繼志述事之大者也라. 下文에 又以其所制祭祀之禮가 通于上下者로 言之라.

무릇 효성이라는 것은 사람[선조]의 뜻을 잘 계승하고 사람[선조]의 일을 잘 전승하는 것이다.

○윗장에서는 무왕이 태왕·왕계·문왕의 업적을 계승하여 천하를 소유하였고, 주공이 문왕·무왕의 덕을 완성하여 그 선조들을 추존한 것을 말씀하였으니, 이것은 뜻을 계승하고 일을 전승한 것 중에서 큰 것이다. 아랫글에서 또 그가 제정한 제사의 예가 상하에 공통적으로 적용된 것을 가지고 말씀하였다.

제19장-6-3 ●春秋에 修其祖廟하고 陳其宗器하며 設其裳衣하고 薦其時食이니라.

●祖廟는 天子七이오 諸侯五요 大夫三이오 適士125)二요 官師126)一이라. 宗器는 先世所藏之重器니 若周之赤刀127)大訓128)天球129)河圖130)

---

125) 적사(適士) : 고대 관계(官階)의 하나인 상사(上士)로, 하대부(下大夫)와 중사(中士)의 중간이다.

126) 관사(官師) : 백관(百官), 즉 비교적 등급이 낮은 일반 관리를 가리킨다.

127) 적도(赤刀) : 보도(寶刀)로, 무왕이 주(紂)를 칠 때에 썼다고 한다.

128) 대훈(大訓) : 선왕들의 훌륭한 가르침이다.

129) 천구(天球) ; 옥의 이름이다.

130) 하도(河圖) : 복희(伏義) 시대에 황하(黃河)에서 용마(龍馬)가 지고 나왔다는 그림이다. 동서남북과 중앙으로 일정한 수가 나뉘어 배열되어 있으며 낙서(洛書)와

之屬也라. 裳衣는 先祖之遺衣服이니 祭則設之以授尸也라. 時食은 四時之食에 各有其物하니 如春行羔豚하고 膳은 膏香131)之類가 是也라.

薦 천거할 천·울릴 천, 球 아름다운 옥 구·공 구, 羔 새끼 양 고

봄과 가을에 선조의 사당을 손질하고 종묘의 기물을 차려 놓으며 (선조가 입었던) 의상을 준비하고 제철의 음식을 올린다.

○선조의 사당은 천자는 7묘, 제후는 5묘, 대부는 3묘, 상사(上士)는 2묘, 하급 관리는 1묘이다. '종기(宗器)'는 선대가 보관했던 귀중한 기물이니, 주나라의 적도, 대훈, 천구, 하도 등이다. '상의(裳衣)'는 선조가 남긴 의복이니, 제사를 지내게 되면 이것을 준비하여 시동에게 준다. '시식(時食)'은 사계절의 음식이 각기 제때의 것이 있음이니, 봄에는 새끼 양과 돼지를 쓰고 요리는 쇠기름을 쓰는 것 등이 그것이다.

제19장-6-4 ●宗廟之禮는 所以序昭穆也오 序爵은 所以辨貴賤也오 序事는 所以辨賢也오 旅酬에 下가 爲上은 所以逮賤也오 燕毛는 所以序齒也니라.

●宗廟之次는 左爲昭요 右爲穆而子孫도 亦以爲序라. 有事於太廟면 則子姓兄弟에 群昭群穆이 咸在而不失其倫焉이라. 爵은 公侯卿大夫也오 事는 宗132)祝有司之職事也라. 旅는 衆也오 酬는 導飮也라. 旅酬之禮

함께 ≪주역(周易)≫의 기본 이치가 되었다.
131) 고향(膏香) : 쇠기름으로, 여덟 가지 좋은 조미료 중의 하나이다.

는 賓弟子兄弟之子가 各擧觶於其長而衆相酬라. 蓋宗廟之中엔 以有事
爲榮故로 逮及賤者하여 使亦得以申其敬也라. 燕毛는 祭畢而燕이면
則以毛髮之色으로 別長幼하여 爲坐次也라. 齒는 年數也라.

종묘의 예는 소목(昭穆)으로 차례를 정하는 것이고, 작위로 차
례를 정하는 것은 귀천을 구분하는 것이며, 일로 차례를 정하
는 것은 현자를 구분하는 것이고, 여럿이 술을 주고받을 때 아
랫사람이 윗사람을 위하는(위해 술을 올리는) 것은 낮은 이들
에까지 (직분이) 미치게 하는 것이며, 잔치에서 모발의 색으로
하는 것은 나이로 차례를 정하는 것이다.

○종묘의 차례는 왼쪽이 '소(昭)'이고 오른쪽이 '목(穆)'이며, 자손들도
역시 그것으로 차례를 정한다. 태묘에 일[제사]이 있으면, 자손의 형
제들로 여러 소(昭)와 여러 목(穆)에 해당하는 이들이 모두 참여하여
그 질서를 잃지 않는다. '작(爵)'은 공(公)·후(侯)·경(卿)·대부(大
夫)이고 '사(事)'는 종백(宗伯)과 축관(祝官), 담당자가 맡은 일이다.
'여(旅)'는 '여럿'이고 '수(酬)'는 '(사람들을) 이끌어 마시게 하다'이
다. 여럿이 술을 주고받는 예는 빈객의 자제들과 형제의 아들들이 각
각 술잔을 어른에게 올리고 여럿이 서로 술을 주고받는다. 종묘 안에
서는 일을 맡는 것을 영광으로 여기기 때문에 낮은 이들에까지 미쳐
역시 공경을 펼칠 수 있게 하는 것이다. '연모(燕毛)'는 제사가 끝나
고 연회를 하게 되면, 모발의 색으로 어른과 어린이를 구별하여 좌석

---

132) 종(宗) : 종백(宗伯)으로, 종묘의 제사 등을 담당한 벼슬 이름이다.

의 차례를 정하는 것이다. '치(齒)'는 나이이다.

제19장-6-5 ●踐其位하여 行其禮하고 奏其樂하며 敬其所
尊하고 愛其所親이라. 事死如事生하며 事亡如事存이 孝之
至也니라.

●踐은 猶履也라. 其는 指先王也라. 所尊所親은 先王之祖考子孫臣庶也
라. 始死를 謂之死요 旣葬則曰反而亡焉133)이라하니 皆指先王也라.
此는 結上文兩節이니 皆繼志述事之意也라.

> 한 자 踐 밟을 천·실천할 천, 履 신 리·밟을 리

그분들의 자리를 밟고서 그분들의 예를 행하고 그분들의 음악
을 연주하며, 그분들이 존경하던 이들[조상]을 존경하고 그분
들이 친애하던 이들[자손과 신하·백성]을 사랑한다. 죽은 분
들을 섬기기를 살아있는 분들 섬기듯이 하고, 없는 분들을 섬
기기를 계신 분들 섬기듯이 하는 것이 효의 지극함이다.

○'천(踐)'은 '밟다'와 같다. '기(其)'는 선대 군주를 가리킨다. 존경하던
이들과 친애하던 이들이라는 것은 선대 군주의 조상과 자손, 신하와
백성이다. 막 죽었을 때를 '사(死)'라 하고 이미 장례를 지냈으면 "돌
아와도 안 계시다."라고 하였으니, 모두가 선대 군주를 가리킨다. 이
것은 윗글 두 구절을 맺은 것으로, 모두 뜻을 계승하고 일을 전승하
는 의미이다.

---

133) ≪예기(禮記)·단궁하(檀弓下)≫, "(장례를 지냈으면) 돌아와도 안 계시니 (어버
이를) 잃은 것이다. 이에 (슬픔이) 가장 심하다.(反而亡焉, 失之矣. 於是爲甚.)"

제19장-6-6 ●郊134)社135)之禮는 所以事上帝也오 宗廟之禮
는 所以祀乎其先也라. 明乎郊社之禮와 禘136)嘗137)之義면
治國은 其如示諸138)掌乎인저.139)

●郊는 祭天이오 社는 祭地라. 不言后土140)者는 省文也라. 禘는 天子
宗廟之大祭니 追祭太祖之所自出於太廟하고 而以太祖配之也라. 嘗은
秋祭也라. 四時皆祭141)로되 擧其一耳라. 禮必有義하니 對擧之는 互
文也라. 示는 與視同하니 視諸掌은 言易見也라. 此는 與論語文意로
大同小異하니 記有詳略耳라.

> **한 자** 郊 교외 교·**교제사 교**, 社 사직 사·**토지신 사**·행정 단위 사,
> 禘 제사 이름 체, 嘗 맛볼 상·**제사 이름 상**

교제와 사제의 제례는 상제(上帝)를 섬기는 것이고 종묘의 제
례는 그 선조를 제사지내는 것이다. 교제·사제의 제례와 체

---

134) 교(郊) : 제왕이 천신(天神)에게 지내던 교제(郊祭)로 교사(郊祀)라고도 한다. 동
    지에 하늘에 지내는 남교사(南郊祀)와 하지에 땅에 지내는 북교사(北郊祀)가 있
    었다.
135) 사(社) : 제왕이 토지신에게 지내던 사제(社祭)이다.
136) 체(禘) : 천신(天神)이나 조상에게 드리는 큰 제사이다.
137) 상(嘗) : 가을 제사의 이름이다.
138) 저(諸) : 의미 없는 어조사이다.
139) 《논어(論語)·팔일(八佾)》, "어떤 사람이 체 제사의 내용을 묻자 공자가 말씀
    하기를, '모르겠습니다. 그 내용을 아는 자는 천하에 대해서 아마도 이것을 보는
    것과 같을 것입니다.'라 하고 자신의 손바닥을 가리켰다.(或問禘之說, 子曰, 不知
    也, **知其說者之於天下也, 其如示諸斯乎, 指其掌**.)"
140) 후토(后土) : 토지신을 가리킨다. 대지(大地)의 존칭으로도 쓰인다.
141) 《예기(禮記)·왕제(王制)》, "천자와 제후의 종묘 제사는, 봄 제사를 약(祐)이라
    하고, 여름 제사를 체(禘)라고 하며, 가을 제사를 상(嘗)이라 하고, 겨울 제사를
    증(烝)이라고 한다.(天子諸侯宗廟之祭, 春曰祐, 夏曰**禘**, 秋曰**嘗**, 冬曰烝.)"

제·상제의 의미에 밝으면, 나라를 다스리는 것은 아마도 손바닥을 보는 것과 같을 것이다."

○'교(郊)'는 하늘에 제사지내는 것이고 '사(社)'는 땅에 제사지내는 것이다. 후토(后土)를 말하지 않은 것은 글을 생략한 것이다.142) '체(禘)'는 천자의 종묘 대제이니, 태조가 비롯되어 나온 분[시조(始祖)]을 태묘에서 추존하여 제사지내고 태조를 배향한다. '상(嘗)'은 가을 제사이다. 사계절에 모두 제사를 지내는데 그 중의 하나를 들었을 뿐이다. 예[각각의 제례]에는 반드시 의미가 있으니 짝지어 든 것은 호문(互文)143)이다. 시(示)는 '보다[시(視)]'와 같으니, '손바닥을 본다'는 것은 보기 쉽다는 말이다. 이것은 ≪논어≫의 글 뜻과 작은 차이는 있으나 거의 같으니, 기록에 상세함과 간략함이 있을 뿐이다.

●右는 第十九章이라.

○이상은 제19장이다.

▓ 중용 제20장

제20장-21-1 ◉哀公이 問政한대

●哀公은 魯君으로 名이 蔣이라.

---

142) 본래 "所以事上帝后土也."로 해야 한다는 말이다.

143) 호문(互文) : 서로를 보완해 주는 글자이다. 본문의 '郊社之禮와 禘嘗之義'에서 '禮'와 '義'가 호문이라는 설명이다.

蔣 줄(여러해살이풀) 장·빛날 장·성 장

애공이 정치에 대해 묻자,

○애공(哀公)은 노(魯)나라 군주로, 이름이 장(蔣)이다.

제20장-21-2 ◉子曰이라. 文武之政이 布在方策하니 其人이
存則其政이 擧하고 其人이 亡則其政이 息이니이다.

●方은 版也오 策은 簡也라. 息은 猶滅也라. 有是君하고 有是臣이면 則
有是政矣라.

方 나란할 방·모 방·**널판지 조각 방**, 策 채찍 책·**죽간 책**, 亡
잃을 망·달아날 망·**죽을 망**·없을 무

공자가 말씀하였다. "문왕·무왕의 정치가 목판과 죽간에 펼쳐
져 있으니, 그런 사람이 있으면 그런 정치가 거행되고, 그런 사
람이 죽으면 그런 정치가 없어집니다.

○'방(方)'은 목판이고 '책(策)'은 죽간이다. '식(息)'은 '없어지다'와 같
다. 그런 군주가 있고 그런 신하가 있으면 그런 정치가 있게 된다.

제20장-21-3 ◉人道는 敏政하고 地道는 敏樹하니 夫政也

者는 蒲盧也니이다.

●敏은 速也라. 蒲盧는 沈括이 以爲蒲葦가 是也라. 以人立政은 猶以地種樹하여 其成이 速矣요 而蒲葦는 又易生之物이니 其成이 尤速也라. 言人存政擧니 其易如此라.

> **한 자** 敏 빠를 민, 蒲 부들 포, 盧 밥그릇 로·**갈대 로**(蘆와 통용), 括 묶을 괄, 葦 갈대 위, 尤 더욱 우

사람의 도는 정치에 빠르고[빠르게 작용하고]144) 땅의 도는 나무에 빠르니[빠르게 작용하니], 저 정치라는 것은 (비유하자면 빨리 자라는) 부들과 갈대입니다.

○'민(敏)'은 '빠르다'이다. '포로(蒲盧)'는 심괄(沈括)145)이 부들과 갈대라고 한 것이 그것이다. 사람을 가지고 정치를 확립하는 것은 마치 땅을 가지고 나무를 심는 것과 같아 그 이루어짐이 빠른데, 갈대는 더구나 쉽게 자라는 것이라서 그 이루어짐이 더욱 빠르다. (그런) 사람이 있으면 (그런) 정치가 거행되니, 그 쉬움이 이와 같다는 말씀이다.

제20장-21-4 ●故로 爲政이 在人이니이다. 取人以身이오

---

144) "그런 사람이 있으면 그런 정치가 거행됩니다.(其人有, 則其政擧.)"에 대한 설명이다.

145) 심괄(沈括) : 송(宋) 항주(杭州) 전당(錢塘) 출신으로 자가 존중(存中)이다. 왕안석(王安石)의 변법(變法)에 참여했으며, 천문·지리·음악·의약 등에 밝아 혼의(渾儀)·오호부루(五壺浮漏) 등 측정 기구도 만들었다. 저술에 ≪몽계필담(夢溪筆談)≫이 있다.

修身以道요 **修道以仁**이니이다.

●此는 承上文人道敏政而言也라. 爲政在人은 家語에 作爲政在於得人하
니 語意가 尤備라. 人은 謂賢臣이오 身은 指君身이라. 道者는 天下之
達道요 仁者는 天地生物之心而人得以生者니 所謂元者善之長也[146]
라. 言人君爲政이 在於得人이오 而取人之則은 又在修身하니 能仁其
身이면 則有君有臣而政無不擧矣라.

그러므로 정치를 하는 것이 사람에[사람을 취하는 데에] 달려
있습니다. 사람을 취하기를 (군주의 수양된) 자신으로[자신을
기준으로] 하고, 자신을 수양하기를 도로 하며, 도를 닦기를 인
(仁)으로 하는 것입니다.

○이것은 윗글의 "사람의 도는 정치에 빠르다.[빠르게 작용한다.]"는
말을 받아서 말씀한 것이다. '위정재인(爲政在人)'은 ≪가어(家語)≫
에 '정치를 하는 것이 사람을 얻는 데에 달려 있습니다.(爲政在於得
人.)'로 되어 있는데, 말뜻이 더욱 갖추어져 있다. '인(人)'은 훌륭한
신하를 이르고 '신(身)'은 군주 자신을 가리킨다. '도(道)'라는 것은
천하의 공통적인 도리이고 '인(仁)'이라는 것은 천지가 만물을 낳는
마음이자 사람이 받아서 태어난 것이니, 이른바 '원(元)'이라는 것은
선(善)의 으뜸이다.'라는 것이다. 군주가 정치를 하는 것이 사람을 얻
는 데에 달려 있고 사람을 취하는 원칙은 또 자신을 수양하는 데에
달려 있다는 말씀이니, 그 자신을 인(仁)하게 할 수 있으면 (훌륭한)
군주가 있고 (훌륭한) 신하가 있어 정치가 거행되지 않음이 없게 된
다는 말씀이다.

---

146) ≪주역(周易)·건괘(乾卦)·문언전(文言傳)≫

제20장-21-5 ●仁者는 人也니 親親이 爲¹⁴⁷⁾大하고 義者는
宜也니 尊賢이 爲大하니이다. 親親之殺와 尊賢之等이 禮
所生也니이다.

●人은 指人身而言이라. 具此生理하여 自然便有惻怛慈愛之意하니 深體
味之면 可見이라. 宜者는 分別事理하여 各有所宜也오 禮는 則節文
斯二者而已라.

> **한 자** 殺 죽일 살·**줄일 쇄·차등 쇄**, 惻 슬플 측·**불쌍히 여길 측**, 怛
> 놀랄 달·**슬퍼할 달**

인(仁)이라는 것은 사람다움이니 친족을 친애하는 것이 가장
크고, 의(義)라는 것은 마땅함이니 훌륭한 이를 높이는 것이 가
장 큽니다. 친족을 친애하는 차등과 훌륭한 이를 높이는 등급
이 예가 나오는 곳입니다.

○'인(人)'은 사람 자신(자체)을 가리켜 말한 것이다. 이 타고난 이치를
갖추고 있어 자연히 이미 안타까워하고 자애하는 마음이 있으니, 깊
이 살피고 음미하면 알 수 있다. '의(宜)'라는 것은 사리를 분별하여
각기 마땅한 바를 갖추는 것이고, '예(禮)'는 이 두 가지를 조절하고
수식하는 것일 뿐이다.

제20장-21-6 ●[在下位하여 不獲乎上이면 民不可得而治矣
니이다.]

---

147) 위(爲) : 강조의 용법이다.

●鄭氏曰이라. 此句는 在下하니 誤重在此라.

[아래 지위에 있으면서 윗사람에게 (신임을) 얻지 못하면 백성
을 다스릴 수 없게 됩니다.]

○정씨(鄭氏)[정현(鄭玄)148)]가 말하였다. "이 구절은 아래에 있는데,149)
착오로 중복되어 여기에 있다."

제20장-21-7 ●故로 君子는 不可以不修身이니이다. 思修
身인댄 不可以不事親이오 思事親인댄 不可以不知人이오
思知人인댄 不可以不知天이니이다.

●爲政在人하고 取人以身150)故로 不可以不修身이라. 修身以道하고 修
道以仁故로 思修身인댄 不可以不事親이라. 欲盡親親之仁인댄 必由尊
賢之義故로 又當知人이라. 親親之殺와 尊賢之等이 皆天理也故로 又
當知天이라.

그러므로 군자는 자신을 수양하지 않으면 안 됩니다.151) 자신

---

148) 정현(鄭玄) : 후한(後漢) 고밀(高密) 출신으로 자가 강성(康成)이다. 한대(漢代)
경학(經學)의 집대성자로 여러 경전에 주를 달았으며, 그의 학문을 정학(鄭學)이
라 한다. 역법과 산술에도 정통하였다.
149) ≪중용·제20장·제17구≫
150) ≪중용·제20장·제4구≫
151) 사람을 취하기를 (군주의 수양된) 자신으로[자신을 기준으로] 하기 때문이다.

을 수양하기를 생각한다면 어버이를 섬기지 않으면 안 되고, 어버이를 섬기기를 생각한다면 사람을 알지 않으면 안 되며, 사람을 알기를 생각한다면 천명을 알지 않으면 안 됩니다.152)

○정치를 하는 것이 사람에[사람을 취하는 데에] 달려 있고, 사람을 취하기를 (군주의 수양된) 자신으로[자신을 기준으로] 하기 때문에 자신을 수양하지 않으면 안 된다. 자신을 수양하기를 도로 하고 도를 닦기를 인(仁)으로 하기 때문에, 자신을 수양하기를 생각한다면 어버이를 섬기지 않으면 안 된다. 친족을 친애하는 인(仁)을 다하고자 한다면 반드시 훌륭한 이를 높이는 의(義)를 따라야 하기 때문에 또 사람을 알아야 한다. 친족을 친애하는 차등과 훌륭한 이를 높이는 등급이 모두 하늘의 이치이기 때문에 또 천명을 알아야 한다.

제20장-21-8 ◉天下之達道가 五에 所以行之者는 三이니이다. 曰君臣也와 父子也와 夫婦也와 昆弟也와 朋友之交也니 五者는 天下之達道也오 知仁勇이니 三者는 天下之達德也니이다. 所以行之者는 一也니이다.

●達道者는 天下古今所共由之路라. 卽書所謂五典153)이오 孟子所謂父

---

152) ≪중용·제01장≫에서, "하늘이 명해 준 것을 본성이라 하고, 본성을 따르는 것을 도라 하며, (성인이) 도를 다듬어 놓은 것을 가르침이라고 한다.(天命之謂性, 率性之謂道, 脩道之謂敎.)"라고 한 것은 근원에서 내려가는 설명이고 이곳의 설명은 근원을 소급해가는 설명이라고 하겠다.

153) 오전(五典) : ≪서경·우서(虞書)·고요모(皐陶謨)≫, "하늘이 순서를 펴서 법을 두었으니, 우리 오전(五典)을 바로잡아 다섯 가지를 후하게 하소서(天敍有典, 勅我五典, 五惇哉.)"[채침(蔡沈) 주, "서(敍)는 군신, 부자, 형제, 부부, 붕우의 질서이다.(敍者, 君臣父子兄弟夫婦朋友之倫敍也.)"]

子有親君臣有義夫婦有別長幼有序朋友有信이 是也라.154) 知는 所以
知此也오 仁은 所以體此也오 勇은 所以强此也라. 謂之達德者는 天下
古今所同得之理也라. 一은 則誠而已矣라. 達道는 雖人所共由나 然無
是三德이면 則無以行之요 達德은 雖人所同得이니 然一有不誠이면 則
人欲이 間之하여 而德이 非其德矣라.

●程子曰이라. 所謂誠者는 止是誠實此三者니 三者之外에 更別無誠이
라.

한 자 昆 함께 곤·**형 곤**, 强 굳셀 강·**힘쓸 강**(彊과 통용)

천하 사람들의 공통적인 도리가 다섯 가지인데 그것을 실천하
는 방법은 세 가지입니다. (공통적인 도리는) 군신과 부자와 부
부와 형제와 붕우의 관계이니 다섯 가지는 천하 사람들의 공통
적인 도리이고, (실천하는 방법은) 지혜·인·용기이니 세 가
지는 천하 사람들의 공통적인 덕성입니다. 그것을 실천하는 방
법은 (핵심은) 하나[참됨 : 성(誠)]입니다.

○'공통적인 도리[달도(達道)]'라는 것은 천하 사람들이 고금으로 함께
따르는 길이다. 바로 ≪서경≫에서 '오전(五典)'이라고 일컬은 것이

---

154) ≪맹자(孟子)·등문공상(滕文公上)≫, "후직이 백성들에게 농사를 가르쳐 오곡
을 심고 가꾸게 하니 오곡이 익고 백성들이 길러졌다. 사람에게는 도리가 있는
데, 밥을 배불리 먹고 옷을 따뜻하게 입으면서 편안히 지내고 가르침이 없으면
금수에 가깝다. 성인이 또 이것을 근심하여 설을 사도로 삼아 인륜을 가르치게
하였으니, 부모와 자식 사이에는 친함이 있고, 군주와 신하 사이에는 의리가 있
으며, 남편과 아내 사이에는 분별이 있고, 윗사람과 아랫사람 사이에는 차례가
있으며, 친구 사이에는 믿음이 있음이다.(后稷敎民稼穡, 樹藝五穀, 五穀熟而民人
育. 人之有道也, 飽食煖衣, 逸居而無敎, 則近於禽獸. 聖人有憂之, 使契爲司徒,
敎以人倫, **父子有親**, **君臣有義**, **夫婦有別**, **長幼有序**, **朋友有信**.)"

고, 맹자가 "부모와 자식 사이에는 친함이 있고, 군주와 신하 사이에는 의리가 있으며, 남편과 아내 사이에는 분별이 있고, 윗사람과 아랫사람 사이에는 차례가 있으며, 친구 사이에는 믿음이 있다."고 일컬은 것이 그것이다. '지(知)'는 이것을 아는 것이고, '인(仁)'은 이것을 체현[실천]하는 것이고, '용(勇)'은 이것을 (계속) 힘쓰는 것이다. 그것을 '공통적인 덕성[달덕(達德)]'이라고 일컬은 것은 천하 사람들이 고금으로 함께 얻은 이치이기 때문이다. '일(一)'은 곧 참됨[성(誠)]일 뿐이다. '공통적인 도리[달도(達道)]'는 비록 사람들이 함께 따르는 것이지만 이 세 가지 덕성이 없으면 그것을 실천할 수 없고, '공통적인 덕성[달덕(達德)]'은 비록 사람이 같이 얻은 것이지만 조금이라도 참되지 못함이 있으면 사람의 욕망이 거기에 끼어들어 덕성이 올바른 덕성이 아니게 된다.

○정자가 말씀하였다. "이른바 '참됨[성(誠)]'이라는 것은 그저 이 세 가지를 참되게 하는 것일 뿐이니, 세 가지 이외에 다시 별도로 참됨이 없다."

제20장-21-9 ◉或生而知之하고 或學而知之하며 或困而知
之하나니 及其知之하여는 一也니이다. 或安而行之하고 或
利而行之하며 或勉强而行之하나니 及其成功하여는 一也니
이다.

●知之者之所知와 行之者之所行은 謂達道也라. 以其分而言하면 則所以知者는 知也오 所以行者는 仁也오 所以至於知之成功而一者는 勇也라. 以其等而言하면 則生知安行者는 知也오 學知利行者는 仁也오 困知勉行者는 勇也라. 蓋人性은 雖無不善이나 而氣稟이 有不同者故로 聞道有蚤莫하고 行道有難易라. 然이나 能自强不息이면 則其至엔 一

也라.

●呂氏曰이라. 所入之塗는 雖異나 而所至之域는 則同하니 此所以爲中
庸이라. 若乃企生知安行之資하여 爲不可幾及하고 輕困知勉行하여 謂
不能有成이면 此가 道之所以不明不行也라.

> **한 자** 蚤 벼룩 조·**일찍 조**(早와 통용), 莫 없을 막·저물 모(暮의 고
> 자)·**늦을 모**

어떤 사람은 태어나면서 그것[공통적인 도리 : 달도(達道)]을
알고, 어떤 사람은 배워서 그것을 알며, 어떤 사람은 (알지 못
해) 곤란해져서 (배움으로써) 그것을 아는데,155) 그가 아는 데
에 이르면 똑같습니다. 어떤 사람은 편안하게 여겨서 그것을
실천하고, 어떤 사람은 이롭게 여겨서 그것을 실천하며, 어떤
사람은 힘써서 그것을 실천하는데,156) 그가 공을 이루는 데에
이르면 똑같습니다."

○그것을 아는 자가 아는 것과 그것을 실천하는 자가 실천하는 것은
'공통적인 도리[달도(達道)]'를 일컫는다. 그 구분을 가지고 말하면,
아는 것은 지혜이고 실천하는 것은 인이며, 그것을 알고 공을 이루는
데에 이르러 똑같아지는 것은 용기이다. 그 등급을 가지고 말하면,
'태어나면서 아는 것'과 '편안하게 여겨서 실천하는 것'은 지혜이고,

---

155) ≪논어(論語)·계씨(季氏)≫, "태어나면서 아는 자는 상등이고 배워서 아는 자
는 다음이며 곤란해져서 배우는 자는 또 그 다음인데, 곤란해졌는데도 배우지 않
으면 일반 백성이라서 이에 하등이 된다.(生而知之者, 上也, **學而知之者**, 次也,
困而學之, 又其次也, 困而不學, 民斯爲下矣.)"

156) ≪논어(論語)·이인(里仁)≫, "인하지 못한 자는 곤궁함에 오래 머물 수 없고
즐거움에 길게 머물 수 없다. 인한 자는 인을 편안하게 여기고, 지혜로운 자는
인을 이롭게 여긴다.(不仁者, 不可以久處約, 不可以長處樂, **仁者安仁, 知者利仁.**)"

'배워서 아는 것'과 '이롭게 여겨서 실천하는 것'은 인이며, '곤란해져서 아는 것'과 '힘써서 실천하는 것'은 용기이다. 사람의 본성은 비록 선하지 않음이 없으나 기질로 받은 것은 같지 않은 것이 있기 때문에, 도를 듣는 데에는 이르고 늦음이 있으며 도를 행하는 데에는 어렵고 쉬움이 있다. 그러나 스스로 힘쓰고 쉬지 않을 수 있으면 그 이름에서는 똑같다.

○여씨(呂氏)[여대림(呂大臨)157)]가 말하였다. "들어가는 길은 비록 다르나 이른 바의 경지는 같으니, 이것이 '중정하고 한결같음'이 되는 것이다. 만일 '태어나면서 알고' '편안하게 여겨서 실천하는' 자질을 지닌 이를 올려다보면서 (자신은) 미칠 수 없다고 여기고, '곤란해져서 알고' '힘써서 실천하는' 이를 경시하면서 (그들은) 성취가 있을 수 없다고 일컫는다면, 이것이 도가 밝아지지 않고 행해지지 않는 이유이다."

제20장-21-10 ◉(子曰) 好學은 近乎知158)하고 力行은 近乎仁159)하고 知恥는 近乎勇160)이니이다.161)

---

157) 여대림(呂大臨) : 송(宋) 남전(藍田) 출신으로 자가 여숙(與叔)이다. 장재(張載)와 이정(二程)을 사사하여 정문사선생(程門四先生)의 칭호가 있었다. 비서성정자(祕書省正字)를 지냈고 ≪고고도(攷古圖)≫를 저술하였다.

158) 공통적인 덕성인 '지(知)'에 이르는 방법을, '배우기를 좋아함[호학(好學)]'으로 설명한 것이다. [≪중용·제20장≫, "어떤 사람은 태어나면서 그것[공통적인 도리 : 달도(達道)]을 알고, 어떤 사람은 배워서 그것을 알며, 어떤 사람은 (알지 못해) 곤란해져서 (배움으로써) 그것을 아는데, 그가 아는 데에 이르면 똑같습니다.(或生而知之, 或學而知之, 或困而知之, 及其知之, 一也.)"]

159) 공통적인 덕성인 '인(仁)'에 이르는 방법을, '행실을 힘씀[역행(力行)]'으로 설명한 것이다. [≪중용·제20장≫, "어떤 사람은 편안하게 여겨서 그것을 실천하고, 어떤 사람은 이롭게 여겨서 그것을 실천하며, 어떤 사람은 힘써서 그것을 실천하는데, 그가 공을 이루는 데에 이르면 똑같습니다.(或安而行之, 或利而行之, 或勉强而行之, 及其成功, 一也.)"]

●子曰二字는 衍文이라. 此는 言未及乎達德而求以入德之事라. 通上文 三知爲知와 三行爲仁하면 則此三近者는 勇之次也라.

●呂氏曰이라. 愚者는 自是而不求하고 自私者는 徇人欲而忘返하고 懦 者는 甘爲人下而不辭라. 故로 好學이 非知나 然足以破愚요 力行이 非仁이나 然足以忘私요 知恥가 非勇이나 然足以起懦라.

한 자 衍 넘칠 연 · 부연할 연 · **군더더기 연**, 徇 순시할 순 · **따를 순**, 返 돌아올 반, 懦 나약할 나

(공자가 말씀하였다.) 배우기를 좋아하는 것은 지혜에 가깝고, 행실을 힘쓰는 것은 인에 가까우며, 부끄러움을 아는 것은 용기에 가깝습니다.

○'자왈(子曰)' 두 글자는 군더더기 글이다. 이것은 아직 '공통적인 덕 성[달덕(達德, 즉 知 · 仁 · 勇)]'에 미치지 못해서 추구하여 덕에 들어 가는 일을 말씀한 것이다. 윗글의 '삼지(三知)[생지(生知) · 학지(學 知) · 곤지(困知)]'는 지혜이고 '삼행(三行)[안행(安行) · 이행(利行) · 면 행(勉行)]'은 인(仁)인 것과 연결해 보면, 이 '삼근(三近)[호학(好學) · 역행(力行) · 지치(知恥)]'은 용기의 다음이다.162)

---

160) 공통적인 덕성인 '용(勇)'에 이르는 방법을, '부끄러움을 앎[지치(知恥)]'으로 설 명한 것이다.

161) ≪논어(論語) · 자한(子罕)≫에서는, "지혜로운 자는 미혹되지 않고 인한 자는 근 심하지 않으며 용감한 자는 두려워하지 않는다.(知者不惑, 仁者不憂, 勇者不懼.)" 라 하였고, ≪논어 · 헌문(憲問)≫에서는, "인한 자는 근심하지 않고, 지혜로운 자 는 미혹되지 않으며, 용감한 자는 두려워하지 않는다.(仁者不憂, 知者不惑, 勇者 不懼.)"라고 하여 순서를 달리하였다. 이에 대해 윤돈(尹焞)은 "덕을 이루는 것은 인을 우선으로 삼고, 학문을 향상시키는 것은 지혜를 우선으로 삼는다. 그러므로 공자의 말씀이 차례에 다름이 있는 것은 이 때문이다(成德, 以仁爲先, 進學, 以知 爲先. 故夫子之言, 其序有不同者, 以此.)"라고 설명하였다.[≪논어 · 헌문≫ 주자 주]

○여씨(呂氏)[여대림(呂大臨)]가 말하였다. "어리석은 자는 스스로를 옳다고 하면서 찾지 않고163), 스스로를 이롭게 하는 자는 사람의 욕망을 따르면서 돌아올 줄 모르고164), 나약한 자는 남의 아래가 되기를 좋아하면서 사양하지 않는다.165) 그러므로 배우기를 좋아하는 것이 지혜는 아니지만 족히 어리석음을 깨뜨릴 수 있고, 힘써 행하는 것이 인은 아니지만 족히 사욕을 잊을 수 있으며, 부끄러움을 아는 것이 용기는 아니지만 족히 나약함을 분발시킬 수 있다."

제20장-21-11 ◉知斯三者則知所以修身이오 知所以修身則知所以治人이니이다. 知所以治人則知所以治天下國家矣리이다.

●斯三者는 指三近而言이라. 人者는 對己之稱이오 天下國家는 則盡乎人矣라. 言此하여 以結上文修身之意하고 起下文九經之端也라.

이 세 가지[삼근(三近) : 호학(好學) · 역행(力行) · 지치(知恥)]를 알면 자신을 수양하는 방법을 알고, 자신을 수양하는 방법을 알면 남을 다스리는 방법을 알게 됩니다. 남을 다스리는 방법을 알면 천하와 국가를 다스리는 방법을 알게 됩니다.

○이 세 가지라는 것은 '삼근(三近)'을 가리켜 말씀한 것이다. '남[인(人)]'이라는 것은 자기에게 상대가 되는 대상의 칭호이고 천하와 국

---

162) 용기에 가까워지기 때문에 다음인 것이다.
163) 지혜로운 자(知者)의 반대 경우로, 배우기를 좋아하지(好學) 않는 것이다.
164) 인한 자(仁者)의 반대 경우로, 행실을 힘쓰지(力行) 않는 것이다.
165) 용기가 있는 자(勇者)의 반대 경우로, 부끄러움을 알지(知恥) 못하는 것이다.

가는 '남'을 망라한 것이다. 이것을 말씀하여 윗글의 '자신을 수양함
[수신(修身)]'의 뜻을 맺고, 아랫글의 '아홉 가지 원칙[구경(九經)]'
의 단서를 일으켰다.

제20장-21-12 ●凡爲天下國家에 有九經하니이다. 曰修身
也와 尊賢也와 親親也와 敬大臣也와 體群臣也와 子庶民
也와 來百工也와 柔遠人也와 懷諸侯也니이다.

●經은 常也라. 體는 謂設以身處其地而察其心也오 子는 如父母之愛其
子也라. 柔遠人은 所謂無忘賓旅[166]者也라. 此는 列九經之目也라.
●呂氏曰이라. 天下國家之本은 在身故로 修身이 爲九經之本이라. 然이
나 必親師取友然後에 修身之道가 進故로 尊賢이 次之라. 道之所進이
莫先其家故로 親親이 次之하고 由家以及朝廷故로 敬大臣과 體君臣이
次之라. 由朝廷以及其國故로 子庶民과 來百工이 次之하고 由其國以
及天下故로 柔遠人과 懷諸侯가 次之하니 此는 九經之序也라. 視群臣
은 猶吾四體하고 視百姓은 猶吾子하니 此는 視臣視民之別也라.

한 자 體 몸 체·**헤아릴 체**, 設 설치할 설·**설정할 설**

무릇 천하와 국가를 다스리는 데에 '아홉 가지 원칙'이 있습니
다. 자신을 수양하는 것과, 현자를 높이는 것과, 친척을 친애하
는 것과, 대신을 공경하는 것과, 뭇 신하들을 헤아려 주는 것
과, 백성들을 자식처럼 여기는 것과, 여러 기술자를 오게 하는

---

166) ≪맹자(孟子)·고자하(告子下)≫, "노인을 공경하고 어린이를 사랑하며, 손님과
나그네를 잊지 말 것이다.(敬老慈幼, **無忘賓旅**.)"

것과, 멀리서 온 사람들을 부드럽게 대하는 것과, 제후들을 포
용하는 것입니다.

○'경(經)'은 '한결같음'이다. '체(體)'는 자신이 그 처지에 있는 것으로
　설정하여 그 마음을 살피는 것이고, '자(子)'는 부모가 자기 자식을
　사랑하는 것과 같이 하는 것이다. 멀리서 온 사람들을 부드럽게 대한
　다는 것은, 이른바 '손님과 나그네를 잊지 말라'는 것이다. 이것은 아
　홉 가지 원칙의 조목을 나열한 것이다.
○여씨(呂氏)[여대림(呂大臨)]가 말하였다. "천하와 국가의 근본은 (군
　주의 수양된) 자신에 있기 때문에 '수신'이 아홉 가지 원칙의 근본이
　다. 그러나 반드시 스승을 가까이하고 벗을 취한 뒤에 수신의 도가
　진전되기 때문에 '현자를 높이는 것[존현(尊賢)]'이 그 다음이 된다.
　도가 진전되는 것이 자기 집안(에서)보다 우선시할 것이 없기 때문에
　'친척을 친애하는 것[친친(親親)]'이 그 다음이 되고, 집안에서 말미
　암아 조정에 미치기 때문에 '대신을 공경하는 것[경대신(敬大臣)]'과
　'뭇 신하들을 헤아려 주는 것[체군신(體群臣)]'이 그 다음이 된다. 조
　정에서 말미암아 나라에 미치기 때문에 '백성들을 자식처럼 여기는
　것[자서민(子庶民)]'과 '여러 기술자들을 오게 하는 것[내백공(來百
　工)]'이 그 다음이 되고, 나라에서 말미암아 천하에 미치기 때문에
　'멀리서 온 사람들을 부드럽게 대하는 것[유원인(柔遠人)]'과 '제후들
　을 포용하는 것[회제후(懷諸侯)]'이 그 다음이 되니, 이것은 아홉 가
　지 원칙의 차례이다. 뭇 신하들을 보는 것은 나의 사지와 같이 하고
　백성들을 보는 것은 나의 자식과 같이 하니, 이것은 신하를 보는 것
　과 백성을 보는 것의 차이이다."

제20장-21-13 ●修身則道立하고 尊賢則不惑하며 親親則諸

父昆弟가 不怨하고 敬大臣則不眩하나이다. 體群臣則士之
報禮가 重하고 子庶民則百姓이 勸하며 來百工則財用이 足
하고 柔遠人則四方이 歸之하며 懷諸侯則天下가 畏之나이다.

●此는 言九經之效也라. 道立은 謂道成於己而可爲民表니 所謂皇建其有
極167)이 是也라. 不惑은 謂不疑於理요 不眩은 謂不迷於事라. 敬大臣
하면 則信任이 專而小臣이 不得以間之故로 臨事而不眩也라. 來百工
이면 則通功易事168)하여 農末相資故로 財用足하고 柔遠人이면 則天
下之旅가 皆悅而願出於其塗169)故로 四方歸라. 懷諸侯면 則德之所施
者가 博而威之所制者가 廣矣故로 曰天下畏之라.

昆 함께 곤·**형 곤**, 眩 흐릿할 현·어지러울 현·**현혹될 현**, 勸
권할 권·**힘쓸 권**, 皇 클 황·**임금 황**

자신을 수양하면 도가 확립되고, 현자를 높이면 (이치에) 의혹
을 갖지 않으며, 친척을 친애하면 숙부들과 형제들이 원망하지
않고, 대신을 공경하면 (일에) 혼미해지지 않습니다. 뭇 신하들

---

167) ≪서경(書經)·주서(周書)·홍범(洪範)≫, "'황극(皇極)'은 임금이 그 표준을 세우
는 것이다. 이 다섯 가지 복을 거두어서 넓혀 백성들에게 주면, 이에 그 백성들
이 너의 표준에 대하여 네가 표준을 보존함을 함께 할 것이다.(皇極, **皇建其有極**.
斂時五福, 用敷錫厥庶民, 惟時厥庶民, 于汝極, 錫汝保極.)"
168) ≪맹자(孟子)·등문공하(滕文公下)≫, "그대가 성과를 소통시키고 일을 바꿔[나
눠] 하여 남는 것으로 부족한 것을 보충해 주지 않는다면, 농사꾼에게는 남는 곡
식이 있고 여자들에게는 남는 베가 있게 된다. 그대가 만일 그것들을 소통시키면
목수와 수레 만드는 이들이 모두 그대에게 밥을 얻어먹게 된다.(子不**通功易事**,
以羨補不足, 則農有餘粟, 女有餘布. 子如通之, 則梓匠輪輿, 皆得食於子.)"
169) ≪맹자·공손추상(公孫丑上)≫, "관문에서 조사만 하고 세금을 징수하지 않으면
천하의 여행자들이 모두 기뻐하여 그의 길에 나서기를 원할 것이다.(關譏而不征,
則**天下之旅, 皆悅而願出於其路**矣.)"

을 헤아려 주면 선비들이 예우에 보답함이 두터워지고, 백성들을 자식처럼 여기면 백성들이 힘쓰며, 여러 기술자를 오게 하면 재원(財源)이 넉넉해지고, 멀리서 온 사람들을 부드럽게 대하면 사방의 사람들이 귀의하며, 제후들을 포용하면 천하 사람들이 외경합니다.

○이것은 아홉 가지 원칙의 효과를 말씀한 것이다. '도립(道立)'은 도가 자신에게서 완성되어 백성들의 표준이 될 수 있음을 일컬으니, 이른바 "임금이 그 표준을 세운다.(皇建其有極)"는 것이 그것이다. '불혹(不惑)'은 이치에 의혹을 갖지 않음을 일컫고 '불현(不眩)'은 일에 혼미해지지 않음을 일컫는다. 대신을 공경하면 믿고 맡기는 것이 한결같아 낮은 신하들이 이간질할 수 없기 때문에 일을 만나 혼미해지지 않는다. 여러 기술자들을 오게 하면 성과를 소통시키고 일을 바꿔[나눠] 하여 농업과 상업이 서로 힘입기 때문에 재원이 넉넉해지고, 멀리서 온 사람들을 부드럽게 대하면 천하의 여행자들이 모두 기뻐하여 그의 길에 나서기를 원하기 때문에 사방의 사람들이 귀의한다. 제후들을 포용하면 덕이 베풀어지는 것이 크고 위엄으로 통제하는 곳이 넓어지기 때문에 천하 사람들이 외경한다고 한 것이다.

제20장-21-14 ●齊明盛服[170]하여 非禮不動은 所以修身也니이다. 去讒遠色하며 賤貨而貴德은 所以勸賢也니이다. 尊其位하며 重其祿하며 同其好惡는 所以勸親親也니이다.

---

170) 재명성복(齊明盛服): 세주에서 북계 진씨[北溪陳氏, 진순(陳淳)]는, "'재(齊)'는 생각을 가지런히 하는 것이고 '명(明)'은 마음을 깨끗하게 하는 것이다. '재명(齊明)'하여 내면을 한결같게 하고 '성복(盛服)'하여 그 외면을 엄숙하게 한다.(齊, 齊其思慮, 明, 明潔其心. 齊明以一其內, 盛服以肅其外.)"라고 설명하였다.

官盛任使는 所以勸大臣也니이다. 忠信重祿은 所以勸士也
니이다. 時使薄斂은 所以勸百姓也니이다. 日省月試하여 旣
稟171)稱事는 所以勸百工也니이다. 送往迎來하며 嘉善而
矜不能은 所以柔遠人也니이다. 繼絶世하고 擧廢國하며 治
亂持危하고 朝聘以時하며 厚往而薄來는 所以懷諸侯也니
이다.

●此는 言九經之事也라. 官盛任使는 謂官屬이 衆盛하여 足任使令也라.
蓋大臣은 不當親細事故로 所以優之者가 如此라. 忠信重祿은 謂待之
誠而養之厚니 蓋以身體之하여 而知其所賴乎上者가 如此也라. 旣는
讀曰餼니 餼稟은 稍食也라. 稱事는 如周禮稟人職曰考其弓弩하여 以
上下其食172)이 是也라. 往則爲之授節以送之하고 來則豊其委積173)以
迎之라. 朝는 謂諸侯가 見於天子요 聘은 謂諸侯가 使大夫來獻이라.
王制에 比年에 一小聘하고 三年에 一大聘하고 五年에 一朝라.174) 厚
往薄來는 謂燕賜는 厚하고 而納貢은 薄이라.

<table>
<tr><td>한 자</td><td>齊 가지런할 제 · 재계할 재, 讒 참소할 참, 薄 엷을 박 · 적을 박,
旣 다할 기 · 이미 기 · 양식 희(餼와 통용자), 稟 줄 품 · 받을 품 ·
곳집 름 · 양식 름(廩과 같은 자), 嘉 아름다울 가 · 기릴 가, 聘
찾아갈 빙, 優 넉넉할 우, 賴 힘입을 뢰, 餼 보낼 희 · 양식 희,</td></tr>
</table>

---

171) 희름(旣稟): 희름(餼廩)과 같은 단어로, 관청에서 지급하는 곡식이나 음식물을
    가리킨다.
172) ≪주례(周禮)·하관(夏官)·고인(稟人)≫에, "그들이 한 일을 헤아리고 활과 쇠뇌
    를 시험하여, 그 급료를 올리고 내리며 상과 벌을 행한다.(乘其事, 試其弓弩, 以
    下上其食而誅賞.)"라고 하였다.
173) 위적(委積): '쌓아 놓은 것'이라는 뜻에서 재물을 가리킨다.
174) ≪예기(禮記)·왕제(王制)≫, "제후는 천자에게 매년 한 번 작은 빙문을 하고,
    3년에 한 번 큰 빙문을 하며, 5년에 한 번 조회한다.(諸侯之於天子也, 比年一小
    聘, 三年一大聘, 五年一朝.)"

稍 벼 이삭 끝 초·조금 초·**녹미(祿米) 초**, 稾 볏짚 고·**화살대 고**, 授 줄 수, 積 쌓을 적, 獻 바칠 헌

생각을 가지런히 하고 마음을 깨끗하게 하며 의복을 갖춰 입은 채, 예가 아니면 움직이지 않는 것은 자신을 수양하는 방법입니다. 참소하는 자들을 쫓아내고 여색을 멀리하며 재물을 가볍게 여기고 덕을 귀하게 여기는 것은 현자들을 힘쓰게 하는 방법입니다. 그들의 지위를 높여 주고 그들의 녹봉을 많이 주며 그들이 좋아하고 싫어하는 것을 함께하는 것은 친척을 친애함을 힘쓰게 하는 방법입니다. 관속이 많아 심부름을 맡기게 하는 것은 대신들을 힘쓰게 하는 방법입니다. 충정과 신의로 대하고 녹봉을 많이 주는 것은 선비들을 힘쓰게 하는 방법입니다. 때에 맞게 부역시키고 적게 거두는 것은 백성들을 힘쓰게 하는 방법입니다. 나날이 살피고 다달이 시험하여 급료를 일에 맞게 주는 것은 여러 기술자를 힘쓰게 하는 방법입니다. 가는 자[보내는 사신]를 전송하고 오는 자[오는 사신]를 환영하며, 잘하는 자를 칭찬하고 잘하지 못하는 자를 가엾게 여기는 것은 멀리서 온 사람들을 부드럽게 대하는 방법입니다. 끊어진 세계(世系)를 이어주고 없어진 나라를 세워 주며, 혼란한 나라를 다스려 주고 위태로운 나라를 유지해 주며, 조회와 빙문을 때에 따라 하고 가는 것[하사]을 넉넉하게 하면서 오는 것[공물]을 적게 하는 것은 제후들을 포용하는 방법입니다.

○이것은 아홉 가지 원칙의 사항들을 말씀한 것이다. '관성임사(官盛任使)'는 관속이 많아 충분히 심부름을 맡길 수 있게 하는 것을 이른다.

대신은 사소한 일을 직접 해서는 안 되기 때문에 그들을 우대하는 방법이 이와 같다. '충신중록(忠信重祿)'은 그들을 대하는 것이 참되고 그들을 부양하는 것이 넉넉함이니, 자신을 기준으로 그들을 헤아려 그들이 윗사람에게 의지하는 것이 이와 같음을 알게 하는 것이다. '희(旣)'는 '희(餼)'로 읽으니 '희름(餼禀)'은 급료이다. '칭사(稱事)'는 ≪주례(周禮)·고인(槀人)≫의 직책에, "(그들이 만든) 활과 쇠뇌를 살펴 그 급료를 올리고 내린다."라고 한 것이 그것이다. 가는 자는 그에게 부절을 주어 전송하고, 오는 자는 재물을 넉넉히 하여 맞이한다. '조(朝)'는 제후가 천자를 뵙는 것을 이르고, '빙(聘)'은 제후가 대부를 보내 (예물을) 올리게 하는 것을 이른다. ≪예기(禮記)·왕제(王制)≫에, "매년 한 번 작은 빙문을 하고, 3년에 한 번 큰 빙문을 하며, 5년에 한 번 조회한다."라고 하였다. '후왕박래(厚往薄來)'는, 연회와 하사는 넉넉하게 하고 공물을 바치는 것은 적게 하도록 함을 이른다.

제20장-21-15 ●凡爲天下國家에 有九經하니 所以行之者는 一也니이다.

●一者는 誠也라. 一有不誠이면 則是九者는 皆爲虛文矣니 此는 九經 之實也라.

무릇 천하와 국가를 다스리는 데에 아홉 가지 원칙이 있는데 그것을 행하는 방법은 하나입니다.

○'일(一)'이라는 것은 '참됨[성(誠)]'이다. 하나라도 참되지 못함이 있으면 이 아홉 가지는 모두 유명무실한 규정이 되니, 이것[참됨, 성

(誠)]이 아홉 가지 원칙의 본질이다.

제20장-21-16 ◉凡事는 豫則立하고 不豫則廢니이다. 言前
定則不跲하고 事前定則不困하며 行前定則不疚하고 道前
定則不窮이니이다.

◉凡事는 指達道達德九經之屬이라. 豫는 素定也라. 跲은 躓也오 疚는
病也라. 此는 承上文하여 言凡事에 皆欲先立乎誠이니 如下文所推가
是也라.

> **한 자** 跲 넘어질 겁 · 막힐 겁, 疚 고질병 구 · **꺼림칙할 구**, 躓 넘어질 지

모든 일은 (참됨이) 미리 정해지면 이루어지고 미리 정해지지
않으면 폐지됩니다. 말은 (참됨이) 미리 정해지면 차질이 나지
않고, 일은 (참됨이) 미리 정해지면 곤란해지지 않으며, 행동은
(참됨이) 미리 정해지면 꺼림칙해지지 않고, 도는 (참됨이) 미
리 정해지면 궁해지지 않습니다.

○모든 일은, '공통적인 도리[달도(達道)]', '공통적인 덕성[달덕(達
德)]', '아홉 가지 원칙[구경(九經)]' 등을 가리킨다. '예(豫)'는 '본래
정해지다'이다. '겁(跲)'은 '넘어지다'이고, '구(疚)'는 '병폐'이다. 이것
은 윗글을 받아 모든 일에 다 참됨을 먼저 확립하기를 바란다는 말씀
이니, 아랫글에서 확충해 나간 것과 같은 것이 그것이다.

제20장-21-17 ◉在下位하여 不獲乎上이면 民不可得而治矣
니이다. 獲乎上이 有道하니 不信乎朋友면 不獲乎上矣니이
다. 信乎朋友가 有道하니 不順乎親이면 不信乎朋友矣니이
다. 順乎親이 有道하니 反諸身不誠이면 不順乎親矣니이
다. 誠身이 有道하니 不明乎善이면 不誠乎身矣니이다.175)

◉此는 又以在下位者로 推言素定之意라. 反諸身不誠은 謂反求諸身하여
而所存所發이 未能眞實而無妄也라. 不明乎善은 謂不能察於人心天命
之本然하여 而眞知至善之所在也라.

한 자 ┃ 妄 허망할 망·**거짓될 망**

아랫자리에 있으면서 윗사람에게 신임을 얻지 못하면 백성을
다스릴 수 없게 됩니다. 윗사람에게 신임을 얻는 것이 방법이
있으니 벗에게 믿음을 받지 못하면 윗사람에게 신임을 얻지 못
하게 됩니다. 벗에게 믿음을 받는 것이 방법이 있으니 어버이
에게 효성스럽지 못하면 벗에게 믿음을 받지 못하게 됩니다.
어버이에게 효성스러움이 방법이 있으니 자신에게 돌이켜보아
참되지 않으면 어버이에게 효성스럽지 못하게 됩니다. 자신을
참되게 하는 것이 방법이 있으니 선에 밝지 못하면 자신을 참
되게 하지 못하게 됩니다.

---

175) ≪맹자(孟子)·이루상(離婁上)≫에서, "居下位而不獲乎上, 民不可得而治也. 獲於
上, 有道, 不信於友, 弗獲於上矣. 信於友, 有道, 事親弗悅, 弗信於友矣. 悅親, 有
道, 反身不誠, 不悅於親矣. 誠身, 有道, 不明乎善, 不誠其身矣."라고 하여, ≪중용≫
을 인용하면서 글자에 약간의 출입을 두었다.

○이것은 다시 아랫자리에 있는 자를 가지고, '(참됨이) 본래 정해지는 뜻'을 확충하여 말씀한 것이다. '자신에게 돌이켜보아 참되지 않음'은, 자신에게 돌이켜 찾아봄에 (마음에) 간직한 것과 드러나는 것이 아직 진실되어 거짓됨이 없을 수가 없음을 이른다. '선에 밝지 못함'은, 사람의 마음[심(心)]과 하늘이 명해 준 것[성(性)]의 본질을 살필 수 없어서 최선의 경지[지선(至善)]가 있는 곳을 참으로 알지 못함을 이른다.

제20장-21-18 ●誠者는 天之道也오 誠之者는 人之道也니이다.176) 誠者는 不勉而中하며 不思而得하여 從容中道하나니 聖人也오 誠之者는 擇善而固執之者也니이다.

●此는 承上文誠身而言이라. 誠者는 眞實無妄之謂니 天理之本然也오 誠之者는 未能眞實無妄而欲其眞實無妄之謂니 人事之當然也라. 聖人之德은 渾然天理라 眞實無妄하여 不待思勉而從容中道하니 則亦天之道也라. 未至於聖이면 則不能無人欲之私하여 而其爲德이 不能皆實이라. 故로 未能不思而得하여 則必擇善然後에 可以明善이오 未能不勉而中하여 則必固執而後에 可以誠身이라. 此則所謂人之道也라. 不思而得은 生知也오 不勉而中은 安行也라. 擇善은 學知以下之事요 固執은 利行以下之事也라.

한 자 渾 흐릴 혼·둥글 혼·온전할 혼

---

176) ≪맹자(孟子)·이루상(離婁上)≫에서는, "참됨이라는 것은 하늘의 도이고 참되게 하기를 생각하는 것은 사람의 도이다.(誠者, 天之道也, 思誠者, 人之道也.)"라고 하였다.

참됨이라는 것은 하늘의 도이고 참되게 하는 것은 사람의 도입니다. 참된 자는 힘쓰지 않고도 (도에) 맞으며[177] 생각하지 않고도 (도를) 터득하여[178] 자연스럽게 도에 맞으니 성인(聖人)이고, 참되게 하는 자는 선을 택하여[179] 굳게 지키는[180] 자입니다.

○이것은 윗글의 '자신을 참되게 하는 것[성신(誠身)]'을 받아서 말씀한 것이다. '성(誠)'이라는 것은 '진실하여 거짓됨이 없음'을 이르니 '하늘의 이치로서 본래 그러함'이고, '성지(誠之)'라는 것은 아직 '진실하여 거짓됨이 없'을 수는 없지만, 그 '진실하여 거짓됨이 없'기를 바라는 것을 이르니, '사람의 일로서 마땅히 그러해야 함'이다. 성인의 덕은 온전한 천리라서 진실하여 거짓됨이 없어 생각하고 힘쓰기를 기다리지 않고도 자연스럽게 도에 맞으니, 역시 '하늘의 도'이다. 아직 성인의 경지에 이르지 못하였으면 사람의 욕망이라는 사사로움이 없을 수 없어 그 덕성이 모두 진실할 수는 없다. 그러므로 생각하지 않고도 (도를) 터득할 수 없어 반드시 선을 택한 뒤에야 선을 밝힐 수 있고, 힘쓰지 않고도 (도에) 맞을 수 없어 반드시 굳게 지킨 뒤에야 자신을 참되게 할 수 있다. 이것이 바로 '사람의 도'라고 이르는 것이다. 생각하지 않고도 (도를) 터득하는 것은 태어나면서 아는 것이고, 힘쓰지 않고도 (도에) 맞는 것은 편안하게 여겨서 실천하는 것이다. 선을 택하는 것은 배워서 아는 것으로부터 그 이하의 일이고,[곤지(困知)까지 포함하고,] 굳게 잡는 것은 이롭게 여겨서 행하

---

177) ≪중용·제20장·제9구≫, "어떤 사람은 편안히 그것을 실천한다.(或安而行之.)"
178) ≪중용·제20장·제9구≫, "어떤 사람은 태어나면서 그것을 안다.(或生而知之.)"
179) ≪중용·제20장·제9구≫, "어떤 사람은 배워서 그것을 알며, 어떤 사람은 (알지 못해) 곤란해져서 (배움으로써) 그것을 안다.(或學而知之, 或困而知之.)"
180) ≪중용·제20장·제9구≫, "어떤 사람은 이롭게 여겨서 그것을 실천하며 어떤 사람은 힘써서 그것을 실천한다.(或利而行之, 或勉强而行之.)"

는 것으로부터 그 이하의 일이다.[면행(勉行)까지 포함한다.]

제20장-21-19 ◉博學之하고 審問之하며 愼思之하고 明辨
之하며 篤行之니이다.181)

◉此는 誠之之目也라. 學問思辨은 所以擇善而爲知니 學而知也오 篤行
은 所以固執而爲仁이니 利而行也라.

◉程子曰이라. 五者에 廢其一이면 非學也니라.

> **한 자** 審 잘 알 심·살필 심·**세밀할 심**, 愼 삼갈 신, 辨 **변별할 변**·식
> 별할 변, 篤 **착실할(견실할) 독**·**진지할 독**·두터울 독·순수할
> 독·심할 독, 廢 무너질 폐·버릴 폐·**그만둘 폐**

널리 배우고182) 치밀하게 물으며,183) 신중하게 생각하고184)
분명하게 구분하며,185) 착실하게 실천할 것186)입니다.

---

181) 생각하지 않고도 터득하는(不思而得) 참된 자(誠者)와는 달리, 참되게 하는 자
(誠之者)의 공부 과정이다.

182) ≪논어(論語)·옹야(雍也)≫, "군자가 글에서 널리 배우고 예로 요약한다면 또
한 (도에서) 어긋나지 않을 수 있다.(君子博學於文, 約之以禮, 亦可以不畔矣夫.)"

183) 치밀하게 물으며(審問) : 확실히 알 때까지 묻는 것이니, 다음 절에서 말했듯이
'묻지 않음이 있을지언정 묻는다면 알지 못하는 것을 버려두지 말아야 하는(有弗
問, 問之, 弗知, 弗措也.)' 자세이다.

184) ≪논어(論語)·위정(爲政)≫에서, "배우면서 생각하지 않으면 (터득함이) 없고,
생각하면서 배우지 않으면 위태롭다.(學而不思則罔, 思而不學則殆.)"라고 하였
듯이 '신중하게 생각하여' 터득함이 있게 해야 한다.

185) 이상의 네 가지는 '참되게 하는 자(誠之者)'가 '배워서 그것을 아는(學而知之)'
'택선(擇善)'의 과정을 설명한 것이다.

186) 이 한 가지는 '참되게 하는 자(誠之者)'가 '이롭게 여겨서 그것을 실천하는(利而
行之)' '고집(固執)'의 과정을 설명한 것이다.

○이것은 참되게 하는 조목이다. '배우고 물으며 생각하고 구분함'은 '선을 택하는 것[택선(擇善)]'으로서 지(智)가 되니 배워서 아는 것이고, '착실하게 실천함'은 '굳게 잡는 것[고집(固執)]'으로서 인(仁)이 되니 이롭게 여겨서 실천하는 것이다.

○정자가 말씀하였다. "이 다섯 가지에서 하나라도 그만두면 배움이 아니다."

제20장-21-20 ◉有弗學이언정 學之인댄 弗能을 弗措也하고 有弗問이언정 問之인댄 弗知를 弗措也하며 有弗思언정 思之인댄 弗得을 弗措也하고 有弗辨이언정 辨之인댄 弗明을 弗措也하며 有弗行이언정 行之인댄 弗篤을 弗措也니이다. 人一能之어든 己百之하고 人十能之어든 己千之니이다.

●君子之學은 不爲則已어니와 爲則必要其成이라. 故로 常百倍其功이라. 此는 困而知하고 勉而行者也니 勇之事也라.

한 자 措 놓을 조 · **버려둘 조**, 倍 곱 배 · 배반할 배(背와 통용)

배우지 않음이 있을지언정 배운다면 잘하지 못하는 것을 버려두지 말고, 묻지 않음이 있을지언정 묻는다면 알지 못하는 것을 버려두지 말며, 생각하지 않음이 있을지언정 생각한다면 터득하지 못하는 것을 버려두지 말고, 구분하지 않음이 있을지언정 구분한다면 분명하지 못한 것을 버려두지 말며, 실천하지 않음이 있을지언정 실천한다면 착실하지 못한 것을 버려두지 말아야 합니다. 남이 그것을 한 번에 잘하거든 자신은 그것을 백 번 하고, 남이 그것을 열 번에 잘하거든 자신은 그것을 천 번 할 것입니다.

○군자의 배움은 하지 않는다면 그만이지만 한다면 반드시 그 완성을 추구해야 한다. 그러므로 항상 그 노력을 백 배로 한다. 이것은 곤란해져서 (배움으로써) 알고 힘써서 행하는 자이니, 용기의 일이다.

제20장-21-21 ●果能此道矣면 雖愚나 必明하며 雖柔나 必强이니이다.

●明者는 擇善之功이오 强者는 固執之效라.
●呂氏曰이라. 君子所以學者는 爲能變化氣質而已라. 德勝氣質이면 則愚者가 可進於明이오 柔者가 可進於强이어니와 不能勝之면 則雖有志於學이나 亦愚不能明하고 柔不能立而已矣라. 蓋均善而無惡者는 性也니 人所同也오 昏明强弱之稟이 不齊者는 才也니 人所異也라. 誠之者는 所以反其同而變其異也라. 夫以不美之質로 求變而美인댄 非百倍其功이면 不足以致之라. 今以鹵莽滅裂[187]之學으로 或作或輟하여 以變

───────────────

187) 노망멸렬(鹵莽滅裂) : 거칠고 엉성한 모습이다.[≪장자(莊子)·즉양(則陽)≫, "장오(長梧)의 국경 관리인이 자뢰를 문안하고 말하였다. '그대는 정치를 할 때에 거칠게 해서는 안 되고, 백성을 다스릴 때에 엉성하게 해서는 안 됩니다. 전에 내가 농사를 지을 때, 밭을 갈면서 거칠게 하였더니 그 열매들도 역시 거칠어져서 나에게 갚았고, 김을 매면서 엉성하게 하였더니 그 열매들도 역시 엉성해져서 나에게 갚았습니다. 내가 다음해에는 방법을 바꿔 밭갈이를 깊이 하고 잘 덮어주었더니 벼가 번성하고 잘 자라 나는 일 년 동안 배불리 먹을 수가 있었습니다.(長梧封人問子牢曰. 君爲政焉勿鹵莽, 治民焉勿滅裂. 昔予爲禾, 耕而鹵莽之, 則其實亦鹵莽而報予, 芸而滅裂之, 其實亦滅裂而報予. 予來年變齊, 深其耕而熟耰之, 其禾蘩以滋, 予終年厭飱.)"]

其不美之質이라가 及不能變이면 則曰天質不美는 非學所能變이라하면 是는 果於自棄니 其爲不仁이 甚矣라.

鹵 소금밭 로·**척박할 로**, 莽 풀숲 망·우거질 망·**거칠 망**, 輟 **멈출 철**·없앨 철

만약 이 방법을 잘해낸다면 비록 어리석더라도 반드시 명철해지고 비록 유약하더라도 반드시 강인해집니다.

○명철해진다는 것은 '선을 택한[택선(擇善)]' 성과이고 강인해진다는 것은 '굳게 지킨[고집(固執)]' 효과이다.
○여씨(呂氏)[여대림(呂大臨)188)]가 말하였다. "군자가 배우는 이유는 기질을 변화시킬 수 있기 때문일 뿐이다. 덕이 기질을 이기면 어리석은 자가 명철함으로 발전하고 유약한 자가 강인함으로 발전할 수 있지만, 그것을 이길 수 없으면 비록 배움에 뜻을 두더라도 어리석은 자가 명철해질 수 없고 유약한 자가 자립할 수 없을 뿐이다. 똑같이 선하고 악이 없는 것은 본성이니 사람들이 동일한 것이고, 어둡고 밝으며 강인하고 유약함을 부여받은 것이 같지 않은 것은 재질이니 사람들이 다른 것이다. 참되게 하는 것은 그 동일함[성(性)]을 회복하고 그 다름[재(才)]을 변화시키는 것이다. 아름답지 못한 재질을 가지고 변화를 추구하여 아름다워지려면 그 노력를 백 배로 하지 않으면 이를 수 없다. 이제 거칠고 엉성한 공부로 혹은 하기도 하고 혹은 멈추기도 하면서 자신의 아름답지 못한 자질을 변화시키다가 변화시킬 수 없음에 이르면, 바로 말하기를 '타고난 자질이 아름답지 못한

---

188) 여대림(呂大臨): 송(宋) 남전(藍田) 출신으로 자가 여숙(與叔)이다. 장재(張載)와 이정(二程)을 사사하여 정문사선생(程門四先生)의 칭호가 있었다. 비서성정자(祕書省正字)를 지냈고 ≪고고도(攷古圖)≫를 저술하였다.

것은 배움으로 변화시킬 수 있는 것이 아니다.'라고 한다면, 이것은 자신을 버리는 데에 과감함이니 그것이 불인(不仁)이 됨이 심하다."

●右는 第二十章이라. 此는 引孔子之言이니 以繼大舜文武周公之緒하여 明其所傳之一致하여 擧而措之면 亦猶是爾라. 蓋包費隱하고 兼小大하여 以終十二章之意189)라. 章內에 語誠始詳하니 而所謂誠者가 實此篇之樞紐也라.

●又按孔子家語한대 亦載此章而其文이 尤詳이라. 成功一也之下에 有公曰子之言이 美矣至矣나 寡人이 實固하여 不足以成之也라. 故로 其下에 復以子曰로 起答辭어늘 今無此問辭而猶有子曰二字라. 蓋子思가 刪其繁文하여 以附于篇而所刪有不盡者니 今當爲衍文也라. 博學之以下는 家語에 無之라. 意彼有闕文이어나 抑此或子思所補也歟인저.

> **한자** 緒 실마리 서·**일 서**, 樞 지도리 추·**관건 추**, 紐 끈 뉴·매듭 뉴·**근본 뉴**, 刪 깎을 산, 繁 많을 번, 附 붙을 부

○이상은 제20장이다. 이것은 공자의 말씀을 인용한 것이니 위대한 순임금과 문왕·무왕·주공의 일을 이어, 그분들이 전한 바가 일치하여 이것을 들어다가 시행하면 또한 그와 같을 뿐임을 밝힌 것이다. 드넓음[비(費)]과 은미함[은(隱)]을 포함하고 크고 작은 것을 겸하여 제12장의 뜻을 마무리한 것이다. 이 장[제20장] 안에서 성(誠)을 말한 것이 비로소 상세하니, 이른바 성(誠)이란 것이 진실로 이 편의 관건이다.

○또 ≪공자가어(孔子家語)≫를 살펴보건대, 역시 이 장이 실려 있는데 그 글이 더욱 상세하다. '성공일야(成功一也)'의 아래에, "애공이 이

---

189) ≪중용·제12장≫, "군자의 도는 (적용은) 드넓으면서도 (본질은) 은미하다.(君子之道, 費而隱.)"

르기를, '그대의 말씀이 아름답고 지극하지만 과인이 실로 고루하여 이것을 이룰 수 없습니다.'"라는 구절이 있다. 그러므로 그 아래에 다시 '자왈(子曰)'로 답변의 말씀을 일으킨 것인데, 지금은 이 묻는 말이 없는데도 오히려 '자왈(子曰)'이라는 두 글자가 있다. 아마도 자사가 번잡한 글을 삭제하여 이 편에 붙이면서 삭제한 것에 미진함이 있는 듯하니 지금 마땅히 군더더기 글로 해야 하겠다. '박학지(博學之)' 이하는 ≪공자가어≫에 없다. 생각하건대 저기[≪공자가어≫]에 빠진 글이 있거나, 아니면 여기[≪중용≫]에서 혹시 자사가 보충한 것이리라.

❈ 중용 제21장

제21장-1-1 ◉自誠明을 謂之性이오 自明誠을 謂之敎라. 誠則明矣요 明則誠矣니라.

●自는 由也라. 德無不實而明無不照者는 聖人之德이니 所性而有者也로 天道也라. 先明乎善而後에 能實其善者는 賢人之學이니 由敎而入者也로 人道也라. 誠則無不明矣요 明則可以至於誠矣라.

참됨으로 말미암아 밝은 것을 본성이라 이르고,[190] 밝힘으로 말미암아 참되어지는 것을 가르침이라 이른다.[191] [성인(聖人)

---

190) 천도(天道)의 참됨 그 자체로서, 생이지지(生而知之)한 성인(聖人)의 경우이다. 그 구체적인 설명이 ≪중용·제20장·제18구≫의, "참된 자는 힘쓰지 않고도 (도에) 맞으며 생각하지 않고도 (도를) 터득하여 자연스럽게 도에 맞으니 성인(聖人)입니다.(誠者, 不勉而中, 不思而得, 從容中道, 聖人也.)"이다.

191) 성인의 가르침을 통해 천도(天道)의 참됨을 회복하는, 즉 학이지지(學而知之)하

은] 참되니 그래서 밝고, [현인(賢人)은] 밝히니 그래서 참되어진다.[192]

○'자(自)'는 '말미암다'이다. 덕은 진실하지 않음이 없고 밝음은 비추지 않음이 없는 것이 성인(聖人)의 덕이니, 본성대로 하여 간직한 것으로 하늘의 도이다. 먼저 선을 밝힌 뒤에 그 선을 진실하게 이룰 수 있는 것은 현인의 배움이니, 가르침으로 말미암아 들어가는 것으로 사람의 도이다. 참되면 밝지 않음이 없고 밝히면 참됨에 이를 수 있게 된다.

●右는 第二十一章이라. 子思가 承上章夫子天道人道之意而立言也라. 自此以下十二章은 皆子思之言이니 以反覆推明此章之意라.

○이상은 제21장이다. 자사가 윗장에서 공자가 제시한 천도와 인도의 뜻을 받아서 논리를 세운 것이다. 이로부터 이하의 12개 장은 모두 자사의 말씀으로, 되풀이하면서 이 장의 뜻을 확충하여 밝힌 것이다.

※ 중용 제22장

제22장-1-1 ●唯天下至誠이라야 爲[193]能盡其性이라. 能盡

는 현인(賢人)의 경우이다. 그 구체적인 설명이 ≪중용·제20장·제18구≫의, "참되게 하는 자는 선을 택하여 굳게 지키는 자입니다.(誠之者, 擇善而固執之者也.)"이다.

192) ≪맹자(孟子)·진심상(盡心上)≫에, "요임금과 순임금은 본성대로 하였고 탕임금과 무왕은 실천하였다.(堯舜性之也, 湯武身之也.)"라고 하였는데, '요임금과 순임금은 본성대로 하였다(堯舜性之也)'가 '[성인(聖人)은] 참되니 그래서 밝다(誠則明)'의 예이고, '탕임금과 무왕은 실천하였다(湯武身之也)'가 '[현인(賢人)은] 밝히니 그래서 참되어진다(明則誠)'의 예이다.

193) 위(爲): 비교하는 의미의 문장에서 앞의 유(唯)와 호응하여 가장(最), 더욱(更)

其性則能盡人之性이오   能盡人之性則能盡物之性이라.   能
盡物之性則可以贊天地之化育이오   可以贊天地之化育則可
以與天地參矣니라.

●天下至誠은 謂聖人之德之實이 天下莫能加也라. 盡其性者는 德無不實
故로 無人欲之私하여 而天命之在我者를 察之由之194)하여 巨細精粗
가 無毫髮之不盡也라. 人物之性이 亦我之性이나 但以所賦形氣가 不
同而有異耳라. 能盡之者는 謂知之無不明而處之無不當也라. 贊은 猶
助也라. 與天地參은 謂與天地並立而爲三也라. 此는 自誠而明者之事
也라.

한 자   贊 도울 찬 · 찬미할 찬, 參 셋 삼 · 나란히 설 참 · **참여할 참**

오직 천하에서 지극히 참된 이[성인(聖人)]라야 자신의 본성을
다할 수 있다. 자신의 본성을 다할 수 있으면 남의 본성을 다하
게 할 수 있고, 남의 본성을 다하게 할 수 있으면 만물의 본성
을 다하게 할 수 있다. 만물의 본성을 다하게 할 수 있으면 천
지가 변화시키고 생육시키는 것을 도울 수 있고, 천지가 변화
시키고 생육시키는 것을 도울 수 있으면 천지와 더불어 (변화
와 생육에) 참여할 수 있다.

○'천하에서 지극히 참된 이(天下至誠)'는 성인(聖人)의 덕의 실체가 천
하에 더할 수 있는 것이 없음을 이른다. '자신의 본성을 다한다(盡其

의 뜻을 갖는 강조 용법이다.

194) ≪맹자(孟子)·이루하(離婁下)≫, "순임금은 만물의 이치에 밝으셨으며 인륜에
대해 자세히 아셨으니, 인의에 따라 실천한 것이지 인의를 실천한 것이 아니었
다.(舜明於庶物, **察**於人倫, **由**仁義行, 非行仁義也.)"

性)'는 것은 덕이 진실하지 않음이 없기 때문에 사람의 욕망이라는 사사로움이 없어 자신에게 있는 천명[성(性)]을 자세히 알고 따름으로써, 크고 작은 것과 정밀하고 거친 것이 털끝만 한 미진함이 없는 것이다. 사람과 만물의 본성이 또한 나의 본성이지만, 다만 부여받은 바의 형체와 기질이 동일하지 않아 다름이 있을 뿐이다. '그것을 다할 수 있다(能盡之)'는 것은 아는 것이 밝지 않음이 없고 대처하는 것이 마땅하지 않음이 없음을 이른다. '찬(贊)'은 '돕다'와 같다. '천지와 더불어 참여한다(與天地參)'는 천지와 나란히 서서 셋이 되는 것을 이른다. 이것은 참됨으로 말미암아 밝은 자의 일195)이다.

●右는 第二十二章이라. 言天道也라.

○이상은 제22장이다. 천도를 말한 것이다.196)

✲ 중용 제23장

제23장-1-1 ●其次는 致曲이니 曲能有誠이라. 誠則形하고 形則著라. 著則明하고 明則動라. 動則變하고 變則化라. 唯天下至誠이라야 爲197)能化니라.

●其次는 通大賢以下凡誠有未至者而言也라. 致는 推致也오 曲은 一偏也라. 形者는 積中而發外요 著則又加顯矣라. 明則又有光輝發越之盛也라. 動者는 誠能動物198)이오 變者는 物從而變이오 化則有不知其所

---

195) 즉 성인(聖人)의 일이다.
196) '참됨으로 말미암아 밝은(自誠明)' 성인(聖人)의 경우이다.
197) 위(爲) : 비교하는 의미의 문장에서 앞의 유(唯)와 호응하여 가장(最), 더욱(更)의 뜻을 갖는 강조 용법이다.

以然者라. 蓋人之性이 無不同이나 而氣則有異라. 故로 惟聖人이 能擧 其性之全體而盡之요 其次則必自其善端發見之偏而悉推致之하여 以各 造其極也라. 曲無不致면 則德無不實하여 而形著動變之功이 自不能已 라. 積而至於能化하면 則其至誠之妙가 亦不異於聖人矣라.

그 다음은 일부분을 지극하게 하니199) 일부분에 참됨이 있을 수 있다. 참되면 구체화되고 구체화되면 드러난다. 드러나면 선명해지고 선명해지면 (상대를) 감동시킨다. (상대가) 감동하 면 변하고 변하면 바뀐다. 오직 천하에서 지극히 참된 이라야 (상대를) 바꿀 수 있다.

○'그 다음'은, 위대한 현자 이하로 무릇 참됨에 아직 지극하지 못함이 있는 자들을 통틀어 말씀한 것이다. '치(致)'는 확충하여 지극하게 함 이고 '곡(曲)'은 일부분이다. '형(形)'이라는 것은 안에 쌓여서 밖으로 드러나는 것이고 '저(著)'는 더욱더 드러나는 것이다. '명(明)'은 다시 빛의 발휘가 성대함이 있는 것이다. '동(動)'이라는 것은 참됨이 상대 를 감동시킬 수 있는 것이고 '변(變)'이라는 것은 상대가 따라서 변하 는 것이며, '화(化)'는 그것이 그러한 까닭을 알지 못함이 있는 것이 다. 사람의 본성은 같지 않음이 없으나 기질은 다름이 있다. 그러므 로 오직 성인만이 그 본성의 전체를 통째로 극진하게 할 수 있고, 그

---

198) ≪맹자(孟子)·이루상(離婁上)≫, "지극히 참되면서 (상대를) 감동시키지 못하는 자는 아직까지 없었으니, 참되지 않으면 (상대를) 감동시킬 자가 없다.(至誠而不 動者, 未之有也, 不誠, 未有能動者也.)"

199) 예를 들면, 사람의 본성(本性)인 인(仁), 의(義), 예(禮), 지(智) 가운데에서 하나 를 극진히 하는 것이다.

다음은 반드시 선의 단서가 드러나는 일부분으로부터 모두 확충하여 지극하게 함으로써 각각 그 극치에 나아가는 것이다. 일부분이 지극하게 하지 않음이 없으면 덕이 진실하지 않음이 없어, 구체화되고 드러나며 감동하고 변하는 성과가 저절로 그칠 수 없게 된다. 쌓여서 그렇게 바뀔 수 있음에 이르면, 그 지극한 참됨의 오묘함이 역시 성인과 다르지 않게 된다.

●右는 第二十三章이라. 言人道也라.

○이상은 제23장이다. 인도(人道)를 말한 것이다.200)

✿ 중용 제24장

제24장-1-1 ●至誠之道는 可以前知라. 國家將興에 必有禎祥하고 國家將亡에 必有妖孼하여 見乎蓍龜하며 動乎四體라. 禍福將至에 善을 必先知之하고 不善을 必先知之라. 故로 至誠은 如神이니라.

●禎祥者는 福之兆요 妖孼者는 禍之萌이라. 蓍는 所以筮요 龜는 所以卜이라. 四體는 謂動作威儀之間이니 如執玉高卑에 其容俯仰之類라. 凡此는 皆理之先見者也라. 然이나 唯誠之至極而無一毫私偽가 留於心目之間者라야 乃能有以察其幾焉이라. 神은 謂鬼神이라.

한 자   禎 상서 정, 祥 상서로울 상, 妖 아리따울 요·괴이할 요, 孼 서

---

200) '밝힘으로 말미암아 참되어지는(自明誠)' 현인(賢人)의 경우이다.

자 얼·**사악할 얼**, 蓍 시초 시, 兆 조짐 조, 萌 싹 맹, 筮 시초
시·**점칠 서**, 俯 구부릴 부, 幾 기미 기

지극히 참된 이의 방식은 (조짐을) 미리 알 수 있다.201) 국가
가 장차 흥성하려 할 때에 반드시 상서로움이 있고 국가가 장
차 멸망하려 할 때에 반드시 괴이함이 있어, 시초점과 거북점
에 나타나고 (조짐이) 온몸에서 움직인다. 화와 복이 장차 이르
려 할 때에, 좋을지를 반드시 먼저 알고 좋지 못할지를 반드시
먼저 안다. 그러므로 지극히 참된 이는 귀신과 같다.

○상서로움이라는 것은 복의 징조이고 괴이함이라는 것은 화의 싹이다.
'시(蓍)'는 시초점을 치는 것이고 '귀(龜)'는 거북점을 치는 것이다.
'사체(四體)'는 동작과 모습 사이를 이르니, 예컨대 옥(玉)을 잡는 높
낮이에서 그 모습이 굽혀지고 올려지는 것 등이다. 무릇 이러한 것들
은 모두 이치가 먼저 나타난 것이다. 그러나 오직 참됨이 지극하여
한 터럭의 사욕이나 거짓이 마음과 눈 사이에 남아 있지 않은 자라야
마침내 제대로 그 기미를 살필 수 있다. '신(神)'은 귀신을 이른다.

●右는 第二十四章이라. 言天道也라.

○이상은 제24장이다. 천도를 말한 것이다.202)

---

201) 사심이나 편견이 없어 진면목을 볼 수 있기 때문이다.
202) '참됨으로 말미암아 밝은(自誠明)' 성인(聖人)의 경우이다.

✳ 중용 제25장

제25장-3-1 ●誠203)者는 自成也오 而道는 自道也니라.

●言誠者는 物之所以自成이오 而道者는 人之所當自行也라. 誠은 以心
으로 言이니 本也오 道는 以理로 言이니 用也라.

참됨이라는 것은 (만물이 그것으로) 본래 이루어지는 것이
고,204) 도는 (사람이) 본래 따르는 것[가는 길]이다.205)

○참됨이라는 것은 만물이 그것으로 본래 이루어지는 것이고, 도는 사
람이 마땅히 본래 따라야 하는 것[길]이라는 말이다. 참됨은 마음을
가지고 말한 것이니 근본이고,206) 도는 이치를 가지고 말한 것이니
적용이다.207)

제25장-3-2 ●誠者는 物之終始니 不誠이면 無物이라. 是
故로 君子는 誠之爲貴니라.

---

203) 성(誠) : 하늘이 명해 준 본성(天命之謂性)의 상태를 서술하는 말이다.
204) 하늘이 명해 준 것이 본성(天命之謂性)이기 때문이다.
205) 본성을 따르는 것이 도(率性之謂道)이기 때문이다. 즉 나의 본성을 내가 따르는
것이다.
206) 참된 마음 상태라서 근본이라고 한 것이다.
207) 상황에 적용하는 도리라는 설명이다.

●天下之物은 皆實理之所爲라. 故로 必得是理然後에 有是物이니 所得之理가 旣盡則是物도 亦盡而無有矣라. 故로 人之心이 一有不實則雖有所爲라도 亦如無有하니 而君子必以誠爲貴也라. 蓋人之心이 能無不實이라야 乃爲有以自成이오 而道之在我者도 亦無不行矣라.

참됨이라는 것은 만물의 처음과 끝[전부]이니208) 참되지 않으면 만물은 없다.209) 그러므로 군자는 참됨을 귀중하게 여긴다.

○천하의 만물은 모두가 진실한 이치가 만드는 것이다.210) 그러므로 반드시 이 이치를 얻은 뒤에야 이 사물이 있으니, 얻은 바의 이치가 이미 다하면 이 사물도 또한 다하여 없어지게 된다.211) 그러므로 사람의 마음이 조금이라도 진실하지 않음이 있으면 비록 하는 바가 있더라도 역시 (하는 바가) 없는 것과 같으니, 군자는 반드시 참됨을 귀중하게 여긴다. 사람의 마음이 진실하지 않음이 없을 수 있어야 본래 이루어짐이 있게 되고 나에게 있는 도 역시 행해지지 않음이 없게 된다.

제25장-3-3 ●誠者는 非自成己而已也오 所以成物也라. 成己는 仁也오 成物은 知也니 性之德也라 合內外之道也라. 故로 時措之宜也니라.

---

208) 참됨은 천도이자 본성의 상태로, 만물이 그것으로 이루어진 것이기 때문이다.
209) 존재 가치가 없다는 말이다. 《논어(論語)·옹야(雍也)》에서, "사람의 삶은 정직함이니(정직함이 본질이니) 그것이 없는 삶은 요행으로 화를 벗어나는 것이다.(人之生也直, 罔之生也, 幸而免.)"라고 한 내용이다.
210) 참된 이치가 만물의 원리이기 때문이다.
211) 있어도 존재의 의미가 없으니 없는 것과 같다는 말이다.

●誠은 雖所以成己나 然이나 旣有以自成이면 則自然及物하여 而道가 亦行於彼矣라. 仁者는 體之存이오 知者는 用之發이니 是皆吾性之固有而無內外之殊라. 旣得於己면 則見於事者가 以時措之而皆得其宜也라.

참됨이라는 것은 본래 자신을 완성할 뿐만이 아니고 상대를 완성시켜 준다.212) 자기를 완성하는 것은 인이고213) 상대를 완성시켜 주는 것은 지혜이니214) 본성의 덕이라서215) 내외를 합치시키는 도이다.216) 그러므로 때에 따른 조치가 마땅한 것이다.217)

○참됨은 비록 자신을 완성하는 것이지만 이미 본래 완성됨이 있었으면, 자연히 상대에게 미쳐서 도가 또한 그에게 행해지게 된다. 인이라는 것은 본질이 보존되어 있는 것이고 지혜는 적용이 발휘되는 것이니, 이것은 모두 내 본성의 고유한 것이어서 내외의 다름이 없다. 이미 자신에게서 터득되었으면, 일에 나타나는 것이 때에 따라 조치

---

212) (성인이) 도를 다듬어 놓은 것이 가르침(修道之謂敎)이기 때문이다.
213) 본성(本性)[그 중에서도 대표적인 인(仁)]의 완성이기 때문이다.
214) 상대에게 적용하는 것이니, 확충시킬 줄을 아는 것이다.
215) 인(仁)의 적용이기 때문이다. 덕은 도가 작용하여 드러나는 것, 즉 적용되는 것이다.
216) 내적인 '자신의 완성(成己)'과 외적인 '상대의 완성(成物)'을 일치시킨다는 뜻이다.
217) 이 장은 《중용·제01장》의 세 항목을 하나하나 부연한 것이다. 첫째, '하늘이 명해 준 것을 본성이라고 한다(天命之謂性)'의 '성(性)'의 본질을 '참됨(誠)'으로 정의하였다. 다음으로, '본성을 따르는 것을 도라고 한다(率性之謂道)'의 '도(道)'를 '스스로 가야 할 길'로 설명하였다. 마지막으로 '(성인이) 도를 다듬어 놓은 것을 가르침이라고 한다(修道之謂敎)'의 '교(敎)'를 '상대를 완성시켜 줌[성물(成物)]'으로 설명한 것이다.

되면서 모두 그 마땅함을 얻는 것이다.

●右는 第二十五章이라. 言人道也라.

○이상은 제25장이다. 인도(人道)를 말한 것이다.[218]

🔆 중용 제26장

제26장-10-1 ●故로 至誠은 無息[219]이니

●旣無虛假라 自無間斷이라.

그러므로 지극한 참됨은 멈춤이 없으니,

○이미 허위가 없으므로 자연히 중간에 끊어짐이 없다.

제26장-10-2 ●不息則久하고 久則徵이라.

●久는 常於中也오 徵은 驗於外也라.

---

218) '참되게 하는 것이 사람의 도(誠之者, 人之道)'이기 때문이다.
219) ≪논어(論語)·자한(子罕)≫, "공자가 냇가에 계시면서 말씀하였다. '가는 것은
   이와 같구나. 밤낮을 그치지 않는구나.'(子在川上曰. 逝者如斯夫, **不舍晝夜.**)"

멈추지 않으면 오래 가고, 오래 가면 효험이 나타난다.

○'구(久)'는 안에서 한결같은 것이고, '징(徵)'은 밖으로 효험이 나타나는 것이다.

제26장-10-3 ●徵則悠遠하고 悠遠則博厚하고 博厚則高明이니라.

●此는 皆以其驗於外者로 言之니 鄭氏所謂至誠之德이 著於四方者가 是也라. 存諸中者가 旣久則驗於外者가 益悠遠而無窮矣라. 悠遠故로 其積也가 廣博而深厚하고 博厚故로 其發也가 高大而光明이라.

효험이 나타나면 멀리 미치고, 멀리 미치면 넓고 심후해지며, 넓고 심후해지면 높고 밝아진다.

○이것은 모두 그것[지극한 참됨, 지성(至誠)]이 밖으로 효험이 나타나는 것을 가지고 말씀한 것이니, 정현(鄭玄)이 일컬은, "지극한 참됨의 덕[작용]이 사방에 드러난다."[220]는 것이 그것이다. 안에 보존된 것이 이미 오래 되면, 밖으로 효험이 나타나는 것이 더욱 멀리 미쳐서 끝이 없게 된다. 멀리 미치기 때문에 그 쌓임이 넓고 심후해지며, 넓고 심후해지기 때문에 그 드러남이 높고 커지며 빛나고 밝아진다.

---

220) 당(唐) 공영달(孔穎達) ≪예기정의(禮記正義)·중용(中庸)≫ 정현 주.

제26장-10-4 ◉博厚는 所以載物也오 高明은 所以覆物也오
悠久는 所以成物也니라.

●悠久는 卽悠遠이니 兼內外而言之也라.221) 本以悠遠致高厚이나 而高
厚又悠久也니 此는 言聖人이 與天地로 同用이라.

한 자 載 실을 재, 覆 쏟을 복·뒤집을 복·넘어질 복·**덮을 부**

넓고 심후함은 만물을 실어 주는 것이고, 높고 밝음은 만물을 덮
어 주는 것이며, 멀고 오래 감은 만물을 완성시켜 주는 것이다.

○‘유구(悠久)’는 바로 ‘멀리 미치다’이니, 안과 밖을 겸하여 말씀한 것
   이다. 본래는 멀리 미치기 때문에 높고 심후함에 이르지만 높고 심후
   하면 또 멀고 오래 가니, 이것은 성인이 천지와 작용이 같음을 말씀
   한 것이다.

제26장-10-5 ◉博厚는 配地하고 高明은 配天하고 悠久는
無疆이니라.

●此는 言聖人이 與天地로 同體라.222)

---

221) ‘안에서 한결같음(常於中)’과 ‘밖으로 효험이 나타남(驗於外也)’을 가리킨다.
222) ≪중용·제22장≫, “오직 천하에서 지극히 참된 이[성인(聖人)]라야 자신의 본
   성을 다할 수 있다. 자신의 본성을 다할 수 있으면 남의 본성을 다하게 할 수 있
   고, 남의 본성을 다하게 할 수 있으면 만물의 본성을 다하게 할 수 있다. 만물의
   본성을 다하게 할 수 있으면 천지가 변화시키고 생육시키는 것을 도울 수 있고,
   천지가 변화시키고 생육시키는 것을 도울 수 있으면 천지와 더불어 (변화와 생육

넓고 심후함은 (그 덕이) 땅과 부합하고, 높고 밝음은 (그 덕이) 하늘과 부합하며, 멀고 오래 감은 끝이 없는 것이다.

○이것은 성인이 천지와 본질223)이 같음을 말씀한 것이다.

제26장-10-6 ●如此者는 不見而章하며 不動而變하며 無爲而成이니라.

●見은 猶示也라. 不見而章은 以配地而言也오 不動而變은 以配天而言也오 無爲而成은 以無疆而言也라.

이와 같은 이는 보여 주지 않아도 빛나고, 움직이지 않아도 변화시키며, 작위함이 없어도 이룬다.

○'현(見)'은 '보여 주다'와 같다. '보여 주지 않아도 빛남'은 '땅과 부합'하는 것을 가지고 말한 것이고, '움직이지 않아도 변화시킴'은 '하늘과 부합'하는 것을 가지고 말한 것이고, '작위함이 없어도 이룸'은 '끝

___

에) 참여할 수 있다.(惟天下至誠, 爲能盡其性, 能盡其性則能盡人之性, 能盡人之性則能盡物之性, 能盡物之性, 則可以贊天地之化育, 可以贊天地之化育, 則**可以與天地參矣.**)"
223) 땅처럼 넓고 심후하여 만물을 실어 주는 것과, 하늘처럼 높고 밝아 만물을 덮어 주는 작용이 끝이 없는 것이, 바로 그 본질이다.

이 없음'을 가지고 말한 것이다.

제26장-10-7 ●天地之道는 可一言224)而盡也니 其爲物이 不貳라 則其生物이 不測이니라.

●此以下는 復以天地로 明至誠無息之功用이라. 天地之道는 可一言而盡은 不過曰誠而已라. 不貳가 所以誠也라. 誠故로 不息而生物之多에 有莫知其所以然者라.

한 자 貳 버금 이 · 둘 이 · 한결같지 않을 이

천지의 도는 한마디 말로 설파할 수 있으니, 그 성향(됨됨이)이 한결같기 때문에 그것이 만물을 내는 것이 헤아릴 수 없다.

○이 이하는 다시 천지를 가지고 지극한 참됨은 멈춤이 없는 효용을 밝힌 것이다. '천지의 도는 한마디 말로 다 표현할 수 있다'는 것은 '참됨'이라는 말에 불과할 뿐이다. '한결같음[불이(不貳)]'이 참된 이유이다. 참되기 때문에 멈추지 않아서 만물을 내는 것이 많음에, 그것이 그러한 까닭을 알 수 없는 것이 있다.

제26장-10-8 ●天地之道는 博也厚也高也明也悠也久也니라.

●言天地之道는 誠一不貳라. 故로 能各極其盛하여 而有下文生物之功이라.

---

224) 일언(一言) : 참됨[성(誠)]이다.

천지의 도는 넓고 심후하며 높고 밝으며 멀리 미치고 오래 간다.

○천지의 도는 참되고 일관되어 한결같음을 말씀한 것이다. 그러므로 각기 그 성대함을 지극하게 할 수 있어 아랫글의, '만물을 내는 공덕' 이 있는 것이다.

제26장-10-9 ●今夫天은 斯昭昭之多니 及其無窮也하여는 日月星辰이 繫焉하며 萬物이 覆焉이니라. 今夫地는 一撮 土之多니 及其廣厚하여는 載華嶽而不重하며 振河海而不 洩하며 萬物이 載焉이니라. 今夫山은 一卷石之多니 及其 廣大하여는 草木이 生之하며 禽獸가 居之하며 寶藏이 興 焉이니라. 今夫水는 一勺之多니 及其不測하여는 黿鼉蛟 龍魚鼈이 生焉하며 貨財가 殖焉이니라.

●昭昭는 猶耿耿이니 小明也라. 此는 指其一處而言之요 及其無窮은 猶 十二章及其至也之意니 蓋擧全體而言也라. 振은 收也오 卷은 區也라. 此四條는 皆以發明由其不貳不息하여 以致盛大而能生物之意라. 然이 나 天地山川은 實非由積累而後大라. 讀者는 不以辭害意가 可也라.

> **한 자** 昭 밝을 소, 繫 맬 계, 撮 취할 촬·**줌 촬**, 振 떨칠 진·**거둘 진**, 洩 샐 설, 卷 굽을 권·**덩어리 권**, 勺 구기 작, 黿 큰 자라 원, 鼉 악어 타, 鼈 자라 별, 殖 번성할 식, 耿 빛날 경·**밝을 경**

지금 저 하늘은 바로 밝은 것들이 많아진 것인데 그 무궁함에 이르러서는 해와 달, 별들이 거기에 걸려 있고 만물이 거기에

덮여 있다. 지금 저 땅은 한 줌의 흙들이 많아진 것인데 그 넓고 심후함에 이르러서는 화산을 싣고도 무겁게 여기지 않고 황하와 바다를 거두면서도 새지 않으며 만물이 거기에 실려 있다. 지금 저 산은 한 덩이의 작은 돌들이 많아진 것인데 그 넓고 큼에 이르러서는 초목이 거기에서 자라고 금수가 거기에서 살며 자원이 거기에서 나온다. 지금 저 물은 한 움큼의 분량이 많아진 것인데 그 측량할 수 없음에 이르러서는 큰 자라와 악어, 작은 용과 큰 용, 물고기와 자라가 거기에서 자라고 재화가 불어난다.

○'소소(昭昭)'는 '경경(耿耿)'과 같으니, '조금 밝다'이다. 이것은 그 중의 한 곳을 가리켜 말한 것이고,225) '급기무궁(及其無窮)'은 12장(章)의 '급기지야(及其至也)'의 뜻과 같으니226) 전체를 들어서 말한 것이다. '진(振)'은 '거두다'이고 '권(卷)'은 '자잘하다'이다. 이 네 가지는 모두 그것들이 한결같고 쉬지 않음으로 말미암아 성대함에 이르고 만물을 낼 수 있는 뜻을 드러내 밝힌 것이다. 그러나 천지와 산천은 사실 쌓고 모으는 데에서 비롯된 뒤에 커진 것은 아니다. 읽는 자들은 글로 뜻을 해치지 않는 것이 좋겠다.

제26장-10-10 ●詩云維天之命이 於穆不已라하니 蓋曰天之

---

225) 하늘의 일부분을 예로 든 것이라는 설명이다.

226) ≪중용·제12장≫, "(일반 백성인) 부부의 어리석음으로도 함께하여 알 수 있으나, 그 지극함에 이르러는 비록 성인이라도 또한 알지 못하는 것이 있다. (일반 백성인) 부부의 부족함으로도 잘 실천할 수 있으나, 그 지극함에 이르러는 비록 성인이라도 또한 잘 할 수 없는 것이 있다.(夫婦之愚, 可以與知焉, **及其至也**, 雖聖人亦有所不知焉. 夫婦之不肖, 可以能行焉, **及其至也**, 雖聖人亦有所不能焉.)"

所以爲天也라. 於乎不顯가 文王之德之純이여하니 蓋曰文
王之所以爲文也니 純亦不已니라.

●詩는 周頌維天之命篇이라. 於는 歎辭요 穆은 深遠也라. 不顯은 猶言
豈不顯也라. 純은 純一不雜也라. 引此以明至誠無息之意라.
●程子曰이라. 天道不已어늘 文王도 純於天道하여 亦不已라. 純則無二
無雜이오 不已則無間斷先後라.

> **한 자** 於 있을 어·어조사 어·**감탄사 오**, 穆 화목할 목·**심원할 목**

≪시경≫에 이르기를, "천명이 아! 심원하여 그치지 않는다."
라고 하였는데, 하늘이 하늘인 이유를 말한 것이다. "아! 드러
나지 않는가. 문왕의 덕의 순수함이여!"라고 하였는데, 문왕이
'문(文)'인 이유를 말한 것이니,227) 순수함이 또한 그치지 않
음228)이다.

○시는 ≪시경·주송·유천지명≫편이다. '오(於)'는 감탄사이고 '목
(穆)'은 '심원하다'이다. '불현(不顯)'은 '기불현[豈不顯, 어찌 드러나
지 않겠는가]'이란 말과 같다. '순(純)'은 '순수하고 한결같아 잡되지
않다'이다. 이것을 인용하여 '지극한 참됨은 멈춤이 없다'는 뜻을 밝

---

227) 세주에서 신안 진씨[新安陳氏, 진력(陳櫟)]는, "'문왕이 문(文)인 이유(文王之所
以爲文)'라는 것은 문왕의 시호를 가지고 모습을 읊은 것이 아니고, 바로 [≪논
어(論語)·자한(子罕)≫에서] '(문왕이 이미 돌아가셨으니) 문화가 여기에[나에
게] 있지 않은가(文不在玆乎)'의 '문(文)'이다.(文王之所以爲文, 非把文王之諡來詠
狀, 乃是文不在玆乎之文.)"라고 설명하였다.
228) 문왕(文王)의 '순역불이(純亦不已)'가 바로 천도(天道)의 '지성무식(至誠無息)'임
을 강조한 것이다. 순수함[순(純)]이 '지극한 참됨[지성(至誠)]'이고 '그치지 않음
[불이(不已)]'이 '멈춤이 없음[무식(無息)]'이다.

힌 것이다.

○정자가 말씀하였다. "천도가 그치지 않는데, 문왕도 천도에 순수하여 또한 그치지 않았다. 순수하면 한결같고 잡됨이 없으며, 그치지 않으면 중간에 끊어지거나 앞에 하고 뒤에 함이 없다.(한결같다.)"

●右는 第二十六章이라. 言天道也라.

○이상은 제26장이다. 천도를 말한 것이다.229)

🏵 중용 제27장

제27장-7-1 ●大哉라, 聖人之道여.

●包下文兩節而言이라.

위대하구나, 성인(聖人)의 도여.

○아랫글의 두 절(節)을 포괄하여 말씀한 것이다.

제27장-7-2 ●洋洋乎發育萬物하여 峻極于天이로다.230)

---

229) '참됨으로 말미암아 밝은(自誠明)' 성인(聖人)의 경우이다.
230) ≪시경(詩經)·대아(大雅)·숭고(崧高)≫에, "크고 높은 산악이 높아서 하늘까지 이르렀다.(崧高維嶽, **駿極于天**.)"라고 하였다. '駿'은 '峻'과 같아 '大'의 뜻이다.

●峻은 高大也라. 此는 言道之極於至大而無外也라.

한 자 洋 많을 양·**성대할 양**·바다 양, 峻 **높을 준**·**클 준**, 極 용마루 극·다할 극·**이를 극**

성대하게 만물을 길러주어 위대함이 하늘까지 이르렀다.231)

○'준(峻)'은 '높고 크다'이다. 이것은 도가 지극한 위대함에 이르러 밖[더 이상]이 없다는 말씀이다.

제27장-7-3 ◉**優優大哉라. 禮儀三百이오 威儀三千이로다.**232)

●優優는 充足有餘之意라. 禮儀는 經禮也오 威儀는 曲禮也라. 此는 言道之入於至小233)而無間也라.

---

231) ≪중용·제22장≫, "오직 천하에서 지극히 참된 이[성인(聖人)]라야 자신의 본성을 다할 수 있다. 자신의 본성을 다할 수 있으면 남의 본성을 다하게 할 수 있고 남의 본성을 다하게 할 수 있으면 만물의 본성을 다하게 할 수 있다. 만물의 본성을 다하게 할 수 있으면 천지가 변화시키고 생육시키는 것을 도울 수 있고, 천지가 변화시키고 생육시키는 것을 도울 수 있으면 천지와 더불어 (변화와 생육에) 참여할 수 있다.(惟天下至誠, 爲能盡其性, 能盡其性則能盡人之性, 能盡人之性則能盡物之性, 能盡物之性, 則可以贊天地之化育, 可以贊天地之化育, 則**可以與天地參矣**.)"

232) ≪예기(禮記)·예기(禮器)≫에서, "예에는 큰 것이 있고 작은 것이 있으며, 현저한 것이 있고 미세한 것이 있다. 큰 것은 덜 수 없고 작은 것을 더할 수 없으며, 현저한 것은 덮을 수 없고 미세한 것은 크게 할 수 없다. 그러므로 경례(經禮) 3백 가지와 곡례(曲禮) 3천 가지가 그 이르는 곳은 한가지[성(誠)]이다.(禮有大有小, 有顯有微. 大者不可損, 小者不可益, 顯者不可揜, 微者不可大也. 故**經禮三百**, **曲禮三千**, 其致一也.)"

233) 지소(至小) : 일상에 세세하게 적용되는 구체적인 예의범절을 가리킨다.

넉넉하게 크구나. 기본적인 예가 3백 가지이고, 세부적인 예가 3천 가지이다.

○'우우(優優)'는 '충분하고 넉넉하다'는 뜻이다. '예의(禮儀)'는 '기본적인 예'이고 '위의(威儀)'는 '세부적인 예'이다. 이것은 도가 지극히 작은 데에까지 이르러 틈이 없음을 말씀한 것이다.

제27장-7-4 ◉待其人而後에 行이니라.

●總結上兩節이라.

그런 사람[성인(聖人)]을 기다린 뒤에 행해진다.

○위의 두 구절을 총괄하여 맺은 것이다.

제27장-7-5 ◉故로 曰苟不至德이면 至道가 不凝焉이라 하니라.234)

●至德은 謂其人이오 至道는 指上兩節而言이라. 凝은 聚也며 成也라.

한 자 凝 엉길 응·모을 응

---

234) ≪중용·제27장≫에서 이상의 다섯 구절은 성인(聖人), 즉 '성자(誠者)'에 대한 설명이고, 다음의 두 구절부터는 군자(君子), 즉 '성지자(誠之者)'에 대한 설명이다.

그러므로 '만일 지극한 덕을 갖춘 이가 아니면 지극한 도가 모이지 않는다.'라고 말한 것이다.

○'지덕(至德)'은 그런 사람을 이르고, '지도(至道)'는 위의 두 구절235)을 가리켜 말씀한 것이다. '응(凝)'은 '모이다'이며 '이루어지다'이다.

제27장-7-6 ●故로 君子는 尊德性236)而道問學237)이라. 致廣大238)而盡精微하며239) 極高明而道中庸하며 溫故而知新하며 敦厚以崇禮니라.240)

●尊者는 恭敬奉持之意요 德性者는 吾所受於天之正理라. 道는 由也라. 溫은 猶燖溫之溫이니 謂故學之矣요 復時習之也라. 敦은 加厚也라. 尊德性은 所以存心而極乎道體之大也오 道問學은 所以致知而盡乎道體之細也니 二者는 修德凝道之大端也라. 不以一毫私意自蔽하고 不以一毫私欲自累하며 涵泳乎其所已知하고 敦篤乎其所已能하니 此는 皆存心之屬也라. 析理則不使有毫釐之差하고 處事則不使有過不及之謬하

---

235) ≪중용·제27장≫, "성대하게 만물을 길러주어 위대함이 하늘까지 이르렀다.(洋洋乎發育萬物, 峻極于天.)"와 "넉넉하게 크구나. 기본적인 예가 3백 가지이고 세부적인 예가 3천 가지이다.(優優大哉, 禮儀三百, 威儀三千.)"를 가리킨다.

236) ≪중용·제01장≫에서 말한, "본성을 따르는 것을 도라고 한다.(率性之謂道.)"의 공부이다.

237) ≪중용·제01장≫에서, "(성인이) 도를 다듬어 놓은 것을 가르침이라고 한다.(脩道之謂敎.)"라 하였고, 그 구체적인 항목이 ≪중용·제20장≫에서 말한, "널리 배우고 치밀하게 물으며, 신중하게 생각하고 분명하게 구분하며, 착실하게 실천할 것입니다.(博學之, 審問之, 愼思之, 明辨之, 篤行之.)"이다.

238) '존덕성(尊德性)'에 대한 설명이다.

239) '도문학(道問學)'에 대한 설명이다.

240) 그렇게 하면, 성대(洋洋)하고 넉넉(優優)해진다.

며 理義則日知其所未知하고 節文則日謹其所未謹하니 此는 皆致知之
屬也라. 蓋非存心이면 無以致知요 而存心者는 又不可以不致知라. 故
로 此五句는 大小相資하고 首尾相應하니 聖賢所示入德之方이 莫詳於
此라. 學者宜盡心焉이라.

> **한 자** 燖 데칠 심·구울 심, 毫 가는 털 호, 蔽 덮을 폐, 累 쌓을 루·
> **얽어맬 루**, 涵 물기 많을 함·**젖을 함**·스밀 함, 釐 다스릴 리·
> **길이 단위 리**[1촌의 1백분의 1], 謬 어긋날 류·**잘못 류**, 資 재
> 물 자·자질 자·**의지할 자**

그러므로 군자는 덕성(德性)241)을 높이니 학문으로 말미암는
다.242) 넓고 큼을 지극히 하니 정밀하고 은미함을 다하며, 높
고 밝음을 다하니 '중정하고 한결같음'을 따르며, 옛것을 익히
니 새로운 것을 알며, 두터움을 돈독히 하니 예(禮)를 높인다.

---

241) 덕성(德性) : 주자가 주에서 "'덕성'이라는 것은 내가 하늘에게 받은 바의 바른
이치이다.(德性者, 吾所受於天之正理.)"라고 하였듯이 덕(德)과 성(性)은 동격의
개념으로, '명덕(明德)인 본성(本性)'의 뜻이다. 명덕은 ≪대학(大學)·경1장≫에
서, "≪대학≫의 도리는, 밝은 덕을 밝히는 데에 있고, 백성을 새롭게 하는 데에
있으며, 최선의 경지에 머무는 데에 있다.(大學之道, 在明明德, 在新民, 在止於
至善.)"라고 한 '명덕(明德)'으로, '사람이 하늘에서 받아서 고요하고 영묘하며
어둡지 않아 모든 이치를 갖추고 온갖 일에 대응하는 것(人之所得乎天而虛靈不
昧, 以具衆理, 而應萬事者)'이니, 바로 본성이다.

242) ≪대학(大學)·경1장≫에서, "그 마음을 바르게 하고자 했던 이들은 먼저 그 뜻
을 참되게 하였고, 그 뜻을 참되게 하고자 했던 이들은 먼저 그 앎을 지극하게
했으니, 앎을 지극하게 하는 것은 사물의 이치를 추구하는 데에 달려 있다.(欲正
其心者, 先誠其意, 欲誠其意者, 先致其知, 致知, 在格物.)"라고 하였듯이, '정심성
의(正心誠意)'가 바로 '존덕성(尊德性)'이고 '치지격물(致知格物)'이 바로 '도문학
(道問學)'이다. 이에 근거하여 "존덕성이도문학(尊德性而道問學)"을 "덕성을 높이
니 학문으로 말미암는다."라고 번역하였다.

○‘존(尊)’이라는 것은 ‘공경히 받들어 유지한다’는 뜻이고, ‘덕성(德性)’이라는 것은 내가 하늘에게 받은 바의 바른 이치이다. ‘도(道)’는 ‘말미암다’이다. ‘온(溫)’은 ‘심온(燖溫)[데워서 따뜻하게 하다]’의 ‘온(溫)’과 같으니, 옛날에 그것을 배우고 다시 때때로 그것을 익히는 것을 이른다. ‘돈(敦)’은 더욱 두텁게 하는 것이다. ‘존덕성(尊德性)’은 마음을 보존하여 도체(道體)의 위대함에 이르는 것이고, ‘도문학(道問學)’은 앎을 지극하게 하여 도체(道體)의 세세함을 극진하게 하는 것이니, 두 가지는 덕을 닦고 도를 모으는 큰 단서이다. 한 터럭의 사사로운 뜻으로 스스로를 가리지 않고 한 터럭의 사사로운 욕심으로 스스로를 얽어매지 않으며, 자신이 이미 알고 있는 것에 깊이 젖고 자신이 이미 잘하는 것을 심화시키니, 이것은 모두 마음을 보존하는 것들243)이다. [이를 위하여] 이치를 분석하는 것은 털끝만 한 차질이 있지 않게 하고, 일을 처리하는 것은 지나치거나 미치지 못하는 잘못이 있지 않게 하며, 도리를 이해하는 것은 아직 알지 못하던 것을 날마다 알고, 조절하고 문식하는 것은 아직 삼가지 못하던 것을 날마다 삼가니, 이것은 모두 앎을 지극하게 하는 것들244)이다. 마음을 보존하는 이가 아니면 앎을 지극하게 할 수 없고,245) 마음을 보존하는 이는 더욱이 앎을 지극하게 하지 않으면 안 된다.246) 그러므로 이 다섯 구절은 크고 작은 것이 서로 의지하고 머리와 끝이 서로 호응하니, 성현이 덕에 들어가는 방법을 보여 준 것이 이보다 자상한 것이 없다. 배우는 자들은 마땅히 여기에 마음을 다해야 할 것이다.

제27장-7-7 ●是故로 居上不驕하며 爲下不倍라 國有道에

---

243) ‘존덕성(尊德性)’의 세목들이라는 설명이다.
244) ‘도문학(道問學)’의 세목들이라는 설명이다.
245) ‘존덕성(尊德性)’을 위한 것이다.
246) ‘도문학(道問學)’을 해야 함을 설명한 것이다.

其言이 足以興이오 國無道에 其默이 足以容이라. 詩曰旣
明且哲하여 以保其身이라하니 其此之謂與인저.

●興은 謂興起在位也라. 詩는 大雅烝民之篇이라.

한 자 倍 곱 배 · **배반할 배**, 哲 슬기로울 철, 烝 찔 증 · **많을 증**

이 때문에 윗자리에 있으면서 교만하지 않고 아랫사람이 되어
배반하지 않기 때문에, 나라가 도가 있을 때에는 그의 말이 족
히 (자신을) 일으킬 수 있고, 나라에 도가 없을 때에는 그의 침
묵이 족히 (자신을) 용납되게 할 수 있다. ≪시경≫에 이르기
를, "이미 밝고 또 슬기로워 그 몸을 보전한다."라고 하였으니,
아마도 이것을 일컬은 것이리라.

○흥(興)은 (자신을) 일으켜 벼슬자리에 있음을 이른다. 시는 ≪시경 ·
  대아 · 증민≫편이다.

●右는 第二十七章이라. 言人道也라.

○이상은 제27장이다. 인도(人道)를 말한 것이다.247)

---

247) '밝힘으로 말미암아 참되어지는(自明誠)' 현인(賢人)의 경우이다.

✕ 중용 제28장

제28장-5-1 ◉子曰이라. 愚而好自用하고 賤而好自專하며 生乎今之世하여 反古之道면 如此者는 烖及其身者也니라.

●以上은 孔子之言이니 子思引之라. 反은 復也라.

한 자 烖 재앙 재(災와 같은 자)

공자가 말씀하였다. "(윗자리에 있는 자가) 어리석으면서 자신의 지혜를 쓰기를 좋아하고,248) (아랫사람이) 미천하면서 자신의 뜻대로 하기를 좋아하며,249) 지금 세상에 살면서 지난 방법을 돌이켜 쓴다면,250) 이와 같은 자는 재앙이 그 자신에게 미칠 것이다."

○이상은 공자의 말씀인데 자사가 인용한 것이다. '반(反)'은 '돌이키다'이다.

---

248) '윗자리에 있으면서 교만하지 않는(居上不驕)'[≪중용·제27장≫] 덕을 갖추지 못한 경우, 즉 '비록 그런[천자의] 지위가 있더라도 그런[성인의] 덕이 없는(雖有其位, 苟無其德)'[≪중용·제28장≫] 경우이다.

249) '아랫사람이 되어 배반하지 않는(爲下不倍)'[≪중용·제27장≫] 덕을 갖추지 못한 경우, 즉 '비록 그런[성인의] 덕이 있더라도 그런[천자의] 지위가 없는(雖有其德, 苟無其位)'[≪중용·제28장≫] 경우이다.

250) ≪논어(論語)·팔일(八佾)≫에, "주나라는 두 왕조를 거울삼았으니 성대하게 문채가 난다. 나는 주나라를 따르겠다.(周監於二代, 郁郁乎文哉. 吾從周.)"라고 한 말씀과 어긋나는 행동이다.

제28장-5-2 ●非天子면 不議禮하며 不制度하며 不考文이니라.

●此以下는 子思之言이라. 禮는 親疎貴賤相接之體也라. 度는 品制요 文
은 書名이라.

천자가 아니면 예법을 논의하지 않고, 법도를 만들지 않으며,
글자를 따지지251) 않는다.

○이 아래는 자사의 말씀이다. 예(禮)는 가깝고 먼 자와 존귀하고 미천
한 자들이 서로 접촉하는 규범이다. 도(度)는 등급과 규정이고, 문
(文)은 글자의 명칭이다.

제28장-5-3 ●今天下가 車同軌하며 書同文하며 行同倫이니라.

●今은 子思自謂當時也라. 軌는 轍迹之度요 倫은 次序之體라. 三者가
皆同은 言天下가 一統也라.

한 자 軌 **수레 두 바퀴의 너비 궤**·궤도 궤, 倫 무리 륜·도리 륜·**윤리
륜**, 轍 수레바퀴의 자국 철

지금 천하가 수레는 바퀴의 너비가 같고, 글자는 문자가 같으
며, 행동은 윤리가 같다.

---

251) 글자의 제정에 마음 쓰는 것을 가리킨다.

○'금(今)'은 자사 자신이 당시(當時)를 일컬은 것이다. '궤(軌)'는 수레 바퀴 자국의 법도이고 '윤(倫)'은 차례의 본질이다. 세 가지가 모두 같음은 천하가 하나로 합해졌다는 말씀이다.

제28장-5-4 ◉雖有其位나 苟無其德이면 不敢作禮樂焉이며 雖有其德이나 苟無其位면 亦不敢作禮樂焉이니라.

●鄭氏曰이라. 言作禮樂者는 必聖人在天子之位라.

비록 그런[천자의] 지위가 있더라도 만일 그런[성인의] 덕이 없으면 감히 예악을 제정하지 못하고, 비록 그런[성인의] 덕이 있더라도 만일 그런[천자의] 지위가 없으면 또한 감히 예악을 제정하지 못한다.

○정씨(鄭氏)[정현(鄭玄)252)]가 말하였다. "예악을 제정하는 자는 반드시 성인으로서 천자의 지위에 있어야 한다는 말씀이다."

제28장-5-5 ◉子曰이라. 吾說夏禮나 杞不足徵也라. 吾學殷禮하니 有宋이 存焉이라. 吾學周禮한대 今用之라 吾從周하리라.253)

---

252) 정현(鄭玄): 후한(後漢) 고밀(高密) 출신으로 자가 강성(康成)이다. 한대(漢代) 경학(經學)의 집대성자로 여러 경전에 주를 달았으며, 그의 학문을 정학(鄭學)이라 한다. 역법과 산술에도 정통하였다.

●此는 又引孔子之言이라. 杞는 夏之後라. 徵은 證也라. 宋은 殷之後라. 三代之禮를 孔子가 皆嘗學之而能言其意라. 但夏禮는 旣不可考證이오 殷禮는 雖存이나 又非當世之法이라. 惟周禮가 乃時王之制요 今日所用이니 孔子가 旣不得位하니 則從周而已라.

공자가 말씀하였다. "내가 하나라 예를 말은 하지만 기나라가 증거를 대기에 부족하다. 내가 은나라 예를 배웠는데 송나라가 그것을 보존하고 있다. [그러나 지금 세상에 살면서 지난 방법을 돌이켜 쓸 수(生乎今之世, 反古之道)는 없다.≪중용 · 제28장≫] 내가 주나라 예를 배웠는데 지금 이것을 쓰고 있으니 나는 주나라(의 예)를 따르겠다."

○이것은 다시 공자의 말씀을 인용한 것이다. 기(杞)는 하나라의 후예이다. '징(徵)'은 '증거를 대다'이다. 송(宋)은 은나라의 후예이다. 삼대의 예를 공자가 모두 일찍이 배워 그 뜻을 말씀할 수는 있었다. 다만 하나라 예는 이미 고증할 수 없고 은나라 예는 비록 남아 있으나 또 당대의 법도가 아니다. 오직 주나라의 예만이 바로 당시 천자의 제도이고 당시에 쓰이는 것이니, 공자가 이미 지위를 얻지 못하였으니 주나라 예를 따를 뿐이었다.

---

253) ≪논어(論語)·팔일(八佾)≫, "공자가 말씀하였다. '하나라 예를 내가 말할 수는 있으나 기나라가 증거를 대기에 부족하고, 은나라 예를 내가 말할 수는 있으나 송나라가 증거를 대기에 부족하니, 문헌이 부족하기 때문이다. 충분하다면 내가 입증할 수 있었을 것이다.'(子曰, 夏禮, 吾能言之, 杞不足徵也, 殷禮, 吾能言之, 宋不足徵也, 文獻, 不足故也. 足則吾能徵之矣.)"; ≪논어·팔일≫, "공자가 말씀하였다. '주나라는 두 왕조를 거울삼았으니 성대하게 문채가 난다. 나는 주나라를 따르겠다.'(子曰, 周監於二代, 郁郁乎文哉, 吾從周.)"

●右는 第二十八章이라. 承上章爲下不倍而言이니 亦人道也라.

○이상은 제28장이다. 윗장의 "아랫사람이 되어 배반하지 않는다.(爲下不倍.)"는 것을 받아 말씀한 것이니 또한 인도(人道)이다.[254]

중용 제29장

제29장-6-1 ◉王天下는 有三重焉하니 其寡過矣乎인저.

●呂氏曰이라. 三重은 謂議禮制度考文이라. 惟天子得以行之면 則國不異政하고 家不殊俗하여 而人得寡過矣라.

천하를 다스리는 이는 세 가지 중요한 것을 소유하니, (그것을 잘하면 사람들이) 아마도 허물이 적어질 것이다.

○여씨(呂氏)[여대림(呂大臨)[255]]가 말하였다. " '삼중(三重)'은 예법을 논의하는 것, 법도를 만드는 것, 글자를 따지는 것을 이른다. 오직 천자가 그것을 시행할 수 있기만 하면 제후국들이 정치를 달리하지 않고 집안이 풍속을 달리하지 않아, 사람들이 허물이 적어질 수 있게 된다."

---

254) '밝힘으로 말미암아 참되어지는(自明誠)' 현인(賢人)의 경우이다.

255) 여대림(呂大臨) : 송(宋) 남전(藍田) 출신으로 자가 여숙(與叔)이다. 장재(張載)와 이정(二程)을 사사하여 정문사선생(程門四先生)의 칭호가 있었다. 비서성정자(祕書省正字)를 지냈고 ≪고고도(考古圖)≫를 저술하였다.

제29장-6-2 ◉上焉者는 雖善이나 無徵이라. 無徵이라 不
信이오 不信이라 民弗從이니라. 下焉者는 雖善이나 不尊
이라. 不尊이라 不信이오 不信이라 民弗從이니라.

●上焉者는 謂時王以前이니 如夏商之禮가 雖善이나 而皆不可考라. 下
焉者는 謂聖人在下니 如孔子가 雖善於禮나 而不在尊位也라.

위에 해당되는 것[하나라와 상나라의 예]은 비록 뛰어나지만
증거가 없다. 증거가 없으니 믿지 않고 믿지 않으니 백성들이
따르지 않는다. 아래에 해당되는 이[공자 같은 경우]는 비록
뛰어나지만 존귀하지 않다. 존귀하지 않으니 믿지 않고 믿지
않으니 백성들이 따르지 않는다.

○'상언자(上焉者)'는 당시의 천자 이전을 이르니, 예를 들면 하나라와
상나라의 예가 비록 뛰어났으나 모두 상고할 수 없는 것과 같은 경우
이다. '하언자(下焉者)'는 성인으로서 아래에 있는 이를 이르니, 예를
들면 공자가 비록 예에 뛰어났으나 존귀한 지위에 있지 않았던 것과
같은 경우이다.

제29장-6-3 ◉故로 君子之道는 本諸身하여 徵諸庶民하고
考諸三王而不謬하며 建諸天地而不悖하고 質諸鬼神而無疑
하며 百世以俟聖人而不惑이니라.

●此君子는 指王天下者而言이라. 其道는 卽議禮制度考文之事也라. 本

諸身은 有其德也오 徵諸庶民은 驗其所信從也라. 建은 立也니 立於此
而參於彼也라. 天地者는 道也오 鬼神者는 造化之迹也라. 百世以俟聖
人而不惑은 所謂聖人復起라도 不易吾言者也라.

그러므로 군자의 도는 자신에게 근본을 갖추어,256) 백성들에
게 징험하고257) 삼왕(三王)에게 고찰해도258) 어긋나지 않으
며, 천지에 세워도 (천지의 도와) 어긋나지 않고 귀신259)에게
확인해도 (귀신의) 의심이 없으며, 백 대에 걸쳐 성인260)을 기
다려도 (백 대 후의 성인이) 의혹을 갖지 않는다.

○여기의 군자는 천하를 다스리는 자[천자]를 가리켜서 말한 것이다.
　그 도는 바로 예법을 논의하고 법도를 만들고 글자를 따지는 일이다.
　'본저신(本諸身)'은 그 덕을 소유한 것이고 '징저서민(徵諸庶民)'은
　그들이 믿고 따르는 것을 징험하는 것이다. '건(建)'은 '세우다'이니,
　여기에서 세움에 저기에 참여[작용]하는 것이다. 천지라는 것은 도
　이고 귀신이라는 것은 조화의 자취이다. "백 대에 걸쳐 성인을 기다
　려도 의혹을 갖지 않는다."는 것은, 이른바 "성인이 다시 나와도 내
　말을 바꾸지 않으실 것이다."261)라는 것이다.

---

256) 지위와 덕을 갖추는 것을 가리킨다.

257) 효험이 나타나는 것을 확인하는 것이다.

258) 삼왕(三王): 우(禹)임금, 탕(湯)임금, 문왕(文王)·무왕(武王)으로, 그들의 행적과
　　비교해 보는 것이다.

259) 귀신(鬼神): 천도(天道)의 작용으로, 그 지극함이다.

260) 성인(聖人): 인도(人道)의 지극함이다.

261) ≪맹자(孟子)·등문공하(滕文公下)≫, "내가 이 때문에 두려워하여 이전 성인들
　　의 도를 보호하여 양주(楊朱)와 묵적(墨翟)을 막으며 허황한 말을 추방하여 부정

제29장-6-4 ◉質諸鬼神而無疑는 知天也오 百世以俟聖人而
不惑은 知人也니라.

●知天하고 知人은 知其理也라.

귀신에게 확인해도 의심이 없는 것은 하늘을 알기 때문이고,
백 대에 걸쳐 성인을 기다려도 의혹을 갖지 않는 것은 사람을
알기 때문이다.

○하늘을 알고 사람을 안다는 것은, 그 이치를 아는 것이다.

제29장-6-5 ◉是故로 君子는 動而世爲天下道라. 行而世爲
天下法하며 言而世爲天下則이라 遠之則有望하고 近之則
不厭이니라.

●動은 兼言行而言이오 道는 兼法則而言이라. 法은 法度也오 則은 準則
也라.

그러므로 군자는 움직임에 대대로 천하의 본보기가 된다. (구
체적으로 말하면) 행동함에 대대로 천하의 법도가 되고, 말함

한 학설이 나오지 못하게 하는 것이다. (부정한 학설은) 그 마음에서 나와 그 일
에 해를 끼치며 그 일에서 나와 그 정사에 해를 끼친다. 성인이 다시 나와도 내
말을 바꾸지 않으실 것이다.(吾爲此懼, 閑先聖之道, 距楊墨, 放淫辭, 邪說者不得
作. 作於其心, 害於其事, 作於其事, 害於其政. **聖人復起, 不易吾言矣.**)"

에 대대로 천하의 원칙이 되는지라, 그에게서 멀면 우러름이
있고 그에게서 가까우면 싫어하지 않는다.

○'움직임[동(動)]'은 말과 행동을 겸하여 말씀한 것이고, '본보기[도
　(道)]'는 법도와 원칙을 겸하여 말씀한 것이다. '법(法)'은 법도이고
　'칙(則)'은 원칙이다.

제29장-6-6 ◉詩曰在彼無惡하며　在此無射이라.　庶幾夙夜262)
　하여　以永終譽라하니　君子가　未有不如此而蚤有譽於天下者
　니라.

●詩는　周頌振鷺之篇이라.　射은　厭也라.　所謂此者는　指本諸身以下六事
　而言이라.

> 한 자　射 쏠 사·맞힐 석·**싫어할 역**, 夙 일찍 숙·**새벽 숙**, 蚤 벼룩 조·
> 　이른 아침 조·**일찍 조**(早와 통용), 鷺 백로[해오라기] 로

《시경》에 이르기를, "저기에 있어도263) 미워함이 없고 여기
에 있어도264) 싫어함이 없다. 거의 밤낮으로 부지런하여 영원
토록 명예를 끝까지 지닌다."라고 하였으니, 군자가 이와 같지
않고서 일찍이 천하에 명예를 소유했던 자는 아직까지 없었다.

---

262) 숙야(夙夜) : '새벽에 일찍 일어나고 밤에는 늦게 자다[숙흥야매(夙興夜寐)]'의
　　뜻이다.
263) '그에게서 멀면(遠之)'의 예이다.
264) '그에게서 가까우면(近之)'의 예이다.

○시는 ≪시경 · 주송 · 진로≫편이다. '역(射)'은 '싫어하다'이다. 이른바 '불여차(不如此)'의 '此'는 '자신에게 근본을 갖추어(本諸身)' 이하의 여섯 가지 일[육사(六事)265)]을 가리켜 말씀한 것이다.

●右는 第二十九章이라. 承上章居上不驕而言이니 亦人道也라.

○이상은 제29장이다. 윗장의 '윗자리에 있으면서 교만하지 않다.(居上不驕)'를 받아 말씀한 것이니, 또한 인도(人道)이다.266)

중용 제30장

제30장-3-1 ◉仲尼는 祖述堯舜하고 憲章文武하며 上律天時267)하고 下襲水土268)라.

●祖述者는 遠宗其道요 憲章者는 近守其法이라. 律天時者는 法其自然之運이오 襲水土者는 因其一定之理니 皆兼內外하고 該本末而言也라.

한 자 憲 법 헌 · **본받을 헌**, 律 법 률 · **본받을 률**, 襲 염습(殮襲)할 습 · 거듭할 습 · **따를 습**, 該 **갖출 해** · 넉넉할 해 · 전부 해

공자는 요임금과 순임금을 근원으로 삼아 계승하였고 문왕과

---

265) 육사(六事) : 본 장 제3구에서 제시한 여섯 가지이다.

266) '밝힘으로 말미암아 참되어지는(自明誠)' 현인(賢人)의 경우이다.

267) 천시(天時) : 자연의 운행, 즉 자연 규율을 가리킨다.

268) 수토(水土) : 땅의 이치, 즉 땅이 갖추고 있는 조건이나 형세[지리(地理)]를 가리킨다.

무왕을 법도로 삼았으며, 위로는 자연의 운행을 본받고 아래로는 땅의 이치를 따랐다.

○'조술(祖述)'이라는 것은 멀리에서 그 도를 근원으로 삼은 것이고, '헌장(憲章)'이라는 것은 가까이에서 그 법을 지킨 것이다. '율천시(律天時)'라는 것은 그것의 자연스러운 운행을 법으로 삼은 것이고, '습수토(襲水土)'라는 것은 그것의 한결같은 이치를 따른 것이니, 모두가 안과 밖을 겸하고 근본과 말단을 갖추어 말씀한 것이다.

제30장-3-2 ●辟如天地之無不持載하며 無不覆幬하며 辟如四時之錯行하며 如日月之代明이니라.

●錯은 猶迭也라. 此는 言聖人之德이라.

> **한자** 辟 법도 벽 · 피할 피(避와 통용) · **비유할 비**(譬와 통용), 持 가질 지 · 잡을 지 · **받칠 지**, 載 실을 재, 覆 쏟을 복 · 넘어질 복 · **덮을 부**, 幬 휘장 주 · **덮을 도**, 錯 숫돌 착 · **번갈 착** · 둘 조(措와 통용), 迭 **갈마들 질** · 지나칠 일

(공자의 덕은) 비유하자면, 하늘과 땅이 받쳐 주고 실어 주지 않는 것이 없으며 덮어 주고 가려 주지 않는 것이 없음과 같으며, 비유하자면 사계절이 번갈아 운행하는 것과 같고 해와 달이 교대로 밝아지는 것과 같다.

○'착(錯)'은 '번갈다'와 같다. 이것은 성인(聖人, 공자)의 덕을 말씀한

것이다.

제30장-3-3 ●萬物이 並育而不相害하며 道가 並行而不相
悖라. 小德은 川流요 大德은 敦化니 此가 天地之所以爲
大也니라.

●悖는 猶背也라. 天覆地載하여 萬物이 並育於其間而不相害하고 四時
日月이 錯行代明而不相悖라. 所以不害不悖者는 小德之川流요 所以並
育並行者는 大德之敦化라. 小德者는 全體之分이오 大德者는 萬殊之
本269)이라. 川流者는 如川之流하여 脈絡分明而往不息也오 敦化者는
敦厚其化하여 根本盛大而出無窮也라. 此는 言天地之道하여 以見上文
取譬之意也라.

한 자 悖 어긋날 패 · 거스를 패, 敦 독실할 돈 · **두터울 돈**

만물이 함께 자라나면서 서로 해치지 않고 (천지의) 도가 함께
시행되면서 서로 어긋나지 않는다. 작은 덕은 냇물처럼 흐르고
큰 덕은 두텁게 변화시키니, 이것이 천지가 위대한 이유이다.

○'패(悖)'는 '위배하다'와 같다. 하늘이 덮어 주고 땅이 실어 주어 만물
이 그 사이에서 함께 자라나면서 서로 해치지 않고, 사계절과 해와
달이 번갈아 운행하고 교대로 밝아지면서 서로 어긋나지 않는다. 해

---

269) 만수지본(萬殊之本) : "흩어서 (각각의) 이치에 존재하면 만 가지 다름이 있지
만 통합하여 도에 존재하면 두 가지 이치가 없기 때문에, ≪역≫에 태극이 있고
이것이 양의를 낳는 것이다.(散之在理則**有萬殊**, 統之在道則**无二致**, 所以易有太極,
是生兩儀.)"≪주역(周易)·역서(易序)≫

치지 않고 어긋나지 않는 것은 작은 덕이 냇물처럼 흐르는 것이고, 함께 자라나고 함께 시행되는 것은 큰 덕이 두텁게 변화시키는 것이다. '작은 덕'이라는 것은 전체의 분류(分流)이고 '큰 덕'이라는 것은 온갖 다름의 근본이다. '냇물처럼 흐른다'는 것은 냇물이 흐르는 것과 같아 줄기가 분명하고 진행이 쉬지 않는 것이고, '두텁게 변화시킨다'는 것은 그 변화를 두텁게 하여 근본이 성대하고 드러남이 무궁한 것이다. 이것은 천지의 도를 말씀하여 윗글에서 비유를 취한 뜻270)을 드러낸 것이다.

●右는 第三十章이라. 言天道也라.

○이상은 제30장이다. 천도를 말한 것이다.271)

❖ 중용 제31장

제31장-4-1 ●唯天下至聖272)이라야 爲273)能274)聰明睿知가 足以有臨也라. 寬裕溫柔가 足以有容也며 發强剛毅가 足以有執也며 齊莊中正이 足以有敬也며 文理密察이 足以有別也니라.

---

270) 《중용·제30장》, "비유하자면, 하늘과 땅이 받쳐 주고 실어 주지 않는 것이 없으며 덮어 주고 가려 주지 않는 것이 없음과 같으며, 비유하자면 사계절이 번갈아 운행하는 것과 같고 해와 달이 교대로 밝아지는 것과 같다.(辟如天地之無不持載, 無不覆幬, 辟如四時之錯行, 如日月之代明.)"

271) '참됨으로 말미암아 밝은(自誠明)' 성인(聖人), 즉 공자의 경지를 말한 것이다.

272) 천하지성(天下至聖) : 공자(孔子) 같은 경우이다.

273) 위(爲) : 비교하는 의미의 문장에서 앞의 유(唯)와 호응하여 가장(最), 더욱(更)의 뜻을 갖는 강조 용법이다.

274) 능(能) : 총명예지(聰明睿知)를 수식하여 '이상적인 총명과 이상적인 예지'의 뜻을 나타낸다.

●聰明睿知는 生知之質이라. 臨은 謂居上而臨下也라. 其下四者는 乃仁
義禮智之德이라. 文은 文章也오 理는 條理也오 密은 詳細也오 察은
明辨也라.

오직 천하의 지극한 성인만이 제대로 된 총명과 예지가 족히
다스림을 행할 수 있다. (구체적인 항목을 들면) 관대함·여유
로움·온화함·부드러움[인(仁)]이 족히 포용력을 지닐 수 있
고, 분발함·강함·단단함·굳셈[의(義)]이 족히 지킴을 지닐
수 있으며, 정연함·중후함·치우치지 않음·바름[예(禮)]이
족히 공경심을 지닐 수 있고, 문채·조리·상세함·살핌[지(智)]
이 족히 분별력을 지닐 수 있다.

○'총명예지(聰明睿智)'는 나면서부터 아는 [성인(聖人)의] 자질이다.
'임(臨)'은 위에 있으면서 아래를 다스리는 것을 이른다. 그 아래의
네 가지는 바로 인의예지의 덕목[적용]이다. '문(文)'은 문채이고 '이
(理)'는 조리이며, '밀(密)'은 상세함이고 '찰(察)'은 밝은 분별이다.

제31장-4-2 ●溥博淵泉하여 而時出之니라.

●溥博은 周徧而廣闊也오 淵泉은 靜深而有本也라. 出은 發見也라. 言五
者之德이 充積於中而以時發見於外也라.

편(遍과 같은 자), 闊 멀 활·넓을 **활**

두루 미치고 넓으며 깊고 근본이 있어 때에 맞게 드러난다.

○'보박(溥博)'은 두루 미치고 넓은 것이고, '연천(淵泉)'은 고요하고 깊
으며 근본이 있는 것이다. '출(出)'은 '드러나다'이다. 다섯 가지의 덕
이 안에 가득 쌓여 때에 따라서 밖으로 드러난다는 말이다.

제31장-4-3 ◉溥博은 如天하고 淵泉은 如淵이라 見而民莫
不敬하고 言而民莫不信하며 行而民莫不說이니라.

●言其充積이 極其盛하고 而發見이 當其可也라.

두루 미치고 넓음은 하늘과 같고, 깊고 근본이 있음은 연못과
같으니, 드러남에 백성들이 공경하지 않는 이가 없고, 말씀함
에 백성들이 믿지 않는 이가 없으며, 시행함에 백성들이 기뻐
하지 않는 이가 없다.

○그것들이 가득 쌓인 것이 그 성대함을 지극하게 하고, 드러나는 것이
그 옳음에 합당하다는 말씀이다.

제31장-4-4 ◉是以로 聲名이 洋溢乎中國하여 施及蠻貊이
라. 舟車所至와 人力所通과 天之所覆와 地之所載와 日月

所照와 霜露所隊에 凡有血氣者가 莫不尊親이라. 故로 曰
配天이니라.

●舟車所至以下는 蓋極言之라. 配天은 言其德之所及이 廣大如天也라.

한 자 洋 바다 양·**넘칠 양**, 溢 넘칠 일, 施 베풀 시·뻗을 이·**퍼질
이**, 蠻 오랑캐 만, 貊 북방 종족 맥, 隊 편제 단위 대·**추락할 추**
(墜의 본래 자)

이 때문에 명성이 나라 안에 흘러 넘쳐서 이민족들에게까지 퍼
져 나간다. 배와 수레가 이르는 곳, 사람의 힘이 통하는 곳, 하
늘이 덮어 주는 곳, 땅이 실어 주는 곳, 해와 달이 비추는 곳,
서리와 이슬이 내리는 곳에서 무릇 생명을 지닌 자들이 존경하
고 친애하지 않는 이가 없다. 그러므로 하늘과 부합한다고 하
는 것이다.

○'주거소지(舟車所至)' 이하는 이것을 지극하게 말씀한 것이다. '하늘
과 부합한다'는 것은 그 덕이 미치는 바가 하늘과 같이 넓고 크다는
말씀이다.

●右는 第三十一章이라. 承上章而言小德之川流하니 亦天道也라.

○이상은 제31장이다. 윗장을 이어 작은 덕이 냇물처럼 흐르는 것[275]
을 말씀하였으니, 또한 천도이다.[276]

---

275) 성인의 덕성이 구체적으로 드러나는 것을 설명한 것이다.
276) '참됨으로 말미암아 밝은(自誠明)' 성인(聖人), 즉 공자의 경우이다.

중용 제32장

제32장-3-1 ◉唯天下至誠이라야 爲[277]能經綸天下之大經하며 立天下之大本하며 知天地之化育이니 夫焉有所倚리오.

●經綸은 皆治絲之事라. 經者는 理其緖而分之요 綸者는 比其類而合之也라. 經은 常也니 大經者는 五品之人倫이오 大本者는 所性之全體也라. 惟聖人之德이 極誠無妄故로 於人倫에 各盡其當然之實하여 而皆可以爲天下後世法하니 所謂經綸之也라. 其於所性之全體에 無一毫人欲之僞以雜之하여 而天下之道千變萬化가 皆由此出하니 所謂立之也라. 其於天地之化育에 則亦其極誠無妄者가 有默契焉이니 非但聞見之知而已라. 此는 皆至誠無妄自然之功用이니 夫豈有所倚著於物而後能哉리오.

한 자 綸 **실 정리할 륜**·굵은 실 륜·낚싯줄 륜, 倚 의지할 의·**기댈 의**·기울 의, 緖 실마리 서, 比 나란할 비·견줄 비·**무리 지을 비**, 契 부절 계·**맞을 계**·소원할 결

오직 천하에서 지극히 참된 이[성인(聖人)]라야 천하의 큰 원칙[오륜(五倫)]을 경륜할 수 있고 천하의 큰 근본[오상(五常)]을 세울 수 있으며 천지의 변화와 생육을 알 수 있으니,[278] 어

277) 위(爲) : 앞의 '유(唯)'와 호응하여 강조의 용법으로 쓰였다.

278) ≪중용·제22장≫, "오직 천하에서 지극히 참된 이[성인(聖人)]라야 자신의 본성을 다할 수 있다. 자신의 본성을 다할 수 있으면 남의 본성을 다하게 할 수 있고 남의 본성을 다하게 할 수 있으면 만물의 본성을 다하게 할 수 있다. 만물의 본성을 다하게 할 수 있으면 천지가 변화시키고 생육시키는 것을 도울 수 있고,

찌 기대는 것이 있겠는가.

○'경(經)'과 '윤(綸)'은 모두 실을 다루는 일이다. '경(經)'이라는 것은 그 실마리를 정리하여 나누는 것이고, '윤(綸)'이라는 것은 그 종류들을 모아서 합하는 것이다. [대경(大經)의] '경(經)'은 한결같음이니 '대경(大經)'이라는 것은 다섯 등급의 인륜이고, '대본(大本)'이라는 것은 본성으로 삼은 전체이다. 오직 성인의 덕만이 지극히 참되어 거짓됨이 없기 때문에 인륜에서 각기 그 본래 그러한 실체를 극진하게 하여 모두가 천하와 후세의 법이 될 만하니, 이른바 '경륜한다'는 것이다. 그 본성으로 삼은 전체에, 한 터럭도 사람의 욕망이라는 거짓이 섞이지 않아 천하의 도의 온갖 변화가 모두 이로 말미암아 나오니, 이른바 '세운다'는 것이다. 그 천지의 변화와 생육에, 또한 그의 지극히 참되어 거짓됨이 없음은 말없이 합치됨이 있으니, 단지 보고 들은 지식일 뿐만이 아니다. 이것들은 모두가 지극히 참되어 거짓됨이 없음의 자연스러운 효용이니, 어찌 다른 것에 의탁한 뒤에야 가능한 것이겠는가.

제32장-3-2 ●肫肫其仁이며 淵淵其淵이며 浩浩其天이니라.

●肫肫은 懇至貌니 以經綸而言也라. 淵淵은 靜深貌니 以立本而言也라. 浩浩는 廣大貌니 以知化而言也라. 其淵其天이면 則非特如之而已라.

천지가 변화시키고 생육시키는 것을 도울 수 있으면 천지와 더불어 (변화와 생육에) 참여할 수 있다.(惟天下至誠, 爲能盡其性, 能盡其性則能盡人之性, 能盡人之性則能盡物之性, 能盡物之性, 則可以贊天地之化育, 可以贊天地之化育, 則**可以與天地參矣**.)"

한 자 肫 광대뼈 순·정성스러울 순·**간절할 순**, 浩 클 호·**넓을 호**, 懇 정성스러울 간·**간곡할 간**

간절한 그 인(仁)이고, 깊은 그 연못이며, 드넓은 그 하늘이다.

○'순순(肫肫)'은 간곡하고 지극한 모습이니, '경륜하는 것'을 가지고 말한 것이다. '연연(淵淵)'은 고요하고 깊은 모습이니, '근본을 세우는 것'을 가지고 말한 것이다. '호호(浩浩)'는 넓고 큰 모습이니, '변화를 아는 것'을 가지고 말한 것이다. 그 연못이고 그 하늘이라면, 단지 그와 같을 뿐만인 것이 아니다.279)

제32장-3-3 ●苟不固聰明聖知하여 達天德280)者면 其孰能知之리요

●固는 猶實也라.
●鄭氏曰이라. 唯聖人이라야 能知聖人也라.

한 자 聖 성인 성·성스러울 성·**지혜로울 성**

만일 진실로 총명하고 지혜로워 하늘의 덕을 통달한 자가 아니면 그 누가 이것[성인(聖人)의 이러함]을 알 수 있겠는가.

○'고(固)'는 '진실로[실(實)]'와 같다.

---

279) 같은 정도가 아니라, 깊은 연못이고 드넓은 하늘 그 자체라는 말이다.
280) 천덕(天德): 하늘이 명해 준 인의예지(仁義禮智)의 덕성을 가리킨다.

○정씨(鄭氏)[정현(鄭玄)[281]]가 말하였다. "오직 성인(聖人)만이 성인(聖人)을 알 수 있다."

●右는 第三十二章이라. 承上章而言大德之敦化하니 亦天道也라. 前章엔 言至聖之德하고 此章엔 言至誠之道라. 然이나 至誠之道는 非至聖이면 不能知요 至聖之德은 非至誠이면 不能爲니 則亦非二物矣라. 此篇에 言聖人天道之極致가 至此而無以加矣라.

○이상은 제32장이다. 윗장을 받아 큰 덕이 두텁게 변화시키는 것을 말씀하였으니, 또한 천도이다.[282] 앞 장에서는 [성인(聖人)의] 지극히 성스러운 덕을 말씀하였고 이 장에서는 [천지(天地)의] 지극히 참된 도를 말씀하였다. 그러나 지극히 참된 도는 지극히 성스러운 이가 아니면 알 수 없고, 지극히 성스러운 덕은 지극히 참된 이가 아니면 할 수 없으니, 역시 두 가지가 아니다. 이 편에서 성인과 천도의 지극함을 말씀한 것이 여기에 이르러 더할 것이 없다.

중용 제33장[283]

제33장-6-1 ◉詩曰衣錦尙絅이라하니 惡其文之著也라. 故로

281) 정현(鄭玄) : 후한(後漢) 고밀(高密) 출신으로 자가 강성(康成)이다. 한대(漢代) 경학(經學)의 집대성자로 여러 경전에 주를 달았으며, 그의 학문을 정학(鄭學)이라 한다. 역법과 산술에도 정통하였다.

282) '참됨으로 말미암아 밝은(自誠明)' 성인(聖人)의 경우이다.

283) ≪중용≫의 마지막 장인 이 장은 제01장에서 제기한 강령, 즉 "하늘이 명해 준 것을 본성이라 하고, 본성을 따르는 것을 도라 하며, (성인이) 도를 다듬어 놓은 것을 가르침이라고 한다.(天命之謂性, 率性之謂道, 脩道之謂敎.)"의 이치를 구현했던 성인의 다스림을, ≪시경≫의 예문들을 들어서 총괄한 것이다.

君子之道는 闇然而日章하고 小人之道는 的然而日亡이라.
君子之道는 淡而不厭284)하며 簡而文285)하며 溫而理286)라.
知遠之近하며 知風之自하며 知微之顯이면 可與入德矣리
라.

● 前章은 言聖人之德이 極其盛矣요 此는 復自下學立心之始로 言之하고
而下文에 又推之하여 以至其極也라. 詩國風衛碩人과 鄭之丰에 皆作
衣錦褧衣라.287) 褧은 絅同하니 禪衣也오 尙은 加也라. 古之學者는
爲己故로 其立心이 如此라. 尙絅故로 闇然하고 衣錦故로 有日章之實
이라. 淡簡溫은 絅之襲於外也오 不厭而文且理焉은 錦之美在中也라.
小人은 反是니 則暴於外而無實以繼之라. 是以로 的然而日亡也라. 遠
之近은 見於彼者가 由於此也오 風之自는 著乎外者가 本乎內也오 微
之顯은 有諸內者가 形諸外也라. 有爲己之心하고 而又知此三者면 則
知所謹而可入德矣리라. 故로 下文에 引詩하여 言謹獨之事라.

한자 錦 비단 금 · **비단옷 금**, 尙 **더할 상** · 덧붙일 상 · 위 상(上과 통
      용) · 오히려 상, 絅 잡아당길 경 · **홑옷 경**(褧과 같은 자), 闇 어
      두울 암 · **드러나지 않을 암** · 닫을 암, 的 **밝을 적** · 과녁 적, 褧
      홑옷 경, 禪 **홑옷 단** · 얇을 단, 襲 염습할 습 · **덮을 습** · 거듭할
      습 · 습격할 습

---

284) ≪장자(莊子)·산목(山木)≫, "군자의 교제는 물과 같이 담백하다.(君子之交, **淡
    若水.**)"
285) ≪춘추좌전(春秋左傳)·소공(昭公)·01년≫, "송나라 좌사의 말은 간결하면서 예
    에 맞았다.(宋左師, **簡而禮.**)"
286) ≪논어(論語)·술이(述而)≫, "공자는 온화하면서도 엄숙하였다.(子, **溫而厲.**)"
287) ≪시경(詩經)·위풍(衛風)·석인(碩人)≫, "미인이 저렇게 늘씬한데다, 비단옷을
    입고 홑옷을 걸쳤도다.(碩人其頎, **衣錦褧衣.**)" ; ≪시경(詩經)·정풍(鄭風)·봉(丰)≫,
    "비단옷을 입고 홑옷을 걸쳤으며, 비단 치마를 입고 홑치마를 걸쳤도다.(**衣錦褧
    衣**, 裳錦褧裳.)"

≪시경≫에서, "비단옷을 입고 홑옷을 걸쳤다."라고 하였는데, 그 문채가 드러나는 것을 싫어한 것이다. 그러므로 군자의 도는 잘 드러나지 않지만 나날이 빛나고, 소인의 도는 밝게 드러나지만 나날이 없어진다. 군자의 도는 담백하면서 물리지 않고 간결하면서 문채가 나며 온화하면서 조리가 있다. 먼 것[288]이 가까운 것[289]에서 비롯됨을 알고 바람이 유래함을 알며 은미한 것이 현저해짐을 안다면, [성인(聖人)과] 함께 덕에 들어갈 수 있게 될 것이다.

○앞 장은 성인의 덕이 그 성대함을 지극하게 하였음을 말하였고, 이것은 다시 초학자가 마음을 일으키는 처음으로부터 말하였고, 아랫글에서 다시 이것을 확충하여 그 지극함에 이르렀다. ≪시경≫의 국풍(國風)인 <위풍·석인>편과 <정풍·봉>편에는 모두 '의금경의(衣錦褧衣)'로 되어 있다. '경(褧)'은 '경(絅)'과 같으니 홑옷이고, '상(尙)'은 '더하다'이다. 옛날의 학자들은 자기 수양을 위한 학문을 하였기 때문에 그들의 마음가짐이 이와 같았다. 홑옷을 걸쳤기 때문에 잘 드러나지 않고, 비단옷을 입었기 때문에 나날이 빛나는 내실이 있다. 담백하고 간결하고 온화함은 홑옷이 밖에서 덮었기 때문이며, 물리지 않고 문채가 나고 또 조리가 있음은 비단이 안에서 아름답기 때문이다. 소인은 이와 반대이니, 밖으로 드러나면서 내실로 잇지 못한다. 이 때문에 밝게 드러나지만 나날이 없어진다. '먼 것이 가까운 것에서 비롯됨(遠之近)'은 저기에 나타난 것이 여기에서 말미암은 것이고, '바람이 유래함(風之自)'은 밖에 드러난 것이 안에서 근본을 갖춘 것이며, '은미한 것이 현저해짐(微之顯)'은 안에 간직한 것이 밖에서 구체화된 것이다. 자기 수양을 위한 학문을 하려는 마음이 있고, 더구

---

288) 먼 것 : 예를 들면 천하(天下)와 국가(國家)를 다스리는 것 등을 가리킨다.
289) 가까운 것 : 예를 들면 수신(修身)을 가리킨다.

나 이 세 가지를 안다면 삼갈 바를 알아 덕에 들어갈 수 있게 될 것이다. 그러므로 아랫글에 ≪시경≫을 인용하여 '신독(愼獨)'의 일을 말씀하였다.

제33장-6-2 ◉詩云潛雖伏矣나 亦孔之[290]昭라.[291] 故로 君子는 內省不疚하여 無惡於志니 君子之所不可及者는 其唯人之所不見乎인저.

●詩는 小雅正月之篇[292]이라. 承上文하여 言莫見乎隱과 莫顯乎微也[293]라. 疚는 病也라. 無惡於志는 猶言無愧於心이니 此가 君子謹獨之事也라.

> **한 자** 潛 헤엄칠 잠·**잠길 잠**, 昭 밝을 소·**비칠 소**, 疚 고질병 구·괴로워할 구·**꺼림칙할 구**, 惡 죄 악·악할 악·미워할 오·**부끄러울 오**, 愧 **부끄러울 괴**·괴이할 괴

≪시경≫에서, "잠겨 있음이 비록 숨은 것이지만 역시 심하게

---

290) 지(之) : 어조사이다.

291) 은밀한 곳보다 더 드러나는 곳이 없음을 비유한 것으로, 물고기가 자신은 깊이 숨었다고 여기지만 못이 작아 그대로 비치는 것이다. 주자는 ≪시집전(詩集傳)≫에서 이 구절을 설명하여, "화란이 미침에 도망갈 곳이 없음을 말한 것이다.(禍亂之及, 無所逃矣.)"라고 하였다.

292) ≪시경(詩經)·소아(小雅)·정월(正月)≫, "물고기가 작은 못에 있으니 또한 제대로 즐거운 것이 아니로다. 잠겨 있음이 비록 숨은 것이지만 역시 심하게 비치도다.(魚在于沼, 亦匪克樂. **潛雖伏矣, 亦孔之炤.**)"

293) ≪중용·제01장≫, "은밀한 곳보다 더 드러나는 곳이 없고 미세한 것보다 더 현저해지는 것이 없다. 그러므로 군자는 그 혼자만의[혼자만이 아는] 경지를 조심한다.(莫見乎隱, 莫顯乎微, 故君子愼其獨也.)"

비치도다."라고 하였다. 그러므로 군자는 안으로 살펴서 꺼림칙하지 않아 뜻에 부끄러움이 없으니, 군자를 미칠 수 없는 것은 아마도 남들이 보지 못하는 것이리라.294)

○시는 ≪시경·소아·정월≫편이다. 윗글을 받아, 은밀한 곳보다 더 드러나는 곳이 없고 미세한 것보다 더 현저해지는 것이 없음을 말한 것이다. '구(疚)'는 '병통으로 여기다'이다. '뜻에 부끄러움이 없다(無惡於志)'는 '마음에 부끄러움이 없다(無愧於心)'는 말과 같으니, 이것이 군자가 '혼자만의[혼자만이 아는] 경지를 조심하는[신독(愼獨)]' 일이다.

제33장-6-3 ●詩云相在爾室한대도 尙不愧于屋漏295)라.296) 故로 君子는 不動而敬하며 不言而信이니라.

●詩는 大雅抑之篇이라. 相은 視也라. 屋漏는 室西北隅也라. 承上文하여 又言君子之戒謹恐懼는 無時不然하여 不待言動而後敬信하니 則其爲己之功이 益加密矣라. 故로 下文에 引詩하여 幷言其效하시니라.

> **한 자** 相 서로 상·**볼 상**, 漏 샐 루·**구멍 루**·물시계 루

---

294) 남들은 보지 못하고 자기만이 보는(아는) 것을 조심하는 덕목인, 군자의 신독(愼獨)을 미칠 수 없다는 말이다.

295) 옥루(屋漏) : 방의 북서쪽 모퉁이로, 집의 가장 깊숙하고 은밀한 곳을 이른다.

296) ≪시경(詩經)·대아(大雅)·억(抑)≫, "(네가) 너의 방에 있을 때를 보더라도 오히려 방의 모퉁이에도 부끄럽지 않게 할 것이다. 드러나지 않는지라 나를 보는 이가 없다고 말하지 말라.(相在爾室, 尙不愧于屋漏. 無曰不顯, 莫予云覯.)"

≪시경≫에서, "(네가) 너의 방에 있을 때를 보더라도 오히려 방의 모퉁이에도 부끄럽지 않게 할 것이다."라고 하였다. 그러므로 군자는 움직이지 않아도 (남들이) 공경하고, 말하지 않아도 (남들이) 믿는다.297)

○시는 ≪시경·대아·억≫편이다. '상(相)'은 '보다'이다. '옥루(屋漏)'는 방의 북서쪽 모퉁이이다. 윗글을 받아 다시 말하기를, 군자가 경계하고 두려워하는 것은 어느 때이든 그렇지 않음이 없어서 말과 행동을 기다린 뒤에야 (남들이) 공경하고 믿는 것이 아니라고 하였으니, 그의 자기 수양을 위하는 공부가 더욱더 치밀해진 것이다. 그러므로 아랫글에서 ≪시경≫을 인용하여 그 효험을 함께 말하였다.

제33장-6-4 ●詩曰奏假無言하여 時靡有爭이라298) 하니 是故로 君子는 不賞而民勸하며 不怒而民威於鈇鉞이니라.

●詩는 商頌烈祖之篇이라. 奏는 進也라. 承上文而遂及其效하니 言進而感格於神明之際에 極其誠敬하여 無有言說而人自化之也라. 威는 畏也라. 鈇는 莝斫刀也오 鉞은 斧也라.

> **한 자** 奏 바칠 주·아뢸 주·**연주할 주**, 假 빌릴 가·거짓 가·**이를 격**
> (格과 통용자), 靡 쓰러질 미·아름다울 미·**아닐 미**, 鈇 **작두 부**·
> 도끼 부(斧와 같은 자), 鉞 도끼 월, 格 **이를 격**·바로잡을 격,
> 莝 여물 좌, 斫 도끼날 작·**벨 작**

---

297) 앞 구절은 신독(愼獨)의 실천이고 뒷 구절은 신독(愼獨)의 효험이다.

298) ≪시경(詩經)·상송(商頌)·열조(烈祖)≫, "(음악을) 올려 (감동이 신에게) 이름에 말이 없어, 이에 다투는 이가 있지 않다. 나를 편안히 하시기를 장수하게 하여 누런 머리가 되도록 무궁하게 하도다.(鬷假無言, 時靡有爭. 綏我眉壽, 黃耇無疆.)"

≪시경≫에서, "(음악을) 올려 (감동이 신에게) 이름에 말이 없어, 이에 다투는 이가 있지 않다."라고 하였다. 그러므로 군자는 상을 주지 않아도 백성이 힘쓰며, 화내지 않아도 백성이 작두와 도끼보다 두려워한다.

○시는 ≪시경·상송·열조≫편이다. '주(奏)'는 '올리다'이다. 윗글을 받아 마침내 그 효험을 언급한 것이니, (음악을) 올려 감동이 신에게 이를 때에 성의와 공경을 지극히 하여, 하는 말이 없어도 사람들이 스스로 교화됨을 말씀한 것이다. '위(威)'는 '두려워하다'이다. '부(鈇)'는 여물 작두이고 '월(鉞)'은 도끼이다.

제33장-6-5 ●詩曰不顯惟德을 百辟其刑之라.299) 是故로 君子는 篤恭而天下平이니라.

●詩는 周頌烈文之篇이라. 不顯은 說見二十六章한대 此는 借引以爲幽深玄遠之意라. 承上文하여 言天子有不顯之德하여 而諸侯法之니 則其德愈深而效愈遠矣라. 篤은 厚也니 篤恭은 言不顯其敬也라. 篤恭而天下平은 乃聖人至德이 淵微하여 自然之應이니 中庸之極功也라.

> **한 자** 辟 법도 벽·임금 벽·**피할 피**(避와 통용), 刑 형벌 형·**본받을 형**

≪시경≫에서, "드러나지 않는 덕을 여러 제후들이 그렇게 본

---

299) ≪시경(詩經)·주송(周頌)·열문(烈文)≫에서, "더 드러날 수 없는 덕을 여러 제후들이 그렇게 본받는다. 아, 선대의 군주를 잊지 못하겠다.(**不顯維德, 百辟其刑之. 於乎前王不忘.**)"라고 하였는데, 여기에서는 단장취의한 것이다. 설명이 다음의 주에 보인다.

받는다.”라고 하였다. 이 때문에 군자는 공경을 두텁게 함에 천하가 태평해진다.

○시는 ≪시경·주송·열문≫편이다. ‘불현(不顯)’은 해설이 제26장에 보이는데, 여기에서는 빌려다 인용하여 고요하고 깊으며 오묘하고 원대한 뜻으로 삼았다.300) 윗글을 받아서, 천자가 드러나지 않는 덕이 있어 제후들이 본받으니 그 덕이 더욱 깊을수록 효과가 더욱 멀리 감을 말씀하였다. ‘독(篤)’은 ‘두텁게 하다’이니, ‘독공(篤恭)’은 드러나지 않는 그 공경을 이른다. 공경을 두텁게 함에 천하가 태평해지는 것은, 바로 성인의 지극한 덕이 깊고 은미하여 저절로 그렇게 되는 호응이니, ‘중정하고 한결같음’의 지극한 효과이다.

제33장-6-6 ●詩云予懷明德301)의 不大聲以色302)이라303)한 대 子曰聲色之於以化民에 末也라하시니라. 詩云德輶如毛라304)하니 毛猶有倫이어니와 上天之載는 無聲無臭305)아

---

300) ≪중용·제26장≫에서는, “‘불현(不顯)’은 ‘기불현[豈不顯, 어찌 드러나지 않겠는가]’이란 말과 같다.(不顯, 猶言豈不顯也.)”라고 하였는데, ≪중용≫의 이 장에서는 단장취의하여 ‘불현(不顯)’을 ‘드러나지 않는’의 뜻, 즉 ‘고요하고 깊으며 오묘하고 원대한’의 뜻으로 삼았다는 설명이다.

301) 명덕(明德) : 밝은 덕[본성(本性)]으로, 내적인 덕성을 가리킨다.

302) 성이색(聲以色) : 음성과 안색으로, 외적인 위엄을 가리킨다. ‘以’는 병렬 관계[…과]를 나타내는 접속사로, ‘여(與)’와 같은 용법이다.

303) ≪시경(詩經)·대아(大雅)·황의(皇矣)≫, “상제(上帝)께서 문왕에게 이르기를, ‘나는 (그대-문왕-의) 밝은 덕이 음성과 안색을 크게 여기지 않는 것을 사랑한다.’라고 하였다.(帝謂文王, **予懷明德, 不大聲以色.**)”

304) ≪시경·대아·증민(烝民)≫, “사람들이 또한 말하기를, ‘덕의 가볍기는 터럭과 같으나, 사람들이 그것을 실천할 수 있는 이가 드물다.’라고 한다.(人亦有言, **德輶如毛**, 民鮮克舉之.)” ≪시경≫의 본래 뜻은, 덕이란 본성의 작용이기 때문에 실천하기가 어렵지 않음을 비유한 것이지만, 여기에서는 단장취의하여, 흔적을 알기 어려운 천도의 작용이 ‘은미함[은(隱)]’을 비유하고 있다.

至矣니라.

●詩는 大雅皇矣之篇이라. 引之하여 以明上文所謂不顯之德者는 正以其
不大聲與色也라. 又引孔子之言하여 以爲聲色은 乃化民之末務어늘 今
但言不大之而已니 則猶有聲色者가 存하여 是未足以形容不顯之妙라.
不若烝民之詩所言德輶如毛하니 則庶乎可以形容矣라. 而又自以爲謂之
毛면 則猶有可比者하니 是亦未盡其妙라. 不若文王之詩所言上天之載
는 無聲無臭니 然後에 乃爲不顯之至耳라. 蓋聲臭는 有氣無形하여 在
物에 最爲微妙어늘 而猶曰無之라. 故로 惟此可以形容不顯篤恭之妙니
非此德之外에 又別有是三等然後에 爲至也라.

한 자 輶 가벼운 수레 유 · **가벼울 유**, 倫 무리 륜 · **비교할 만할 륜** · 도
리 륜, 載 실을 재 · **일(사업) 재**, 烝 찔 증 · **많을 증**

《시경》에서, "나[상제(上帝)]는 (그대-문왕-의) 밝은 덕이
음성과 안색을 크게 여기지 않는 것을 사랑한다."라고 하였는
데 공자가 말씀하기를, "음성과 안색은 그것으로 백성을 교화
하는 데에는 말단적인 것이다."라고 하였다. 《시경》에 이르
기를, "덕의 가볍기는 터럭과 같다."라고 하였는데 터럭은 그
래도 비교할 것이 있으니, [《시경·대아·문왕》의 구절인]
"하늘의 일은 소리도 없고[306] 냄새도 없다."는 것이라야 지극

---

305) 《시경·대아·문왕(文王)》, "하늘의 일은 소리도 없고 냄새도 없으니, 문왕을 본
받으면 만방이 일어나 믿으리라.(上天之載, **無聲無臭**. 儀刑文王, 萬邦作孚.)" '무
성무취(無聲無臭)'는 흔적이 보이지 않는 가운데에서 작용하는 천도의 기능, 즉
덕(德)을 가리킨다.

306) 《논어(論語)·양화(陽貨)》, "공자가 말씀하기를, '나는 말이 없고자 한다.'라고
하자 자공이 말하였다. '선생님께서 만약 말씀하지 않으시면 저희들이 무엇을 전
하겠습니까?' 공자가 말씀하기를, '하늘이 무엇을 말하겠는가. 사계절이 운행되고

해진다.

○시는 ≪시경·대아·황의≫편이다. 이것을 인용하여, 윗글의 이른바 ‘드러나지 않는 덕[불현지덕(不顯之德)]’이라는 것은 바로 음성과 안색을 크게 여기지 않기 때문임을 밝혔다. 다시 공자의 말씀을 인용하여 이르기를, “(공자는) ‘음성과 안색은 백성을 교화하는 데에 있어서의 말단적인 일이다.’라 하셨는데, 지금 [≪시경·대아·황의≫에서는] 다만 그것을 크게 여기지 않는다고 말했을 뿐이니, 오히려 음성과 안색이 남아 있는 것이 있어서 드러나지 않음의 오묘함을 형용하기에 충분하지 못하다. ≪시경·대아·증민≫ 시에 말한, ‘덕의 가볍기는 터럭과 같다.’고 한 것만 못하니, 이렇게 말하면 거의 형용했다고 이를 만하다.”라고 하였다. 그러나 (자사는) 또 스스로 이르기를, “그것을 터럭이라고 일컬으면 오히려 비교할 만한 것이 있으니, 이것 역시 그 오묘함을 극진하게 하지 못하였다. ≪시경·대아·문왕≫ 시에서 말한, ‘하늘의 일은 소리도 없고 냄새도 없다.’라고 한 것만 못하니, 그런 뒤에야 비로소 드러나지 않음의 지극함이 될 뿐이다.”라고 하였다. 소리와 냄새는 기운은 있지만 형체가 없어서 만물 중에서 가장 미세한데도 오히려 그것도 없다고 하였다. 그러므로 오직 이 말307)이 ‘드러나지 않음’과 ‘공경을 두텁게 함’의 오묘함을 형용할 수 있으니, 이 덕308) 이외에 다시 별도로 이 세 가지 등급309)이 있은 뒤에야 지극한 것이 아니다.

●右는 第三十三章이라. 子思가 因前章極致之言하여 反求其本하사 復

만물이 자라나는데, 하늘이 무엇을 말하겠는가.’라고 하였다.(子曰, 予欲無言. 子貢曰. 子如不言, 則小子何述焉? 子曰, 天何言哉. 四時行焉, 百物生焉, 天何言哉.)”
307) “하늘의 일은 소리도 없고 냄새도 없다.(上天之載, 無聲無臭.)”는 말이다.
308) ‘드러나지 않는 덕, 불현지덕(不顯之德)’이다.
309) 세 가지 등급은 ‘부대성색(不大聲色)’, ‘덕유여모(德輶如毛)’, ‘무성무취(無聲無臭)’를 가리킨다.

自下學爲己謹獨之事로 推而言之하여 以馴致乎篤恭而天下平之盛이
라. 又贊其妙하여 至於無聲無臭而後에 已焉하시니 蓋擧一篇之要而約
言之라. 其反復丁寧示人之意가 至深切矣니 學者가 其可不盡心乎아.

한 자 馴 길들일 순·온순할 순·**순서에 따를 순**, 贊 도울 찬·밝힐 찬·
찬미할 찬

○이상은 제33장이다. 자사가 앞 장의 지극한 말씀310)에 근거하여 그
근본을 돌이켜 찾아, 다시 초학자들이 '자기 수양을 위한 학문[위기
(爲己)]'과 '혼자만의(혼자만이 아는) 경지를 조심함[근독(謹獨)]'으
로부터 확충하여 말씀하여, 공경을 두터이 함에 천하가 태평해지는
성대함311)에 단계적으로 이른 것이다. 또 그 오묘함을 찬미하면서
소리도 없고 냄새도 없음에 이른 뒤에야 끝냈으니, 이는 [《중용(中
庸)》] 한 편의 요점을 들어서 총괄하여 말씀한 것이다. 반복하여 간
곡하게 사람들에게 보인 뜻이 지극히 깊고 절실하니, 배우는 자들이
어찌 마음을 다하지 않을 수 있겠는가.

---

310) 제32장의 '천하지성(天下至誠)'에 관한 내용을 가리킨다.
311) 《대학(大學)》에서 제시한, '수신제가치국평천하(修身齊家治國平天下)'의 성대
함이다.

[완역] 대학장구·중용장구

초판 인쇄 ― 2018년 11월 20일
초판 발행 ― 2018년 11월 26일

역주자 ― 김 창 환
발행인 ― 金 東 求
발행처 ― 명 문 당(창립 1923년 10월 1일)
　　　　서울시 종로구 윤보선길 61(안국동)
　　　　우체국 010579-01-000682
　　　　전 화 (02) 733-3039, 734-4798
　　　　FAX (02) 734-9209
　　　　Homepage www.myungmundang.net
　　　　E-mail mmdbook1@hanmail.net
　　　　등록 1977. 11. 19. 제1-148호

■